생각의 힘

세상을 움직이는 기본

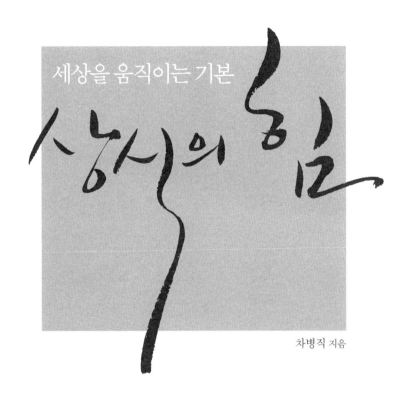

상식의 힘

차병직 지음

홍익출판사

윤택하고 과시적인 생활보다

자기만의 가치를 잃지 않으면서도

타자의 존재와 공동체를 배려하는 삶을 살려는

사람들이 읽고 이렇게 말하기를 기대한다

낙천적 냉소주의자의 상식도

너무 많은 인생이 얽힌 세상에서는

유용할 때가 있는 법이지

Contents

차례

낙천적 냉소주의자의
상식

이 글을 쓰고 있는 방의 북쪽으로 난 창을 통해 밖을 내다보면 건물 앞마당이 보인다. 말이 앞마당이지 잘 정리하면 열 대 남짓의 승용차를 세울 수 있는 도심의 지상 주차장이다.

주차장과 보도 사이에는 야트막한 담장이 설치되어 있다. 도로의 물매 때문에 담장 이쪽저쪽의 높이가 서로 다르지만, 어림잡아 50센티미터 안팎이다. 침입을 막기 위한 장벽이라기보다는 마천루 사이에 놓인 10층짜리 빌딩에 어울리는 장식으로서의 울타리다.

그런데 폭이 약 30센티미터 정도 되는 그 아담한 담장 위에는 사무실 바닥에나 까는 값싼 카펫이 깔려 있다. 조금 더 자세히 살펴보면 카펫이 물에 젖어 색깔이 칙칙하다. 경비 아저씨들이 틈틈이 물을 뿌리기 때문이다. 카펫에 무슨 화초 씨라도 뿌려 놓은 것일까?

빌딩은 서울 시내에서도 가장 사람들의 왕래가 잦은 강남의 지하철역 첫 번째 출입구 가까이에 있다. 가파른 계단을 막 올라와 숨이 찬 사람은 좀 쉬고 싶을지도 모른다. 지하철을 타기엔 시간이 조금 일러 내려가려다 말고 서성거리고 싶은 사람도 있을 테고, 아예 빌딩 앞마당을 약속 장소로 정한 연인들도 적지 않을 것이다. 그 모든 사람들이 걸터앉기에 얼마나 좋은가. 담장 위에 젖은 카펫만 없다면 말이다. 아니, 카펫에 물만 뿌리지 않았더라도.

젖은 카펫은 지나다니는 사람들이 앉아서 쉬지 못하도록 하기 위해 깔아 놓았다. 많은 사람들이 휴게소 의자 삼아 앉기 시작하면 낮은 담장은 곧 파손될지도 모른다. 게다가 빌딩 앞이 시장 바닥처럼 소란스러워 바람직하지 못하다. 빌딩 주인이나 관리 책임자는 그렇게 판단한 모양이다.

이럴 때 제삼자의 시선은 어떨까. 빌딩의 소유자로서 재산 보호를 위해 최선을 다하고 있다고 생각할까? 아니면 몰인정하고 이기적인 행위라고 비난할까?

빌딩의 작은 담장은 주차장과 보도의 경계를 표시하는 실용적 기능뿐만 아니라, 위쪽에 얹은 반들반들한 석판으로 장식적인 효과까지 내고 있다. 게다가 오가는 시민들의 지친 발걸음이 자발적으로 찾아와 머물렀다 간다. 예상하지 못했던 공공적 기능까지 발휘할 기회를 공으로 얻은 셈이다. 하지만 사유재산의 보호를 위한 욕망이 그 모든 유익한 기능들을 삼켜 버렸다.

어느 쪽이 더 합리적인가, 혹은 현명한가? 물에 젖은 지저분한 카펫으로 건물을 위한 장식이나 시민들을 위한 편의성은 모두 사라졌다. 사람들이 얼씬거리지 않음으로 해서 건물 소유자가 얻을 수 있는 이익은 담장 보수 시기의 연장 정도일 것이다. 그까짓 이익이라면, 차라리 지나다니는 시민들을 위해 멋진 디자인의 벤치로 바꾸어 버리는 게 낫지 않을까?

빌딩 주인의 처사를 못마땅하게 여기는 사람이 다수일 것 같다. 그렇다면 왜 그럴까? 빌딩 주인이 잘못 판단한 것일까? 그렇게 판단한 것은 상식이 모자라기 때문일까? 상식이 모자란 이유는 지식이나 교양이 부족하기 때문일까? 지식이나 교양이 풍부한 사람이라면 그런 결정을 하지 않았을까?

베르너 하이젠베르크는 우리 시대의 가장 위대한 과학자 중 한 사람으로 꼽힌다. 이십대의 업적으로 삼십대가 되자마자 노벨상을 수상했다. '불확정성의 원리'라는 말만으로도 그는 세상의 이치를 제대로 이해하는 보기 드문 석학으로 존경받는다. 그런 인물이 빌딩 주인이었다면 어떻게 했을까?

독일 괴팅겐에 있던 막스 플랑크 물리학연구소가 뮌헨으로 옮긴 것은 1958년이었다. 소장은 줄곧 하이젠베르크가 맡고 있었다. 연구소 앞마당은 주차장이 아니라 잔디밭이었다. 사람과 자동차가 자주 지나다니다 보니 정원의 모서리 쪽 잔디가 손상되었다.

비록 소유권자는 아니더라도, 책임자였던 하이젠베르크는 한쪽 귀퉁이가 너덜거리는 해진 보자기 같은 초록의 정원을 내버려 둘 수 없었다. 얇은 담장을 쌓으라고 바로 지시했다.

인부들이 만든 울타리는 오직 학생이나 연구원들의 발길이 잔디에 닿지 못하도록 하는 수단으로만 의미가 있었다. 건물과는 전혀 어울리지 않았고, 갇힌 잔디도 벽돌 상자 안의 모종 꼴이 되어 버렸다.

미래의 세계를 주도할 젊은 연구원들은 볼썽사나운 담장을 그냥 방치할 수 없었다. 뮌헨대학 천문대 앞에 놓여 있던 조각을 떠올렸다. 그것은 쓰레기 더미에서 주운 여인상인데, 박사학위를 받은 빌리 다인처가 처음으로 키스를 하는 바람에 다인처 부인상으로 불렸다.

연구원들은 엉뚱하게도 다인처 부인상을 담장 위에 올려놓았다. 시적이고 아름다운 물리학의 세계 앞마당에서 펼쳐진 담장의 부조화를 비웃기 위한 풍자적 장난이었다.

담장 건축가들은 모욕감을 느꼈는지 재빨리 다인처 부인상을 제자리로 옮겼다. 하지만 어둠이 찾아오면 연구원들은 다시 정중하게 다인처 부인상을 담장 위로 모셨다. 그런 일이 숨바꼭질처럼 밤낮으로 되풀이되었다. 화가 난 연구소 관리자들이 땅 속에 파묻어 버릴 때까지.

세계적인 인물이나 알려지지 않은 서울의 작은 재산가나 큰 차이가 없다. 빌딩 입주자들이 창밖을 내다보며 느끼는 것이나, 반세기 전 막스 플랑크 연구원들이 정원을 걸으며 얻은 감상이나 마찬가지다. 이해할 수 없다는 것, 불합리하다는 것, 어리석어 보인다는 것이다. 아마도 그런 정황을 비상식, 몰상식, 또는 상식 밖의 일이라고 표현하면 틀리지 않을 것이다.

곰곰이 생각해 보면, 우리만큼 상식이란 낱말을 자주 쓰는 경우도 드물지 않을까 싶다. 하지만 우리는 상식이란 용어를 사용하되 대개는 부정적으로 의미화하여 구사한다. 앞서 본 대로 '비상식, 몰상식, 상식 밖의 일' 등의 형식으로.

정치가들을 꾸짖을 때, 경제 현상에 한숨만 내쉴 때, 문화계 움직임이 이해되지 않을 때, 친구의 행동이 한심스러워 보일 때, 자식의 성적이 일등보다 꼴찌 쪽에 더 가까울 때, 응원하는 축구팀이 헛발질만 거듭할 때, 드라마의 결말이 예상을 빗나갈 때, 세상의 무질서가 울분을 불러일으킬 때, 간혹 자기더러 상식이 없다고 비난하는 사람과 맞닥뜨렸을 때, 사람들은 상식이 결여된 상태를 의미하는 세 어휘 중에서 하나를 고르기 시작한다.

자기 자신 밖에서 벌어지는 세상의 모든 불만스런 현상을 상식의 결여 탓으로 돌린다. 삶이 불안정하고, 세계가 혼란스러운 것이 모두 상식대로 일이 진행되지 않기 때문이라고 믿는다. 이토록 우리는 상식을 원하고 추구한다. 삶의 모든 고민이 상식으로 해결될 것처럼 말한다. 정말 그럴까? 그럼 상식이란 무엇일까? 그러한 상식이 존재하기는 하는 걸까?

상식은 보통 사람들의 정상적인 판단력을 의미한다. 평범한 사회인의 경험과 예견 위에 성립한다. 이것을 상식의 일상성이라 한다. 그렇다면 상식은 누구나 알고 있는 가벼운 것인가? 애써 배우지 않더라도 생활 속에서 저절로 터득하게 되는 것인가? 무엇인가 상식대로 되지 않는다면, 몰라서가 아니라 실천하지 않기 때문인가?

사람들은 아파트에서 소음을 일으키지 않고, 차를 주차선 안에 제대로 주차하는 일을 상식에 맞는다고 생각한다. 그런 사소한 상식이 잘 지켜지면 더 큰 사회적 과제도 잘 해결되리라는 희망을 품는다.

상식은 공통성과 안정성을 바탕으로 한다. 일정한 지역이나 영역에 따라 통하는 상식이 다를 수 있다. 상식을 매개로 동일하거나 유사한 사회와 문화가 형성되기도 하는 연유가 거기에 있다. 낮에도 자동차 헤드라이트를 켜는 습관이 북유럽에선 하나의 규범이지만, 우리에겐 불필요한 낭비처럼 여겨진다.

상식은 인간의 철학적 표지 역할을 할 때도 있다. 모든 판단의 근거가 되는 감각과 감관의 총합적 기능을 공통감각이라 한다. 철학자들은 그것에 매달렸고, 시대마다 결론도 조금씩 달랐다. 상식이 간단하고 단순한 교양적 지식을 넘어서는 면을 지니고 있다는 사실을 눈치 챌 수 있다.

정부의 정책이나 국가 사이의 지구적 협력도 상식적 수준의 규칙만 잘 지키면 만사형통일까? 일상의 상식이 제대로 지켜지지 않는데, 국가의 이익이 걸린 사안을 처리하는 절차에서 상식을 기대하는 것이 무모한가? 어떤 의미에서는 상식의 내용이 너무 불분명하여 그럴 수도 있겠다는 생각이 든다.

여러 면에서 상식은 양면성과 이중성을 지니고 있다. 상식은 그 자체로 충분한 자명성을 띠고 있는가 하면, 정확하게 알기 힘든 애매성도 포함하고 있다. 상식이기 때문에 진리에 가깝다고 하는가 하면, 타성에 사로잡힌 상식이기에 진리와 거리가 멀다고 할 수 있다.

보신탕의 강장 효과는 그렇다고 치자. 개성이나 금산의 인삼과 울릉

도의 향기 없는 더덕과 진주의 21년생 도라지의 약효에 차이가 있다고 믿는 게 옳을까? 혈액형이 성격을 규정한다는 현대인의 미신과 골상으로 태생적 범죄자를 알 수 있다는 전근대적 과학에서 차이를 발견할 수 있을까?

상식은 전문지식이 아니다. 전문지식은 상식보다 견고한 사회적 지위를 누리고 있지만, 때로는 더 모호하고 불안정할 수도 있다. 상식은 전문지식만큼 심각하지 않지만, 스스로 모순성을 포함하고 있다. 상식은 비과학적, 비철학적, 비문학적, 소극적, 부정적 지식이라고 한다. 그런가 하면 상식은 어디서든 제구실을 하는, 정상적이고, 사회 통용적이며, 현실적이면서도 건전한 지식이라고 믿는다.

어쨌든 상식을 무시할 수 없는 이유 중 하나는 상식이 비판 기능을 하기 때문이다. 상식 수준에서 하는 비판이나 비평이란 게 있다. 모든 것을 상식의 기준으로 따져 보기도 한다. 바로 상식의 척도성이다. 상식은 가능한 일의 척도다.

무엇인가를 측정할 때 기준이 되는 상식의 내용은 그 영역 전체의 단순한 평균값이 아니다. 하나의 이상적 수준으로 제시되는 것이다. 그런 작용에 의해 상식을 기준으로 사회 전체의 평균치를 끌어올리기도 한다. 상식이 사회의 수준 향상을 요구하는 셈인데, 상식의 역동성이라 하면 그럴듯하다.

때로는 상식을 벗어나야 한다고 주장한다. 그것도 모자라 상식을 뒤집어야 한다고 외친다. 상식이 아닌 것도 언제든지 상식화할 가능성이 있다는 의미를 포함하고 있다. 상식도 결국 필요에 따라 인간이 만드는 것이다. 오래되고 낡은 상식은 참신한 상식으로 교체되어야 한다.

대체로 상식에 따를 것을 요구하지만, 가장 곤란한 점은 상식이 결코 만족스런 결과를 보장하지는 못한다는 사실이다. 중요한 순간에 상식은 정책적 결단을 향해 잔소리를 늘어놓고, 책임을 지지도 못한다. 상식적 판단이란 그래서 어려운 법이다.

증권시장의 안정성 유지와 소행성이 날아와 지구와 충돌하는 사태를 방지하는 대책 중 어느 것이 더 중요할까? 식품에서 발암의 원인으로 추정되는 물질을 완전히 제거하는 노력과 지진 탐지 장치의 개선 중 어느 쪽에 더 많은 투자를 해야 할까?

법 규범에 개별 규범과 사회 규범이 따로 있듯이, 상식도 마찬가지다. 개인행동의 도덕적이고 인간적인 기준이 되는 것을 개별 상식이라 한다면, 사회와 전체 구성원들의 공통적 지침은 일반 상식이다. 개인의 구체적 행동에서부터 그 총화를 기획하고 방향을 제시하는 국가 정책에 이르기까지 상식은 보편적 규범으로 개입한다. 그래야 한 사회나 국가가 최소한의 통합적인 유사성이나 정체성을 가질 수 있다.

현대 사회 자체가 그렇거니와, 구성원인 인간들은 너무 다양하고 다원적인 개별성을 요구한다. 인간은 근본적으로 경제 관계에 민감하며, 자기 이익을 중심으로 판단하고 행동한다. 그렇다고 인간의 지식 체계가 세상의 질문에 제대로 대답하고 있는 것도 아니다.

정치 원리나 경제 이론은 힘들게 현상을 설명하지만 미래를 예측하지 못한다. 사회과학이 어디에 쓸모 있을까 싶다. 과학이란 기실 대단한 정신적 모험이다. 자연과학 지식의 불확실성은 가려진 진실이다. 그 사이에서 인문학이 소통을 위한 가교 구실이라도 하면 얼마나 좋을까. 위기라는 진단에서 벗어나기만 해도 다행인 실정이지만.

이렇듯 이기적 인간과 불안하고 혼란스런 세상에 두루 쓰임새 있는 상식이 존재할 수 있을까? 인간의 개성을 중시하면, 모든 개개인은 자기 마음에 들지 않는 것은 모조리 상식이 아니라고 할지도 모른다. 그렇지 않다면, 상식이란 법의 바깥세계 허공에 군림하는 자연법과 같은 추상적 존재가 될 수밖에 없다.

그런 모호한 상식이라도 있는 게 나을까? 이기적 결말에 충실한 개인이 자신 곁에 다른 사람이 머물거나 스칠 공간을 배려하는 정신을 기르는 데 도움이 될까? 그러면 우리 사회가 숨 쉬는 데 좀 편한 분위기로 바뀔까?

세상이 돌아가는 모양을 보면 허무하거나 부정적이다. 회의적인 그 광경에는 지식의 세계부터 인간 존재의 모든 것이 포함된다. 당연히 냉소적인 태도가 평상복처럼 나를 감싼다. 냉소적 시선을 강요하는 세상의 문제는 과거나 지금이나 거의 동일하다. 포스트모더니즘적인 회의나 혼란은 토머스 칼라일 시대에도, 고대 그리스 사상계에도 있었다.

문제 해결 방안은 무엇인가? 과거에도 현재도 말끔히 해결한 역사적 사례가 없다. 그렇다면 미래에도 해결될 전망은 없다. 거창하게 진리를 목표로 지식을 생산한다는 아카데미가 움직이는 형편을 보자. 매년 신입생이 대학에 입학하여 똑같은 과정을 되풀이한다. 끝없는 반복의 굴레에서 지나쳐 간 학생들 두뇌의 궤적이 지식이라면, 그까짓 체계가 우리 인생에 어떤 도움이 되겠는가.

그렇다면 우리는 회의의 해변에 서서 무망한 바다를 쳐다보고만 있어야 하는가? 세상과 인간의 본질은 설사 그렇다 치더라도, 인간 행동 원리와 삶의 의미는 다르다. 본질은 아주 미시적이다. 미시의 세계에서는 모든 게 우연에 의해 결정되고 불확실하다.

하지만 인간이 살아가는 현실에서 그런 미세한 체계는 무시되어도 불편하지 않다. 천만다행으로 우리는 잘 알지는 못해도 잘 살 수는 있다. 행동해야 한다. 시민으로서 옳고 그름을 가려야 한다. 회의와 절망의 바다까지 포함하여 생의 무대로 삼아야 한다.

그렇기 때문에 행동할 때는 낙천적인 편이 오히려 낫다. 머릿속은 냉소로 가득 차 있지만, 가슴은 낙천적으로 될 수 있는 감상적이면서 논리적인 과정의 일부를 지금부터 말하고자 한다.

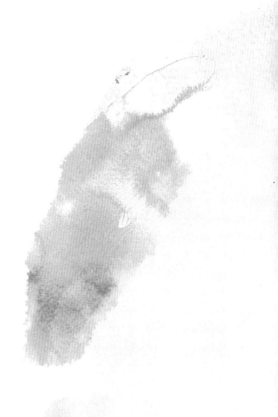

1장

상식은 어디에
쓸모가 있는가

01

몸의 새 옷,
정신의 새 옷
-외면의 상식

:: 탐험가들은 그들이 성취한 산의 높이나 길의 험난함으로 우리의 길잡이가 되는 게 아니다. 그들은 생각지도 못했던 다른 영역의 가능성을 제시한 상징성으로 우리를 이끌며, 우리더러 낡은 옷을 벗어던지고 새 옷으로 단장해 보라고 권한다.

1985년, 조 심슨과 사이먼 예이츠는 시울라 그란데 서벽을 통해 높이 6,400미터인 페루 안데스 산맥 준봉의 정상에 올랐다. 세계 최초였다. 1936년 독일인 두 명이 북쪽 능선으로 정상 등반을 한 이후로 등정에 성공한 팀이 전무한 봉우리였다. 심슨과 예이츠가 선택한 서벽은 1,400미터에 이르는 가파른 경사가 위압적인 가장 험난한 코스였다.

베이스캠프에서 정상을 가늠했다. 오르는 데 이틀, 내려오는 데 다시 이틀이면 충분하다고 판단했다. 리처드라는 친구는 텐트에 남아서 기다리기로 했다. 일주일이 지나도 나타나지 않으면 무슨 일이 생긴 것으로 알고 혼자 돌아가도 좋다고 약속했다.

등반의 역사가 그렇듯이, 사고는 하산 도중에 생기는 법이다. 한 차례 추락을 겪는 등 어려움을 이기고 정상에 올랐다. 경험한 사람들만 아는 기분인데, 힘들게 고산의 정상에 서면 내려가고 싶은 생각이 가장 앞선다. 심슨과 예이츠도 서둘렀다. 하지만 하산을 시작한 지 30분 만에 구름과 눈보라 속에 갇혀 길을 잃고 말았다. 운명적 여정을 예고하는 조짐 같았다.

둘은 자일로 서로의 몸을 연결한 뒤 어둠 속에서 거의 직선으로 하강을 시도했다. 퍼붓는 눈 때문에 잃어버린 능선을 찾기 위해 잠시 위로 올랐다가 눈이 무너지는 바람에 예이츠가 매달리는 사고도 당했다. 그렇게 가까스로 어려운 구간을 통과했다. 날이 밝자, 다음 날 오후면 충분히 베이스캠프에 도착할 수 있을 것 같았다. 힘을 내어 걸음을 재촉했는데, 여섯 시간 동안 발버둥친 결과는 겨우 300미터에 불과했다.

결정적인 순간은 비상식적으로 닥친다. 예이츠의 허리를 중심으로 갑자기 온몸에 충격이 왔다. 숨이 멎는 듯했다. 안전벨트에 연결된 자일이 레이저 광선처럼 뻗치며 팽팽해졌고, 몸이 날아갈 듯 쏠렸다. 현실의 고통은 자일의 반대편 끝 부분에서 일어났다. 심슨이 빙벽에서 추락한 것이다.

피가 날 정도로 부딪힌 얼굴에서 충격을 먼저 느꼈다. 정신을 차렸을 때 빙벽을 거꾸로 보며 매달려 있었는데, 그와 동시에 오른쪽 다리에 엄청난 통증이 엄습했다. 무릎이 거의 부서지다시피 깨졌다. 얼마나 세게 부딪혔던지 아래쪽 다리뼈가 무릎 관절을 뚫고 나온 상태였다.

목숨을 건 여정에서 두 사람이 함께 자일을 묶는 행위는 당연해 보이면서도 불가해한 면을 지니고 있다. 한 사람이 추락하면 두 사람 모두 조난당할 가능성이 높기 때문이다. 그럼에도 불구하고 실낱같은 희망을 잃지 않으려 몇백 배 더 굵은 자일을 연결한다.

한쪽 다리를 크게 다친 심슨을 포기하면 예이츠의 생존 가능성은 더 높아진다. 함께 가려니 뾰족한 방법이 없다. 잠시 생각 끝에 자일 두 동을 매듭으로 이었다. 전체 길이가 거의 90미터에 달했다. 예이츠는 눈구덩이를 파고 몸의 중심을 잘 잡아야 했다.

자신의 몸뚱어리를 확보물로 삼고, 심슨을 먼저 아래쪽으로 조금씩 내려 보냈다. 자일이 팽팽해질 때까지 심슨이 미끄러져 내려가면, 예이츠가 일어나 심슨이 있는 곳까지 가서 다시 눈구덩이를 팠다.

같은 행위를 열 번 가까이 반복했다. 계산대로라면, 거의 900미터쯤 내려왔다고 생각했다. 조금 더 내려가면 평평한 빙하지대가 펼쳐질 것이라는 희망을 품었다. 거기서 베이스캠프까지 10킬로미터, 둘 다 살 수 있다고 믿었다. 자일로 매달아 내리는 마지막 시도였다. 예이츠는 자일확보기를 조금씩 돌렸다. 자신의 몸무게를 동력으로 삼아, 심슨이 눈 위로 미끄러졌다.

그때 바로 아래서 기다리고 있던 운명이 모습을 드러냈다. 심슨의 몸이 순식간에 낭떠러지 아래로 떨어졌다. 예이츠의 몸까지 끌고 내려 갈 기세였다. 예이츠는 있는 힘을 다해 자일을 움켜쥐었다. 심슨은 다시 공중에 매달렸다. 오직 허공의 감촉만 느껴졌다.

예이츠의 속장갑은 피부에 얼어붙어 버렸다. 손가락 동상이 아니더라도 근육의 힘만으로는 더 버틸 수 없는 지경에 이르렀다. 함께 죽느냐, 혼자서라도 살아남을 것이냐. 예이츠는 배낭에서 칼을 꺼냈다. 두 시간 이상 팽팽한 상태로 있던 자일을 바라보았다. 자일에 칼날을 대고 슬쩍 힘을 주었다. 심슨의 목을 그어 버리는 듯했다.

밤이 찾아왔기 때문에 움직일 수 없었다. 얼어 죽지 않기 위해 설동을 팠다. 그 속에 파묻혀 자신의 체온을 확인하며, 예이츠는 자일을 끊을 수 있는 힘이 남아 있었음에 감사했다. 내려오는 길에 심슨이 떨어진 곳이 빙하가 갈라진 틈, 크레바스 속이라는 사실을 확인했다. 심슨은 죽었다고, 설산의 침묵이 말해 주었다.

문득 살아 있는 자신도 죽음 가까이에 놓여 있다는 두려움에 휩싸였다. 물 한 모금 마시지 못한 지 스물네 시간이 넘었다. 기력이 쇠진하여 길을 제대로 찾을 수 없을 지경이었다.

리처드는 떠나지 않고 기다리고 있었다. 텐트에 도착한 예이츠는 허겁지겁 물과 음식을 먹고 곯아떨어졌다. 밤새 비가 쏟아지고 천둥과 번개가 쳤다. 아침이 밝아도 예이츠는 침묵했다. 심슨은 추락사했다고만 말했다. 그러다가 언덕 위에 앉아 햇볕을 쬐면서 진실을 털어놓았다. 심슨이 사망한 지 대략 서른여섯 시간 정도 경과한 것 같았다.

예이츠는 체력 회복을 위해 하루 더 머물렀지만, 다음 날 아침에 떠나기로 결정했다. 리처드가 마을로 가서 타고 갈 당나귀 두 마리를 아침 여섯 시까지 오게 했다. 심슨의 아버지한테 전해 줄 유품을 정리하고, 마지막 밤을 보내기 위해 자리에 누웠다.

새벽 두 시가 가까웠을 즈음이었다. 무슨 소리를 들었다. 홀린 듯 일어나 텐트 밖으로 나갔다. 자신을 기다리는 물체가 멀리 보였다. 예이츠는 그 존재를 확인하기 위해 천천히 발걸음을 옮겼다. 예이츠는 미처 버릴 것 같은 전율을 느꼈다. 그 자리에 심슨이 쓰러져 있었던 것이다.

심슨은 허공에 매달려 있으면서 십여 미터 아래 크레바스를 보았다. 크레바스의 검은 아가리는 자일을 붙들고 있는 예이츠의 팔 힘이 다하기만을 기다리고 있었다. 결국 심슨은 크레바스에 빠졌고, 무시무시한 충격에서 벗어나 주의를 살펴보니 벽 중간쯤 얼음 테라스에 걸려 있었다.

그는 위쪽의 예이츠가 눈사태와 함께 추락한 것으로 추측했다. 예이츠는 죽었을 것이다. 그러면 예이츠의 몸뚱어리를 확보물로 하여 어떻게든 밖으로 탈출할 수 있으리라 생각했다. 느슨해진 자일이 예이츠의 몸에 걸리기를 기대하며 천천히 당겼다. 그러나 자일은 어디에도 걸리지 않았다. 자일의 반대편 끝 부분이 해져 있는 것을 발견하고 울음을 터뜨렸다.

얼음 테라스에 누워 죽음을 기다리느니 새로운 시도를 해보기로 결심했다. 오히려 크레바스 아래로 더 내려갔다. 바닥이라고 생각되는 곳에서 건너편의 비교적 완만한 벽으로 기어올랐다. 필사적으로 몸을 돌린 끝에 죽음의 동굴에서 벗어날 수 있었다. 심슨으로서는 새 세상과 접촉하는 순간이었다.

엎드려 기는 일이 고통스러워, 왼쪽으로 누워 다친 오른쪽 다리를 위로 하고 피켈을 찍어 가며 움직였다. 그러다가 일어나 한쪽 발로 뛰어 보기도 했다. 호수에 닿기 전에 사흘 동안 아무것도 입에 대지 못했다. 마지막 힘을 다해 베이스캠프 쪽으로 가는 동안 가장 큰 두려움은 오직 하나였다. 텐트를 철수해 버리지 않았을까?

조 심슨과 사이먼 예이츠가 만들어 낸 도저히 믿을 수 없는 이 이야기는 등반 역사상 가장 유명한 사건이다. 일상에서는 일어날 수 없는 일이 산속에서 벌어진 것이다. 상식 밖의 일이다. 이런 일은 인간의 역사에서 두 번 일어나기가 불가능해 보인다. 다른 형태의 기적적인 사건은 있을지라도 말이다.

그런데 놀랍게도 거의 똑같은 일이 다시 일어났다. 더 믿기 어려운 일의 주인공은 한국의 두 젊은이다. 박정헌은 삼십대 초반이었지만 히말라야 8,000미터급 등정은 물론이고 새 루트 개척에도 성공한 베테랑이었고, 최강식은 경상대 재학 중인 학생으로 한국 등반계의 유망주였다.

두 사람 역시 함께 자일을 묶었다. 2005년 1월, 히말라야의 촐라체 북벽이 목표였다. 베이스캠프에서 세운 일정은 1박 2일이었다. 암벽에서 하루 비박을 하고, 정상에 오른 다음 바로 베이스캠프까지 내려올 작정이었다.

그러나 히말라야 신의 뜻은 그들과 달랐다. 사흘이 걸려서야 겨우 정상에 발을 디딜 수 있었다. 이미 모든 것이 어긋나기 시작했고, 내려오는 도중 최강식이 25미터 깊이의 크레바스에 빠지고 말았다. 최강식은 두 다리가 부러지는 중상을 입었고, 박정헌의 갈비뼈 두 대도 금이 갔다. 최강식은 심슨처럼 덜렁거리는 발목의 통증을 견뎠고, 박정헌은 예이츠처럼 얼어붙은 두 손으로 자일을 쥐고 있었다.

하지만 박정헌은 달랐다. 두 시간이 지나도 자일을 놓지 않았다. 끊어 버리지도 않았다. 필사적으로 노력한 끝에 최강식을 끌어올리는 데 성공했다. 기어서 살아난 두 사람은 오랫동안 병원 신세를 져야 했다. 박정헌은 여덟 개의 손가락과 두 개의 발가락을 잘랐다. 최강식의 손과 발도 절단 수술이 불가피했다.

두 사고에 등장하는 네 명의 알피니스트들은 극단적인 예에 해당되지만, 아주 드문 인간형은 아니다. 보통 사람의 기준으로는 상식을 초월하는 의지와 힘을 보여 주었지만, 그들처럼 강인한 인간들은 의외로 많다.

산이 아니라 바다에서도 마찬가지다. 수많은 예 중에 하나만 들라면 20세기 초 탐험선 인듀어런스호에 탔던 사나이들을 내세울 수 있다. 어니스트 섀클턴은 남극대륙을 탐험하기로 했다. 노르웨이에서 300톤급 목선 북극성호를 구입하여 이름을 인듀어런스로 바꾸었다.

섀클턴이 직접 선발한 대원 27명을 태우고, 인듀어런스호는 1914년 8월 1일 런던을 떠났다. 마지막 기항지 사우스조지아 섬을 지날 때가 10월 말, 남극은 슬슬 얼음이 녹기 시작하는 초여름이었다. 그래도 밤에는 영하 70도에 최고 시속 300킬로미터의 강풍이 불었다.

뭔가 심상찮다고 느꼈을 때, 인듀어런스호는 그만 얼음에 갇히고 말았다. 목적지를 150킬로미터 정도 앞두고 있었다. 아무런 방법이 없었다. 얼음이 녹아 배가 움직일 수 있을지 가늠조차 하기 힘들었다. 어디 연락할 방법도 없었고, 연락이 된다 한들 구조 자체가 불가능해 보였다.

눈 덮힌 거대한 부빙의 지평선만 끝없이 펼쳐져 있었다. 낮이면 배에서 내려 개를 훈련시키거나 물개 사냥을 했다. 시간은 얼어붙지 않고 흘렀다. 3월이 되자 바다는 완전히 얼음덩어리가 되어 버렸다.

긴 남극의 겨울을 견디자 10월이 왔다. 기대한 대로 얼음이 녹기 시작했으나, 그 탓에 배가 뒤틀려 완전히 기울고 말았다. 모두 부빙 위로 피난했고, 며칠 뒤 인듀어런스는 더 버티지 못하고 바다 속으로 가라앉고 말았다.

다섯 개의 텐트를 치고 얼음이 부딪쳐 깨지는 소리를 들으며 잠을 잤다. 매일 불침번이 필요했다. 언제 텐트 아래 얼음이 갈라질지 몰랐다. 부빙은 하루에 3킬로미터 정도 움직였다. 움직이는 얼음 위에서의 생활은 단조롭고 지루했다. 축구를 하거나 몇 명씩 어울려 걸었다.

식량을 극도로 아껴야 했다. 물개 고기와 밀가루로 구운 과자가 아침이었고, 저녁은 펭귄 스튜였다. 물론 점심은 따로 없었다. 11월이 되자 얼음이 많이 녹았다. 남아 있던 개 스물일곱 마리를 사살하여 식량에 보탰다.

얼음 위에서 더 이상 버티기가 어려워졌다. 시간이 흐르면 망망대해로 흘러들어 표류할지도 몰랐다. 나무 보트 세 척에 나누어 타고 부빙을 탈출했다. 사흘 동안의 항해 끝에 엘리펀트 섬에 상륙했다. 1916년 4월 9일이었다.

열흘쯤 지나 새클턴은 중대 발표를 했다. 보트 한 대로 사우스조지아 섬의 노르웨이 포경 기지로 가서 구조를 요청하기로 했다. 새클턴은 자신을 포함하여 여섯 명을 선발했다. 엘리펀트 섬에서 사우스조지아 섬까지의 거리는 1,000킬로미터였다. 20미터 이상의 거대한 파도와 시속 150킬로미터를 넘나드는 강풍이 계속되는 곳이었다. 중간에 육지는 전무했다.

지구상에서 가장 험난한 바닷길을 갑판도 없는 보트로 떠났다. 생존을 위한 항해였지만, 마치 죽음의 항해처럼 보였다. 스물네 시간 쏟아지는 폭우 속에서 물에 젖은 채 번갈아 잠을 잤다. 다시 시간이 흘렀다. 낙엽처럼 흔들리며 바다와 싸운 지 2주쯤 지났을 때, 머리 위에서 가마우지 두 마리를 발견했다. 가마우지는 육지에서 30킬로미터 이상 벗어나지 않는 새였다.

보트를 접안시키기가 여간 힘든 일이 아니었다. 암초나 섬의 절벽에 부딪히면 산산조각이 날 터였다. 겨우 작은 만을 발견하여 정박에 성공했다. 하지만 스토롬니스 포경 기지는 섬의 반대쪽에 있었다. 배를 타고 돌아가면 250킬로미터였는데, 산을 가로질러 가면 직선으로 35킬로미터에 불과했다.

새클턴은 두 사람을 지명하여 함께 등반하기로 결정했다. 아무도 밟아 본 적이 없는 곳을 여행하는 것이었다. 섬의 내륙은 세계 어느 지도에도 나오지 않았다. 섬 가운데 손가락처럼 다섯 개의 봉우리가 있었다. 그 사이에 있는 네 개의 계곡 중 한 곳을 통과하기로 했다. 하지만 계곡 위에 올라서서는 포기할 수밖에 없었다. 반대쪽은 내려갈 수 없는 절벽이었던 것이다. 열세 시간 동안 세 번 실패했다. 그리고 마지막 네 번째 계곡을 간신히 통과했다.

5월 20일, 세 사람의 마지막 선발대가 노르웨이 포경 기지에 도착했다. 휴식 없이 서른여섯 시간 동안 사투를 벌인 결과였다. 사흘 뒤, 그들은 배를 빌려 엘리펀트 섬으로 향했다. 하지만 섬을 60킬로미터 앞두고 회항하고 말았다. 부빙 때문에 접근이 불가능했다.

우루과이 탐사선도, 영국이 지원한 엠마호도 모두 되돌아올 수밖에 없었다. 마침 제1차 세계대전 중이어서 큰 선박의 출동이 어려웠다. 하염없이 기다리다 4개월이 흘렀다.

엘리펀트 섬에서 기다리던 대원들은 보트로 떠난 여섯 명의 생사조차 모르고 있었다. 계속 기다릴지, 다시 남은 보트를 타고 탈출을 시도할지 망설였다. 펭귄으로만 배를 채우고 채소를 먹지 못한 탓에 각기병에 걸렸다. 습도가 높아 상처 부위가 썩기도 했다.

그 사이에 칠레 정부가 배를 보내 주겠다고 하여, 섀클턴은 8월 30일 드디어 엘리펀트 섬으로 갈 수 있었다. 배를 발견한 대원들이 바닷가로 나와 손을 흔들었다. 섀클턴은 가슴을 졸이며 하나하나 대원들의 수를 헤아려 보았다. 1916년 10월 8일, 런던을 떠난 지 2년 2개월이 지나 스물여덟 명 전원이 살아서 부에노스아이레스 항에 도착했다.

인듀어런스호를 탔던 스물여덟 명의 대원들은 인간이 지닌 아주 특별한 모습을 보여 준다. 정신과 육체를 어떻게 구분하여 말하기가 어려운, 인간의 숭고하고 장엄한 태도를 드러내 보였다. 인간이라는 존재의 어딘가에 깃들어 있다가 지극히 드문 순간에 승화하듯 나타나는 기운이 그들을 통해 스스로를 증명하고 사라졌다. 그리하여 성공한 것보다 더 위대한 탐험 이야기 하나를 남겼다.

그들의 탐험과 생존 역시 일상과는 거리가 먼 일이다. 상식 밖의 일이기 때문이다. 상식을 초월한 힘을 발휘했지만, 그들은 애당초 상식

밖의 일을 시도한 것이었다. 자발적으로 상식을 외면한 인간들이라고 할 수 있다.

상식을 외면하거나 거부한 인간들이 상식적으로 살아가려는 우리에게 던지는 메시지가 있을 것이다. 그들이 만들어 낸 결과가 보통 사람들에게 넌지시 보내는 손짓이 있을 것이다.

상식이 제시하는 길은 안정적이긴 하지만 오래 걷기엔 단조롭다. 누가 일러 주지 않아도 잘 아는 길이다. 반면 상식을 외면하고 가는 길은 험난하다. 처음 가는 길이기에 두려움이 따른다. 그 두려움을 호기심의 열정으로 바꾸어 버린 데서 에너지를 얻는 사람들이 개척자요, 선구자다. 탐험 정신이 이끄는 대로 나선 사람들은 전혀 볼 수 없었던 새 길을 안내한다. 그 다음부터는 우리도 그 길을 느낌으로 밟을 수 있다.

인듀어런스호의 대원들이 이룬 업적이나 성과가 있다면 무엇일까? 그 영광이나 흥분이 축적된 재산처럼 언제까지고 그들 개개인을 따라다니는 것도 아니다.

살아서 돌아온 그들은 환호를 받았지만, 곧 뿔뿔이 흩어졌다. 아흔 가까이 산 사람도 있지만, 사십대에 목숨을 끊은 사람도 있었다. 넉넉하게 살거나 혼자 불우하게 지내거나, 각자의 여생도 남극의 항로처럼 예측할 수 없었다. 생을 마감하면서 인듀어런스호의 이야기를 영원히 멈추어서는 안 된다고 유언한 사람이 있었고, 여든까지 살면서도 자신의 경력을 이웃 사람조차 모르게 조용히 지낸 대원도 있었다.

아무리 특별한 일이라도 항상 남는 것은 추상적 의미뿐이다. 그것이 역사의 경험이자 교훈이다. 특별한 사건을 직접 겪은 인간도 추상화될 뿐이다. 그 효과가 구체적인 삶에 달라붙어 계속 영향을 미치는 것은 아니다. 우리에겐 구체적 인간들이 남긴 추상적인 의미를 천착하는 일만 남는다.

토마스 칼라일의 대표적 저서는 《의상 철학》이다. 이 책은 옷맵시나 복식의 역사를 다룬 생활문화사나 수필이 아니다. 원래의 제목은 길고 복잡하다. 그대로 옮기면 '다시 재단된 재단사 : 토이펠스드뢰크 씨의 생애와 견해 3부작'이다.

'토이펠스드뢰크'란 독일어로 악마의 배설물이란 뜻인데, 칼라일 자신이다. 책 속에서 토이펠스드뢰크 교수는 바이스니히트보에 거주하면서 슈틸슈바이겐 출판사에서 《의복, 그 기원과 경향》이라는 책을 출간한다. '바이스니히트보'는 어딘지 알 수 없는 곳, '슈틸슈바이겐'은 침묵이란 의미의 독일어다.

사람이 살아가는 데 필요한 여러 가지 수단이 있다. 그 중에서도 가장 중요한 한 가지는 정신이다. 신념이나 신앙 혹은 사고력, 가치관 같은 것이다. 그것은 인간이 입는 의복이나 마찬가지다. 걸치고 있는 옷에 따라 신분이나 지위가 드러나기도 한다. 옷이 없어도 바로 죽는 것은 아니지만, 인간으로서 품위를 지키며 살아가기 어렵다. 직업에 따라 의복을 차려입는 것과 동시에 위엄과 신비로운 지배권까지 덧입기도 한다.

인간의 정신과 영혼은 삶의 도구라는 점에서 의복이나 마찬가지다. 따라서 시인이나 도덕 교사들은 비유적인 의미에서 재단사들이다. 누구든 자기에게 어울리는 옷을 입어야 한다. 옷은 언제나 필요한 도구지만 하나를 영원히 사용할 수는 없다. 계절에 맞게 골라야 하고, 낡은 옷은 갈아입어야 한다. 마찬가지로 낡은 생각은 버리고, 새로운 사상을 받아들여야 한다.

칼라일은 부모의 영향으로 스코틀랜드 칼뱅주의의 종교적 전통을 이어받았지만, 대학 시절부터 극심한 혼란에 빠졌다. 백과사전파들과 계몽주의 지식이 남긴 불안정성 때문이었다. 세계는 거대한 기계나 다름없어, 그것이 아무리 복잡해도 인간 이성의 관찰을 통한 통제와 이해의 대상일 뿐이었다. 회의주의와 공리주의 사상은 종교에서 경건한 신앙심을 빼앗아가 버렸다.

그 정신적 딜레마를 탈출하는 수단으로 칼라일이 발견한 것이 독일 철학의 이상주의였다. 헐벗은 사람이 옷을 찾듯, 칼라일은 새로운 사상을 찾았다. 전통적 그리스도교는 히브리의 낡은 의상으로 간주했다. 칼뱅주의를 근간으로 하되 독일 철학의 도움을 받아 새로운 믿음의 옷을 한 벌 짓고자 시도했다. 그것이 바로 《의상 철학》이었다.

우리도 낡은 옷을 얼마나 오래 입고 다녔는지, 얼마나 해졌는지 자주 살펴야 한다. 매일 아침 출근하기 위해 골라 입는 육신의 옷을 펼쳐보듯, 자신의 정신적인 의상을 점검할 줄 알아야 한다. 계절과 날씨에 따라 옷을 결정하듯, 더불어 사는 인간과 자기가 속한 사회에 맞는 생각을 갖추어야 한다. 그래야 웃음거리가 되지 않고 자기 방식대로 삶을 추구할 수 있다.

탐험가들은 그들이 성취한 산의 높이나 길의 험난함으로 우리의 영원한 길잡이가 되는 것이 아니다. 생각하지도 못했던 새로운 영역의 가능성을 제시한 상징성으로 우리를 이끄는 것이다. 우리더러 낡은 옷을 벗어던지고 새 옷으로 단장해 보라고 권유한다. 자연 세계의 탐험을 보고 난 경이감의 힘으로 우리는 정신의 탐험을 할 수 있을 것이다.

아예 근본적으로 인간 정신 자체를 탐험의 대상으로 삼은 예도 있다. 그 위대한 스승의 이름은 붓다다. 고타마 싯다르타라고 불리던 시절, 그 역시 출가를 결행함으로써 상식적인 삶을 외면했다. 카필라 왕국은 지금으로 보면 부분적인 재정 독립권 정도를 가진 수장이 중심에 있는 작은 고을에 불과했을 것이다. 하지만 미래의 주인이었던 싯다르타는 왕국의 안온한 생활을 거부했다. 인간과 삶 자체의 근원을 알고자 고행으로 자신을 학대하고, 혼란의 마군을 만나 싸우는 시행착오를 거쳤다.

그러나 어떤 고통도 그에게 해답을 제시해 주지 못했다. 오히려 육체와 정신이 안정적으로 평화를 되찾은 어느 순간, 깨달음은 문득 그의 것이 되었다. 외형으로만 본다면 요즘의 장삼이사보다 왜소해 보였을 붓다는 우주보다 더 넓고 큰 정신세계를 경험했다. 존재하면서 동시에 존재하지 않을 수 있는 인간의 가능성을 확연히 깨우쳤다. 그때까지 붓다가 선택하고 실천한 모든 행적은 비상식적이었으나, 깨달음의 결론은 상식의 핵심에 해당한다.

붓다의 가르침 역시 끊임없이 새 옷으로 치장할 것을 암시한다. 한시도 쉬지 않고 사색과 성찰을 호흡하듯 생활화하고, 늘 신선한 정신을 유지하라고 이른다. 그 요구는 너무 평범하면서도 철저해서 한번

껴입은 옷을 갈아입지 않더라도 매순간 새 옷으로 바꿔 입는 것과 같은 상태를 유지하는 것과 같다.

우리는 언제 어떻게 정신의 낡은 의상을 새 의상으로 교체할 것인가? 우리에게 상식을 외면할 용기나 현실적 여유가 없다면, 정신에 새 의복을 갈아입힘으로써 새 상식을 받아들여야 한다. 정신의 새 옷을 입는 일은 변화를 두려워하지 않아야 가능하다. 경외의 탐험가들이 우리에게 던지는 메시지에는 그런 의미가 들어 있다.

사회제도를 급격하게 바꾸거나 자주 변경하는 일은 혼란을 야기한다. 그렇다고 언제나 세월의 바람이 삶을 서서히 마모시키기를 기다릴 수만도 없다. 변화를 위한 행동이 없는 시간의 늪에서는 정신이 썩기 때문이다. 개인이 경쟁을 통해 얻은 기존의 가치와 권위를 같은 수준으로 유지하려는 노력은 옳지 않다. 항상 조금씩 양보하는 방향으로 가야 한다. 사적인 이익이 아니라 공동의 가치 실현을 위한 쪽이라면, 급격하지 않는 한 변화를 시도해야 한다.

정신의 새 옷으로 갈아입기를 꺼려하거나 능력이 부족해서 하지 못하는 경우도 있다. 그때는 미련 없이 미래의 주역들에게 맡겨야 한다. 우리 뒤에서 기다리고 있는 그들은 아이들이다. 아이들은 미완성의 어른이 아니다. 어른들은 자신과 비슷한 판박이를 안정적으로 만들기 위해 아이들의 교육, 취업, 결혼에 간섭한다. 새 옷을 거부하는 전형적인 낡은 습관이다. 아이들은 결코 그런 인생을 반복하기 위해 대기하고 있는 존재들이 아니다. 아이들의 미래의 삶이 우리가 아는 것과 전혀 달라 보일지라도 그들만의 방식에 맡겨야 한다. 그들의 의상에 어른들이 참견하지 말아야 한다.

정신의 새 옷으로 갈아입는 습관을 지니되, 새 옷 역시 옷의 형태나 기능을 갖추어야 한다. 어떤 파격적 형식의 옷이든 정신의 의상으로 유지해야 할 기본은 있어야 한다. 그 기초는 아마도 인간의 개별성을 전제한 공공성일 것이다. 새 옷은 어김없이 공공의 이익을 포함하는 디자인이어야 한다. 그러한 공공성은 개인의 취향을 고루 포섭해야 하기 때문에 생각이 다른 타인을 배려하는 태도를 필요로 한다. 바로 민주적 공공성이 될 것이다.

나의 정신을 새롭고 깨끗하고 검소하면서 아름다운 의상으로 보호하려면, 타인의 정신이 다른 옷을 입고 성장한 모습을 허용할 수 있어야 한다. 나의 정신이 자유롭기 위해서는 타인의 정신이 머물 수 있는 공간을 배려할 줄 알아야 한다. 거기서 민주적 공공성이 실현될 수 있고, 그런대로 서로가 이해할 수 있는 변화된 사회를 만들 수 있다.

바람직한 변화를 위한 배려는 보다 구체적이어야 한다. 모험가들은 결과가 아니라 과정에서도 보통 사람들에게 멋진 신호를 보낼 때가 있다. 타인에 대한 배려의 구체적인 예가 바로 이런 것이라고 말하면서.

정광식은 대학에서 스웨덴어를 전공하고 국내 건설회사의 뉴욕 지사에 근무하고 있었다. 겉으로 봐선 알 수 없지만, 그의 두개골 일부는 플라스틱으로 만든 것이다. 그는 한국을 대표하는 알피니스트다. 1982년 여름, 그는 남선우, 김정원과 팀을 이루어 알프스의 아이거 북벽에 오르기로 했다.

아이거 정상은 3,970미터밖에 되지 않는다. 그렇지만 거의 수직으로 솟은 북벽은 알피니스트들의 공동묘지라는 별칭을 갖고 있는, 지구상에서 가장 어려운 코스의 하나로 꼽힌다.

암벽을 타기 전의 계획은 정상까지 갔다 내려오는 데 2박 3일이었다. 예측할 수 없는 날씨 때문에 스피드를 요했다. 배낭을 최대한 가볍게 할 필요도 있었다. 사흘을 넘기면 굶을 수밖에 없도록 짐을 꾸렸다. 그런데 막상 등반을 시작하자 사정이 달라졌다. 눈보라에 벼락까지 쳤다. 가벼운 추락 사고에 무전기 건전지를 분실하여 통신이 두절되는 불운이 겹쳤다. 천신만고 끝에 나흘째 되는 날 정상에 섰다.

내려오는 길에 또 하루가 지체됐다. 체력이 다한 데다 허기 때문에 견디기 힘들었다. 환각 상태에서 겨우 발걸음을 떼고 있을 때였다. 누가 소리를 질렀다. 바위 위에 놓인 초콜릿 네 개를 발견하였다. 앞서 지나간 누군가 올려놓은 것이었다. 초콜릿 하나면 그 당시 상황에서는 식량이었다. 세 사람은 하나씩 나누어 먹었다. 그리고 나머지 초콜릿 하나는 그 자리에 그대로 두었다. 언제 나타날지 모르는, 더 굶주린 사람을 위하여.

02

상식은 어디에
쓸모가 있는가

— 희망의 상식

:: 상식이 그 시대의 정치적 혼란을 진정시키고 경제적 안정을 가져올 수 있다면 얼마나 바람직하겠는가. 그런 힘을 가진 상식이 있다면 보기 드문 희망의 상식이다. 보기 드물다기보다, 복잡다단한 현대 사회에선 존재하지 않는 신기루가 아닐까.

"말도 안 돼!"

감탄의 표시로 내뱉는 경우도 있지만, 대체로 단호하고 단정적인 부정의 표현으로 사용하는 말이다. 말이 되지 않는다는 건 딱히 뭐라고 말할 수 없는 지경이라는 의미일 것이다.

거기서 격정의 감정을 제거하고 점잖은 어법으로 바꾼다면 어떻게 될까? 상식적이지 못하다는 상투적인 표현이 거기에 해당할 것이다. 비상식에다 몰상식, 그리고 반상식까지 모두 포함할 수 있다.

일반인으로서 가져야 할 보통의 지식이나 이해력, 또는 판단력을 상식이라 한다. 상식은 사회생활을 하는 인간이 갖추어야 할 기본적 조건의 하나다. 그래서 상식에 맞는 언행이나 결과는 당연하게 여기고,

그렇지 않은 경우에는 어처구니없다고 평가한다. 정상과 비정상을 구분하는 기준으로 상식을 이용하기도 한다.

상식은 보통 사람, 즉 평균인의 요건이다. 그렇다면 상식을 제대로 갖추지 못한 사람은 평균 수준에 못 미친다고 말할 수 있다. 그런 수준의 언행에 대해 흔히 상식 이하라는 평판을 부여한다. 반대로 상식 이상의 지식이나 품격을 갖춘 사람은 전문가, 또는 비범한 능력의 소유자로 대우 받는다.

상식이란 인식과 이해의 대상에 한정되는 것은 아니다. 무슨 말이냐 하면, 마치 지식이나 정보처럼 특정한 내용을 이해하고 암기한다고 상식 있는 사람이 되는 게 아니라는 뜻이다. 상식은 그것이 언행으로 표출되어야 제대로 평가 받는다. 상식에 부합하는 말과 행동이 뒤따라야 비로소 상식으로서의 의미를 살릴 수 있다.

평범한 보통 사람이라면 누구나 갖추고 있어야 할 요소로 상식을 전제한다면, 실제로 대부분의 사람이 상식으로 무장하고 있어야 한다. 대체로 인간 사회가 그럭저럭 되어 나가는 모양새를 보면 사람들이 상식을 인식하고 상식에 따라 행동하기 때문이다. 그런 판단은 아주 긍정적인 태도로 인간과 세상을 바라볼 때 가능하다.

정반대의 견해도 만만치 않다. 세상은 상식적이지 못하고, 인간이란 비상식적이기 마련이라는 회의론이다. 세상만사가 상식에 따라 순조롭게 이루어진다면 지금 우리의 현실이 이 모양일 리가 없다는 실증적 항변을 한다. 대부분의 사람은 상식적인 것이 아니라 상식적이지 못하다고 생각한다. 아니면 상식을 알고 있더라도, 상식적으로 행동하지 않는다고 판단한다.

세상의 일반적인 사고방식이나 보편적인 행동을 하는 상식적 인간을 상식인이라 한다. 그런 말이 따로 있는 것으로 미루어 상식인이 드문 것 같기도 하다. 상식이 지배하는 세상이 되어야 한다고 개탄하는가 하면, 상식이 통하는 사회 속에서 살고 싶다고 하소연하기도 한다. 그렇다면 상식은 인간 세상에 필요한 만병통치약이란 말인가?

우리가 살아가는 데 상식이 없다는 말은, 정작 필요한 곳에서 상식이 통용되지 않는다는 뜻이다. 오간 데 없이 상식을 찾아볼 수 없다고들 한다. 도대체 상식은 어디에 있는가?

우연한 기회에 상식이 몰려 있는 장소를 알게 되었다. 그리고 상식의 종류와 모습이 그토록 다채로운지도 새삼 깨닫게 되었다. 일반 상식, 시사 상식, 종합 교양 상식, 핵심 요약 상식에 스페셜 일반 상식까지 있다. 그런 상식들이 집단으로 서식하는 곳은 바로 서점이다.

진열된 상식은 전문 분야로 세분되기도 한다. 과학 상식, 역사 상식, 경제 상식, 법률 상식, 건축 상식, 바둑 상식에 시사 상식은 물론 이슈 상식까지 있다. 하지만 아무래도 그 정도로는 부족한 모양이다. 그만큼 우리는 상식 결핍증에 걸려 있는 게 틀림없다. 그래서 좀 더 구체적이고 실감나는 수사법을 구사하여 상식의 섭취를 권유한다.

꼭 알아야 할 상식, 살아남기 위한 상식, 우리가 외면했던 상식, 몰래 보는 상식, 알짜배기 상식, 비범하고 유쾌한 상식, 창피 모면 굴욕 예방의 상식, 기상천외의 상식, 황당 상식, 꼼꼼 상식, 첩첩 상식, 열거하자면 끝이 없다.

끝이 없다는 푸념이 지나친 과장은 아니다. 왜냐하면 상식을 다루었거나, 적어도 표제에 상식이란 단어를 사용하고 있는 우리말로 된 책만 수천 종에 달하기 때문이다. 나는 상식이 불편하다, 상식이란 말에 침을 뱉어라, 그들만의 상식, 상식 대폭발, 상식 지존 뇌를 깨워라 같은 응용편이 등장한다. 그뿐이 아니다. 마지막에는 이제 상식을 벗어남으로써 가능한 상식을 말하기도 한다. 상식을 버리면 생각이 자유롭다, 상식 밖의 상식, 상식 깨부수기, 상식을 뒤집어야 돈이 보인다 등등.

'상식을 뒤집어야 돈이 보인다' 라는 제목을 보니 뭔가 짚이는 게 있다. 그 수많은 상식 책들이 진정 무엇을 의미하고 있는가? 우리의 삶에 필수불가결한 요소로서의 상식을 하나도 빠뜨리지 않고 집대성하기 위한 노력일까? 상식이 반드시 필요한 것이라면, 상식을 공급하는 통로 또한 있어야 한다. 상식이 풍부할수록 좋다면, 상식의 공급은 웬만해선 수요를 따라잡기 힘들 것이다. 그래서 상식을 다룬 서적이 그토록 넘치는 것이리라.

이런 간단한 논리적 귀결이 옳다면, 상식에 관한 책들의 목적은 돈벌이에 있다. 상식을 팔면 돈이 되겠다는 영업적 판단 때문이다. 선량하고 우호적인 독자의 시선을 사로잡고 망막을 자극하게 될 활자 하나하나에도 그러한 상업적 의도가 담겨 있다. 상식의 배달은 그 다음 단계의 부수적 목적일 뿐이다. 그나마 유익한 상식의 편린이라도 전할 수 있으면 다행이다.

상식을 팔아 돈을 번 사람이 있을까? 앞에 잔뜩 늘어놓은 상식 서적의 표본들 중에 베스트셀러에 해당하는 제목은 없는 것 같다. 상식을 달리 포장하여 크게 재미를 보았다는 소문을 접한 적도 없다. 사람들이 비용을 들여가며 상식을 얻는 방법을 꺼려하기 때문일까? 그렇다면 내가 아는 한 상식으로 성공을 거둔 사람은 영국 출신 미국인이 유일하다.

토머스 페인은 1737년 영국 노퍽의 셋퍼드라는 작은 마을에서 태어났다. 초등학교 정도의 기초교육만 받은 그는 열세 살 때부터 아버지가 경영하는 코르셋 만드는 공장에서 일했다. 도중에 싫증이 나서 도망치기도 했지만, 다시 잡혀 와 결국 열아홉 살 때까지 그곳에 머물러야 했다.

훗날 공장을 탈출한 뒤에도 사정은 썩 나아지지 않았다. 세무서 말단 공무원이 되긴 했지만 일은 고되고 수입은 적었다. 밀수꾼들을 잡으러 다니거나 장사하는 마을 사람들에게 납세를 독촉하는 일이 전부였다. 몇 푼 되지 않는 월급은 생활비에 턱없이 부족했지만, 그나마 아껴 책이나 실험도구를 사기도 했다.

고단한 삶의 시름은 술집에서 풀었는데, 가끔 심각한 시론이나 재치 있는 노랫말을 만들어 사람들을 즐겁게 했다. 불만의 세월을 보내던 동료 세금 징수원들은 페인의 능력을 높이 사 자기들의 지위 향상을 위한 적극적 행동의 대표로 내세웠다.

이에 크게 고무된 페인은 세금 징수원들의 부패를 막는 유일한 방법은 월급을 올려 주는 것이라는 내용의 글을 썼다. '세금 징수원들의 임금 사례와 빈곤으로 야기되는 부정부패에 대한 생각'이라는 긴 제목의 청원서를 만들어 런던 의회로 갔을 때가 1772년 겨울이었다.

결과는 냉혹한 추위보다 더 참담했다. 청원은 무시되었고, 직무를 태만히 했다는 이유로 해고되고 말았다. 그 사이에 두 차례 결혼하고, 두 번 이혼했다. 부업으로 시작했던 담배 가게도 망해 문을 닫았다.

삼십대 중반의 나이에 돈도 가족도 없이 실업자가 된 페인은 거의 폐인이 되기 직전에 있었다. 그때 만난 사람이 미국에서 건너와 잠시 체류 중이던 벤저민 프랭클린이었다. 프랭클린의 눈에 페인은 꽤 재능이 있는 사람으로 보였다. 프랭클린은 페인에게 영국에서 허송세월하지 말고 미국으로 가 보라고 권유하면서 친절하게 소개장을 써 주었다.

영국에서의 실패한 삶을 뒤로하고 새로운 땅 미국의 필라델피아 항구에 도착한 것은 1774년 11월의 마지막 날이었다. 첫 번째로 얻은 직업은《펜실베이니아 매거진》이란 잡지의 편집 일이었는데, 틈틈이 칼럼과 시도 썼다.

그런데 페인이 방문했을 때의 미국은, 영국에 대한 반감이 거의 최고조에 올라 있을 때였다. 영국에 대한 미국 식민지인들의 불만은 전적으로 과세에서 비롯되었다. 영국 정부가 부족한 재원을 미국 식민지를 통해 보충하려고 했기 때문이다.

설탕, 인지 등에 대한 과도한 세금 부과에 이어 파산 위기에 몰린 동인도회사를 살린답시고 미국에 대한 차 판매 독점권을 주었다. 새뮤얼 애덤스가 이끄는 행동대원들이 밤중에 보스턴 항에 정박 중인 영국 선박에 침입하여 신고 있던 차를 바닷물 속에 던져 버렸다. 분노한 영국 정부는 계속 강경책으로 일관했고, 렉싱턴과 콩코드에서 미국 독립의 전조인 양 민병대와 영국군 사이에 소규모 전투가 벌어졌다.

그런 혼란의 와중에서도 미국은 영국으로부터의 독립이 목적이 아니라 부당한 세금 부과에 대한 항의가 전부라고 공표했다. 참정권도 주지 않으면서 영국 의회가 미국 식민지인들에게 과세를 하는 건 받아들일 수 없다는 것이었다. 훗날 독립선언문에 서명한 인사들 중에서도 결코 독립하려는 것은 아니라면서 영국 왕에 대한 충성을 맹세한 사람도 있을 정도였다.

'대표 없는 과세 없다'라는 구호를 들으며, 페인은 생각에 잠겼다. 그런 미국의 상황이 비상식적이라고 판단했을까, 아니면 이방인으로서 파격적이고 과감한 제안을 하고픈 충동을 느낀 것이었을까?

마침내 페인은 하나의 결론에 도달했다. 미국은 과세 철폐를 요구할 게 아니라 독립을 쟁취해야 한다는 것이었다. 페인은 생각의 실타래를 논리의 틀 위에 펼쳤다. 그 글에, 외과 의사면서 미국 독립운동의 지도자인 벤저민 러시가 '상식'이라고 제목을 붙였다. 즉시 로버트 벨이란 출판업자에게 부탁하여 정치 선전용 팸플릿을 만들었다. 그리하여 1776년 1월 10일자로 47페이지 분량의《상식》이 세상에 나오게 되었다.

책은 즉시 놀라운 반응을 보였다. 처음 석 달 동안 약 12만 부가 나가더니, 결국 총판매 부수가 50만 부를 돌파했다. 요즘 미국 출판 시장에 견주어 보면 거의 3천만 부가 팔린 셈이라는 계산도 있다. 아무튼 그 정도면 당시 신대륙에서 글자를 아는 사람은 거의 빠짐없이 책을 읽은 것이나 다름없었다.

《상식》은 판매 부수도 대단했지만, 더 경이로운 것은 영향력이었다. 사람들 입에 오르내리더니, 미국 독립의 당위론이 급속도로 확산되었다. 급기야 1776년 7월 4일, 대륙회의는 필라델피아 주의사당에서 미합중국의 독립을 선언했다. 《상식》이 출간된 지 6개월 만의 일이었다. 페인은 책에서 미국 사태에 대한 견해를 이렇게 피력하기 시작했다.

"나는 지금 지극히 단순한 사실, 평범한 논의 그리고 상식을 말하겠다."

그가 말하는 상식이란, 미국은 영국으로부터 독립해야 한다는 것이었다. 이유는, 독립이 자연스러운 것이기 때문이라고 했다. 작은 섬나라가 큰 대륙을 지배하는 일은 아주 부자연스러운 현상이라며, 영국의 왕위 세습제를 격하게 비난했다.

"정복 왕 윌리엄은 무장 강도를 데리고 잉글랜드에 상륙해서 원주민의 뜻에 반하여 왕을 자처한 일개 프랑스 귀족의 서자로, 그 근본이 솔직히 말해 매우 비천하고 흉악스럽다."

페인은 마치 영국이 자신의 인생을 망쳐 놓은 데 대한 복수라도 하려는 듯했다. 페인은 《상식》을 파는 데 대성공을 거두었지만, 결코 부자가 되지는 못했다. 초반부터 경제적 이득보다는 널리 읽히기를 바라는 마음이 컸다. 팸플릿의 정가도 저렴하게 정했고, 인세도 거의 받지 않았다.

대신 그는 미합중국 정부의 전신이라 할 수 있는 대륙회의의 외부위원회 간사에 추대되는 영광을 얻었는데, 그 직책은 사실상 미국의 초대 국무장관이었다. 그렇지만 미국에서의 삶도 그리 순탄하지만은 않았다. 그에 대한 평가는 항상 극단적이었고, 정치적 논란 속에 한 자리를 오래 차지하고 있을 운명도 아니었다.

프랑스로 건너가 대혁명을 경험했고, 루이 16세 처형에 반대했다가 10개월 간 투옥되기도 했다. 그 이전에 프랑스 대혁명을 비난한 영국의 에드먼드 버크에 대한 반론으로 쓴《인권》이란 책 때문에 영국으로 돌아갈 처지도 못 되었다.

그 뒤, 단두대의 처형을 모면하고 석방되어 요양하는 동안 '무신론자의 성경'으로 불린《이성의 시대》라는 책을 출간했는데, 이번에는 급진파 또는 이교도로 몰려 곤욕을 치렀다. 미국으로 귀환한 뒤에도 페인은 어디에서도 환영 받지 못했다. 심지어 미국 시민권도 박탈당하여 투표도 할 수 없게 되었다. 72세의 나이로 세상을 떠났는데, 미국인으로 명예를 회복한 것은 1945년에 이르러서였다.

페인의 급진적인 주장은 잘 먹혀들었다. '상식'이란 제목이 설득력이 있었을 수도 있다. 상식이란 너무나 당연한 것을 의미하기 때문에, 페인의 격정적인 호소문을 읽은 사람들은 최소한 상식적인 인간이 되기 위해서라도 독립의 불꽃을 키웠을지 모른다.

페인은 미합중국이란 말을 처음 사용했으며, 미국은 어차피 영국과 분리될 처지라고 예견했고, 장차 미합중국이 영국보다 더 번성할 것이라고도 했다. 그 말들은 모두 그대로 실현되었다. 페인의 상식이 비범한 통찰력에 근거한 것이었기 때문일까, 아니면 선동적 예언이 우연히 적중한 결과일까?

상식이 그 시대의 정치적 혼란을 진정시키고 경제적 안정을 가져올 수 있다면 얼마나 바람직한 세상이겠는가. 만약 그런 힘을 가진 상식이 있다면, 그것은 보기 드문 희망의 상식이다. 보기 드물다기보다, 복잡다단한 현대 사회에선 존재하지 않는 신기루가 아닐까 하는 생각도 든다.

하지만 사회적인 문제가 존재하면 해결을 위한 노력은 필연적이다. 해결의 열쇠가 맞느냐 맞지 않느냐가 관건일 텐데, 유효한 해결책이 상식적인 것이라면 그것을 찾아내기도 한결 수월할 것이다.

03

부다페스트에서
사과 사기

-이념의 상식

:: 해괴한 등식의 잘못된 인식이 우리 사회를 지배하고 있다. 왜곡된 인식이 보편화되면서 보통 사람들의 상식이 되어 버렸다. 상식 아닌 상식 때문에 사람들은 단순한 좌우 직선 도표의 영점을 기준으로 진보와 보수라는 이름표를 달고 나뉘어 있다.

양주동의 수필 〈몇, 어찌〉는 교과서에 실리기도 했다. 어릴 때부터 서당에서 한학을 공부한 영리한 소년이 드디어 신식 중학교에 진학하게 되었다. 신동이란 칭찬까지 듣고 있었으니 자못 새로운 학문의 세계에 대한 기대가 컸다.

소년은 개학 바로 전날 예습을 하기로 했다. 시간표를 보고 첫 시간 과목의 교과서를 빼 들었는데, 이름 하여 '기하'였다. 소년 양주동은 당황했다. 그래도 이렇다 할 한학 서적을 모조리 떼고 신학문이라 하여 입문하려는데, 한자로 된 과목의 의미조차 제대로 알 수 없었기 때문이다.

몇 '기(幾)'에, 어찌 '하(何)'. 한문 실력이 둘째가라면 서러울 정도였는데, 단 두 자 앞에서 막혀 버린 꼴이었다. 교과서 표지에서 멈춘 예습은 결국 책장을 한 페이지도 넘기지 못한 채 끝났다. 소년은 '몇, 어찌'만 머릿속으로 되뇌다가 온밤을 하얗게 새고 말았다.

기다리던 첫 시간이 왔다. 기하 선생과 인사를 끝내기가 무섭게 소년은 질문이 있다면서 손을 들었다.

"선생님, 기하가 무슨 말입니까?"

어쩌면 첫 질문으로서는 가장 적절한 것이었는지 모른다. 기하학은 고대 이집트인들이 땅을 측량한 데서 기원했고, 아르키메데스에 이르러 비약적으로 발전했다. 기하학을 영어로는 '지아미트리(geometry)'라 하는데 'geo'는 토지를, 'metry'는 측량을 의미한다. 중국이 이 학문을 받아들이면서, 영어 발음의 앞부분 '지아'만 따서 한자로 음역한 것이 바로 '기하'였던 것이다.

소년은 눈앞이 밝아지고 가슴이 뚫리는 것 같았다. 기하의 어원은 어떤 기하학 시험에도 나올 리 없지만, 그것은 하나의 전문지식을 근본적으로 익히는 데 유용한 매개가 된다. 돌이켜 보면, 지식을 가르치면서 그것이 잘 이해되고 필요한 곳에 제대로 사용될 수 있도록 소화제나 윤활유 역할을 할 상식도 함께 전달하는 교사가 없지는 않았지만, 결코 많지도 않았다.

17세기 중반까지 영국 왕실에는 무시무시한 재판을 하는 방이 있었는데, 심한 고문도 자주 행해졌다. 고등학교 세계사 시간에 그 법정 이름이 성실청이라고만 배웠고, 또 외웠다. 정적을 없애기 위해 가혹행위를 하고, 잔인한 형벌을 선고한 관리들이 충성을 다해 성실하게 근무하여 그런 이름을 붙였는가 생각했다.

그런 기억이 지금도 남아 있는데, 그때 나는 양주동 소년처럼 질문을 하지 않았다. 세월이 한참 흐른 뒤에 책을 읽다 보니, 천장에 별 모양의 장식이 있어 그 방을 '스타 체임버(Star Chamber)'라 했다는 사실을 알게 되었다. 요즘처럼 아예 웨스트민스터의 '별의 방'이라고 했다면 성실청(星室廳)을 성실청(誠實廳)으로 알지는 않았을 것이다.

페이비언사회주의는 또 어땠는가? 영국에서 일어난 초기 사회주의 운동의 일파 정도로밖에 알 수 없었다. 기원전 3세기, 로마의 장군 파비우스는 지구전의 명수였다. 맞서 싸우지 않고, 전투를 최대한 지연시켜 상대가 지칠 때까지 기다렸다가 일격을 가하는 것이었다.

그 전법으로 카르타고의 명장 한니발을 물리쳤다. 조지 버나드 쇼를 비롯한 몇몇 사상가들은 성급하게 개혁을 도모할 게 아니라 파비우스처럼 끈질기게 기다리며 서서히 변화를 꾀하여 사회주의를 실현해야 한다고 믿었다. 그래서 그들의 이념을 영어로 페이비어니즘이라고 불렀다.

그 정도로 상세히 설명하지 않더라도, 세계사 선생께서 파비우스란 장군이 비만으로 매사에 너무 느렸다고 우스갯소리만 해주었어도 그 운동의 실체를 어렴풋이 짐작하는 데 도움이 됐을 것이다.

이런 두세 가지의 예가 사소한 것일 수 있지만, 적어도 비유로서의 가치는 지닐 것이다. 사전적이고 형식적인 어휘 교육과 그 속에 숨은 좋지 않은 정치적 의도가 낳은 부작용이 큰 사태를 초래하는 경우가 있기 때문이다.

우리의 제도교육이 단답식으로 정리해 버린 몇 가지 문제가 그렇다. 특히 전통적 인문학에 속하는 역사학이나 근대 학문으로 부상한 경제학, 또는 정치사상 교육을 돌이켜 보자. 과거의 우리는 사회주의를 어떻게 가르쳤으며, 지금 평범한 다수의 시민들은 어떻게 이해하고 있는가.

교육의 효과라고 해야 할까, 그 결과만 요약하면 이렇다. 대부분 사회주의를 민주주의, 그것도 자유민주주의의 반대 개념으로 이해하고 있다. 사회주의는 곧 공산주의, 속된 말로 표현하면 빨갱이와 동의어로 여긴다. 거꾸로 자유민주주의는 시장경제주의를 원칙으로 삼고 있으며, 그 핵심은 사유재산을 철저히 보장하는 것이다.

이렇게 도식화하여 가르치다시피 하고 있고, 다들 그렇게 알고 있다. 경제 체제와 정치 원리의 혼동에서 출발한 도식화가 마지막에 가서 묘하게 맞아 들어가기도 하지만, 그 다음 단계의 오해가 또 있다. 사회주의자는 곧 테러리스트라는 인식이다.

한국전쟁이라는 역사적 사실이 유력한 경험적 근거로 제시된다. 사회주의, 공산주의, 빨갱이, 북한, 테러리즘을 동일 선상에 두고, 사회주의는 곧 위험한 것으로 연상하는 논리 비약이 일상화된다. 물론 반대쪽의 도식도 마찬가지다. 민주주의, 자유민주주의, 시장경제주의, 사유재산제도, 미국, 세계화 자본시대라는 표가 저절로 만들어진다.

어느 쪽이든 해괴한 등식의 잘못된 인식이 우리 사회를 지배하고 있다. 이런 왜곡된 인식이 보편화되면서 보통 사람들의 상식이 되어 버렸다. 이 상식 아닌 상식 때문에 사람들은 단순한 좌우 직선 도표의 영점을 기준으로 진보와 보수라는 세련된 이름표를 달고 나뉘어 대치하기 시작했다. 보기에 따라선 경제적 양극화 현상보다 더 폐해가 심한 정치적 양극화의 출발점이 거기에 있다.

극단적 대립과 혼란의 원인에 여러 가지가 있겠지만, 그 중 가장 대표적인 것이 사회주의에 대한 잘못된 교육, 잘못된 인식, 잘못된 상식이다. 그리하여 국민의 절반가량은 보수 기피증 환자가 되고, 절반을 넘어선 다수는 레드 콤플렉스 중독자가 되었다. 의견의 차이라는 게 얼마나 큰지 짐작할 수 있게 해주는 잘 알려진 사례 문제가 하나 있다.

"광화문 한복판에서 조선민주주의인민공화국 국기를 휘저으며 '김정일 만세'를 외치는 사내를 어떻게 할 것인가?"

한쪽 사람들은 경악한다. 그런 극단의 사태가 일어날 것에 대비하여 국가보안법을 폐지해서는 안 된다고 손사래를 친다. 다른 쪽 사람들은 의아해 한다. 도대체 그런 사람을 왜 처벌해야 하느냐고 반문한다. 처벌이 꼭 필요하다면 경범죄처벌법 위반 정도로 입건할 수 있겠지만 말이다. 그런 사상이나 행위가 구체적으로 폭력 혁명의 전 단계 정도에 이르러야 형법을 발동할 수 있다고 아무리 강조해도 불신의 골은 메워지지 않는다.

이념 대립은 결국 살림살이 논쟁까지 간다. 시장주의만이 살길이고, 사회주의는 쇠락과 패망의 문인 것처럼 인식하는 것도 지식의 허위 광고 탓인지 모른다. 아름다운 스위스의 전원주택을 보자. 개인집 담장 안에 둘러싸인 마당 잔디를 제때 깎지 않는다거나, 담장을 이루고 있는 사철나무의 키를 미군 머리칼처럼 일정한 높이에 맞추어 말끔히 가지치기해 놓지 않으면 벌금을 내야 한다.

이것이 사유재산 침해이고 부당한 간섭이며, 행복추구권의 무시인가? 노르웨이나 스웨덴의 복지정책을 설명하면 적어도 절반이 넘는 우리나라 국민들은 극단의 사회주의로 이해할 수밖에 없을 것이다. 사회주의에 알레르기 반응을 보이는 사람들은 우리 헌법의 경제 조항에도 사회경제주의 요소가 가미되어 있다는 사실을 알아야 한다. 모든 게 그렇듯, 정도의 문제이지 사회주의가 악이나 부정은 아니다. 정도는 정치적 합의에 의해 결정된다.

사회주의에 대한 인식만 달라지더라도 우리 사회는 좀 더 안정적인 분위기를 찾을 수 있을 것이다. 영국의 사회주의는 사실 민주주의로 이해해야 한다는 주장에 귀 기울일 필요가 있다. 페이비언파를 비롯한 영국 사회주의자들은 정치적 민주주의와 경제적 민주주의를 함께 추구했기 때문이다. 사회주의란 자본주의가 이루어 낸 성과 위에서 그 모순을 치유해 보려는 사상이라고 이해하면 어떻겠는가?

박우연 씨는 10년 전쯤 남편과 함께 두 딸을 데리고 헝가리로 이민을 갔다. 헝가리는 아주 먼 곳이고, 동유럽이라는 용어의 그늘이 아른거리는 사회주의 때문에 낯설었으며, 조금 거칠게 느껴지는 발음의 언어까지 생소했다. 한두 달 지나자 주변 생활에 조금씩 적응할 수 있었다. 자신의 눈으로 그들의 생활을 관찰하고 평가할 수 있을 정도가 되었을 때, 가장 신기하게 여긴 것 중 하나가 물건 사는 습관이었다.

시장에 사과를 사러 갔다. 사과 장수 할머니 앞으로 장바구니를 든 여성들이 줄지어 서 있었다. 그런데 물건을 고르는 방식이 우연 씨가 서울에서 경험했던 것과는 달랐다. 만 원에 사과 일곱 개라 치자. 보통이라면 쌓여 있는 사과 중에서 빛깔과 크기가 마음에 드는 것으로 일곱 개를 고를 것이다.

그런데 부다페스트에선 할머니가 골라 담아 주는 사과만 받아 와야 했다. 할머니는 깨끗하고 잘 익은 사과 두 개, 그저 그런 정도의 사과 세 개, 흠집이 많고 찌그러져 제대로 팔릴 것 같지 않은 사과 두 개의 비율로 잘 배분해 팔았다. 항상 그랬다.

몇 개월이 더 지나자 우연 씨도 헝가리 말에 익숙해지기 시작했다. 생활에 필요한 웬만한 표현은 자유롭게 할 수 있게 되자, 자신감도 그만큼 더 생겼다. 하루는 작정을 하고 사과를 사러 갔다. 줄을 서서 기다리다가 그녀 차례가 되었다. 할머니가 바구니에 그날의 분배 방식에 따라 사과를 담고 있을 때, 그녀는 준비했던 말을 또박또박 건넸다. 마치 회화책을 읽어내려 가듯이.

"할머니, 돈을 더 드릴 테니 이쪽 좋은 사과로 일곱 개 주세요."

모든 일은 우연 씨가 오랫동안 별렀던 그 말 한마디가 떨어지기 무섭게 한꺼번에 일어났다. 할머니는 잽싸게 우연 씨가 들고 있던 바구니를 빼앗아 담긴 사과를 쏟아 버렸다. 그리고 그녀를 거들떠보지도 않고 뒤에 선 아주머니에게 손짓을 했다. 눈짓 하나로 그녀를 밀쳐 낸 할머니의 표정엔 경멸의 기운이 가득했다. 할머니의 표정은 비록 짧은 순간이었지만 그녀에게는 충격이었다. 왜 그런 일이 벌어졌는지

도대체 알 수 없었다. 너무 창피해서 잠시도 그 자리에서 지체할 수 없었다.

빈손으로 집에 돌아와서도 두 볼은 여전히 화끈거렸다. 하지만 누구에게도 말할 수 없었다. 이유를 알 수 없었지만 물어볼 수가 없었다. 사과를 먹지 않고 한 달 정도 지냈다. 과거의 무안은 조금씩 잊혔고, 잃었던 용기도 약간 되찾았다.

위층에 사는 아주머니에게 그때의 정황을 설명하고, 자기가 왜 그런 일을 당해야 했는지 물었다. 이웃 아주머니는 너무 당연한 일이 아니냐는 표정으로 말했다. 만약 그런 식으로 먼저 온 사람이 좋은 사과를 다 사 버리면, 나중에 온 사람은 무엇을 가지게 되느냐고.

경쟁과 승리라는 좌표계 속에서 자유시장주의라는 상식에 도취한 사람들은 강장제 대신 숙취 해독제를 음용할 필요가 있다. 아니면 부다페스트의 사과 장수 할머니로부터 간단한 교육을 받아도 좋다. 할머니가 부재중이면, 박우연 씨를 찾아가도 목적을 이룰 수 있을 터이다.

이제는 행복한 미소를 짓고 다니는 우연 씨의 그 당혹스러웠던 경험담의 마지막 한마디는 이것이었다.

"그것이 제가 여기 와서 처음으로 겪은 사회주의의 흔적이었어요."

04

바퀴에 깔리는 것은 무엇인가

—운전의 상식

:: 질서가 있어 보이는 외국은 운전자들이 교통 규칙과 상식을 함께 운전에 적용한다. 혼돈의 도가니 같은 우리 도로 사정에서는 교통 규칙만 신호등 불빛으로 남아 있고, 상식은 저마다 바쁜 차량의 바퀴 아래 깔아 버린다.

‘목표’라고 하려니 좀 거창한 느낌이 든다. 그냥 ‘해야 할 일’이라고 하자. 해야 할 일을 처리하는 방식에는 두 가지가 있다. 열심히 하는 것과 대충하는 것이다.

해야 할 일은 대개 그 내용뿐만 아니라 종료해야 할 시점까지 정해지게 마련이다. 그래서 내용에 큰 문제가 없다면 끝내는 시간의 차이만 남게 된다. 열심히 하는 사람은 시간을 단축하고, 게을리 하는 사람은 시간을 더 소비하며, 운 좋은 사람은 제 시간에 끝낸다.

대학 4년을 고모 댁에서 다녔는데, 처녀 시절 문학소녀였던 고모께서 사 모아 둔 소설집들이 꽤 많이 남아 있었다. 심심하면 한 권씩 빼 보곤 했는데, 기상천외한 단편이 하나 있었다. 제목은 기억할 수 없고,

작가도 불분명하다. 기억력은 그레이엄 그린이라고 우기지만 판단력은 선뜻 믿지 못한다. 나중에 백방으로 확인해 보았지만 아직 찾아내지 못했기 때문이다. 어쨌든 그 시절에 나는 그 단편을 읽었고, 추억처럼 간직하고 있는 그 작품 속의 주인공에겐 해야 할 일이 있었다.

대부분의 사람들은 어떤 일을 해야 할 때, 바로 착수하지 않고 미루적거린다. 내가 아는 사람 중 박원순 변호사민은 그렇지 않다. 그는 원고 청탁 전화를 받아 승낙하게 되면, 다른 특별한 일이 없는 한 수화기를 놓자마자 바로 쓰기 시작하는 식이다. 소설의 주인공은 박원순이 아니었기에, 곰지락대다가 사색에 잠기고 말았다.

인간이 해야 할 일을 열심히 한다고 하자. 결과는 어떤가? 기껏해야 시간을 절약하는 정도일 것이다. 코앞에 닥친 일을 아주 성실하게 해내어 예정 시간보다 30분 정도 단축시켰다 하자. 그렇다면 그 잉여의 30분을 어떻게 쓸 것인가를 고민해야 한다. 달리 뾰족한 방안이 떠오르지 않으면 그 다음에 해야 할 일을 30분 당겨 시작하면 된다. 아니면 30분 더 휴식할 수도 있다.

어쨌건 그런 식으로 천금같이 얻은 30분을 계속 이용한다면, 종국에는 어떻게 될까? 죽음 직전에 가서 무엇이 남을까? 인생의 마지막 지점에서 그 30분은 그다지 큰 의미를 갖지 않을 것 같다. 생의 막판에 30분 더 할 수 있는 일이란 숨을 가쁘게 몰아쉬는 고역 외에 무엇이 있겠는가? 아니면 역시 30분 더 쉬었다 가는 것뿐이다. 따라서 고작 시간을 몇십 분 단축하기 위해 해야 할 일에 기를 쓰고 매달릴 이유가 없다.

농담 아니면 궤변 같은 콩트에서 도덕적 교훈을 발견하려면 못할

리야 없겠지만, 궤변을 끝까지 밀고 나가고 싶다. 농담을 증명해 보이겠다.

　아침에 출근 준비를 한다. 어젯밤엔 술을 마시지 않았으니 승용차는 주차장에 서 있다. 사무실까지는 14.2킬로미터, 언젠가 새벽 세 시경에 전속력으로 달렸더니 18분 만에 주파하여 현재 최고 기록으로 남아 있다. 몇 년 전 연말 퇴근 시간에 끔찍하게도 한 시간 40분 걸린 적이 있는데, 보통 때라면 45분 정도 잡으면 된다.

　아파트 308동 입구에서 잠시 멈추어 좌우를 살핀다. 왼편에서 작은 트럭이 한 대 오고 있다. 20여 미터도 채 되지 않는 거리였으나 오르막길에서 속력을 내지 못하고 있으므로 재빨리 먼저 우회전한다. 오늘도 열심히 운전해 보자. 경쟁 사회에서 이 정도까지 양보할 필요는 없을 테니까. 특히 소형 트럭처럼 느린 차 뒤에 서는 것과 앞에 서는 것은 나중에 신호 하나 정도의 차이를 가져올 수 있으니까.

　아파트 단지 앞에서는 좌회전 신호를 받아야 한다. 적당히 좌회전을 감행할까 하다가 잠시 머뭇거리는 사이에 기회를 놓쳤다. 신호 하나에 대략 1분 20초 이상은 걸린다. 한 번 신호 위반을 감행하면 계속해서 그 다음 신호를 받는 데 유리할 때가 많으므로, 목적지에 도착하기까지 평균 5분 정도 시간 절약이 가능하다. 아주 운이 좋고 더 열심히 운전하면 10분 단축도 불가능하진 않다. 45분에서 5분 내지 10분이면 황금 이상의 시간이다. 악착과 성실은 금덩어리를 낳는 법이다.

　T자형 도로라 왼편에서 오는 차가 없는 것을 확인하고, 좌회전 신호

가 켜지기 직전에 미리 출발한다. 노란불이 켜지고 왼편을 가리키는 화살표가 나타나기까지는 불과 1, 2초 차이지만 그래도 할 수 있는 한 노력을 다한다는 마음가짐이 중요하다.

직진 방향에서 회색 승용차가 다가와 뒤에 붙어 선다. 그 차는 직진 신호를 지켜 교차로를 건넌 것 같다. 버스 정류장 앞 건널목에서 좌회전 신호가 걸린다. 충분히 지나갈 수 있는데 하필 한 노인이 느린 걸음으로 횡단보도를 건너고 있다.

노란불을 보고 직진한다. 불과 50미터도 채 못 갔는데, 등산로 입구의 횡단보도 차량 신호가 빨간불이다. 사람이 거의 없는 곳이므로 무시하고 통과함으로써 머피의 법칙을 깨뜨렸다. 앞에 차가 보이지 않으므로 가속 페달을 깊게 밟는다. 뒤의 회색 차는 횡단보도 앞 정지선에 서 있다.

우체국 앞의 신호가 막 파란불에서 노란불로 바뀌고 있다. 그 틈을 놓치지 않고 무섭게 쇄도한다. 얼핏 보니 회색 차는 그제야 움직이는 것 같다. 학교 앞을 지나고, 아직 문을 열지 않은 운동구점 앞 신호등을 보니 정지 신호다.

보행자는 없고 도로 폭도 좁아 몇 초 동안 기다리느니 그냥 가는 게 휘발유 절약에도 낫다는 생각을 관철시킨다. 오른쪽으로 완만한 커브 길을 돌면서 뒤를 보니 회색 차는 드디어 시야에서 사라지고 없다.

몇 차례 직진만 계속하다 제과점 앞에 이른다. 큰 도로가 가까워서 그런지 차들이 많아져 이미 몇 대가 신호를 기다리며 정지해 있다. 할 수 없이 그 꽁무니를 물고 서 있는데 시간이 꽤 길게 느껴진다. 어쩌면 정지 신호가 시작될 즈음 도착한 모양이다. 한참 기다리니 신호가 바뀌었는지 앞차가 움직인다. 덩달아서 브레이크 페달을 푼다. 그때 막 뒤쪽에서 회색 차가 나타났다.

뭔가 시간을 충실하게 사용하지 못한 느낌을 받는다. 회복하는 방법은 끈질긴 성실뿐이다. 넓은 도로 앞쪽의 신호등을 보니 노란불로 바뀌고 있다. 바뀌는 순간의 신호등은 마법을 부리듯 차들을 빨아들인다. 노란불은 '전속력을 다해 달려라'라는 암호다. 앞차 석 대가 지나가고, 네 번째 차는 선명한 빨간불을 보고 건넌다. 다음 차례에서 망설임은 극히 순간이다. 항상 결정은 찰나에 해야 한다.

도로 폭이 넓어 왼편에서 오른편으로 건너는 보행자들이 가운데까지 걸어오려면 시간이 꽤 걸린다. 불안한 가슴에 대고 "안심!"이라고 소리치며 통과한다. 아마 뒷바퀴가 횡단보도를 완전히 넘어설 즈음엔 빨간불이 켜지고도 족히 2, 3초는 경과했으리라. 하지만 마음속으로는 노란불에 건넜다고 상상하며 자위한다. 생활의 지혜엔 여러 양식이 있는 법이다.

흘긋 보니 회색 차는 신호를 지키느라 점점 멀어지고 있다. 고개를 올라서니 저만치 신호등이 또 버티고 있다. 출발할 때 신호 위반한 의미를 살리려면 할 수 있는 한 한두 차례 더 위반을 해야 한다. 그러지 않으면 처음부터 철저히 신호를 지키느니만 못하다.

가속하려는 순간, 신호등 앞에 과속 단속 카메라가 설치돼 있다. 어쩔 수 없이 속도를 늦추다 보니 신호에 걸리고 말았다. 앞차는 아슬아슬하게 통과한 뒤라 모처럼 정지선에 맞추어 서서히 감속한다. 백미러로 뒤를 살펴보니 회색 차는 보이지 않는다.

운전자가 초보인가? 아니면 외국인? 그런 생각을 하는 사이 뒤따라 오던 차의 속력이 심상치 않다. 빨간불로 바뀌는 순간 내가 통과할 것이라 생각하고 따라붙기 위해 속력을 늦추지 않는 게 아닐까?

추돌이 두려워 얼른 2, 3미터 앞으로 전진한다. 검은색의 뒤차가 급 정거하는데, 보닛이 전혀 보이지 않는 것으로 미루어 꽁무니에 바싹 붙은 모양이다. 피차 곡예 수준의 운전 솜씨에 감탄하며 잠시 생각에 잠긴다. 내가 앞으로 급히 나오지 않았더라면 추돌하지 않았을까? 횡단보도를 지나는 사람들 시선이 곱지 않다. 내 차의 앞 범퍼가 횡단보도 절반을 점거한 상태로 서 있기 때문이다.

다시 시작한다. 구청 앞에서 경쾌한 속력으로 우회전을 시도하는데 교통경찰이 눈에 들어온다. 황급히 한손으로 안전벨트를 잡아당긴다. 너무 강하게 당긴 나머지 벨트가 풀리지 않는다. 급히 속력을 낮추며 계속 벨트를 잡아당긴다.

뒤차가 신경질적으로 짧게 경적을 울리며 용케 왼편으로 추월해 지나간다. 안전벨트를 미리 매지 않은 탓에 적어도 20초가량의 아까운 시간을 허비했다는 생각이 스친다. 그러나 자책하고 있을 때가 아니다. 평소의 경험과 감각을 살려 1차선으로 진입하여 빠른 속도로 나아간다.

갑자기 앞에 정차한 차들의 행렬이 길어진다. 옆 차선은 그런대로 진행이 순조로운데 1차선만 멈춰 있다. 약 30미터 앞쪽에 유턴하려는 차들의 꼬리가 길게 늘어져 있는 모양이다. 2차선으로 차선 변경을 노리고 있는데 모든 사정이 여의치 않다.

오늘따라 유달리 운전 기술은 능숙하고 갈 길 바쁜 사람들이 많이 나온 모양이다. 잠시 후 대로에서 종종 볼 수 있는 묘기를 감상하는 행운을 얻었다. 보행자 신호가 켜지자 차들이 일제히 유턴을 했다. 우리의 유턴은 맨 앞의 차부터 차례로 한 대씩 하지 않는다. 적게는 서너 대, 많게는 예닐곱 대가 동시에 유턴한다.

그 모습은 마치 돌고래 떼가 솟구쳐 한꺼번에 곡예를 벌이는 모습을 연상하게 한다. 그 아름다운 광경의 마술적 결과 중 하나는 유턴을 하고 나면 맨 앞차와 뒤차의 순서가 역전되는 현상이다.

차량이 혼잡한 간선도로에서 시간을 아끼는 방법은 전방 상황을 잘 예측하여 차선 변경을 과감히 자주 하는 수밖에 없다. 궁상맞게 쪼그리고 앉아 전자오락에 시간을 할애하는 대신 도로에서 생생한 카트라이더 게임을 즐긴다. 조금이라도 짧은 차선이 눈에 띄면 얼른 옮겨 빈 공간을 메워 준다. 그러다가 기회를 잘 살피면 한 번 정도는 좌회전 차선이나 안전지대를 일시 점거한 뒤 직진에 성공하여 신호 하나를 벌수 있다.

이윽고 마지막 사거리를 통과하자 우측에 목표 지점이 나타난다. 우회전하여 바로 대로변에 있는 지상 주차장에 차를 세우고 안도의 숨을 내쉰다. 가방을 들고 내려 차문을 잠그고 돌아설 때, 어디서 나타났는지 회색 자동차가 사무실 앞을 지나간다. 산들바람처럼 내 눈앞을 스치며.

현장 학습을 통해, 열심히 한 일의 허망한 결과를 확인했다. 비상식이란 번호판을 달고 온 차와 상식이란 번호판을 달고 달린 차의 간격은 겨우 그 정도였던 것이다. 그런 안타까운 깨우침이 일어나는 순간마다 떠오르는 몇 장면이 있다.

프랑스 샤모니에서였다. 시가지에서 조금 벗어난 도로에서 길을 건너려는데 왼편으로 2,30미터 떨어진 거리에서 승용차가 한 대 오고 있었다. 습관대로 차가 지나가기를 기다렸다. 마침 그곳은 횡단보도가 아니었다. 그런데 나를 발견한 승용차는 아예 멀찌감치 서 버렸다.

잠시 정적이 흘렀다. 서로 상대방이 먼저 지나가기를 기다렸다. 내가 조금 더 버텼다간 그 승용차는 아예 시동을 꺼 버릴 것 같았다. 세세한 교통 규칙은 몰라도 통용되는 상식은 금방 알아챌 수 있는 법이라, 나는 먼저 길을 건넜다.

내가 그 좁은 포장도로를 완전히 건너자 승용차는 슬슬 움직이기 시작했다. 그 프랑스인 운전자 이름을 시투와엥모델이라 하자. 그는 자신이 해야 할 일에 충실하지 않고, 괜히 보행자의 안전을 위한답시고 시간을 허비했다.

요즘엔 그렇게까지 하지야 않겠지만, 독일에선 정지 신호 앞에 멈출 때 배출 가스를 줄인다고 시동을 껐던 시절이 있었다. 효율성을 중시하는 이방인 운전자들이 품위를 유지한 채 의연히 공회전의 그윽한 소음을 즐기고 있노라면, 어디선가 게르만의 끓는 피가 자기 차에서 내려 다가와 즉시 항의하곤 했다.

일본에 갔을 때도 다른 운전 습관을 느낄 수 있었다. 거의 모든 운전자들은 정지선을 차량 앞 범퍼의 진출 한계선으로 알고 있지 않고, 정지할 때 운전자가 눈으로 확인하는 선으로 알고 있는 듯 항상 멀찌감치 떨어져 멈춰 섰다.

이런 경험담은 다소 낡은 것이고, 누구나 알고 있는 내용이다. 그럼에도 불구하고 우리는 우리만의 고유한 자동차 문화를 꿋꿋하게 유지하고 있으니, 다른 나라의 진기한 모범 운전자들이란 별반 교훈적 의미를 갖지 못한다. 질서가 있어 보이는 외국은 운전자들이 교통 규칙과 상식을 함께 운전에 적용하기 때문이다. 혼돈의 도가니 같은 우리 도로 사정에서는 교통 규칙만 신호등 불빛으로 남아 있고, 상식은 저마다 바쁜 차량의 바퀴 아래 깔아 버린 탓이다.

가끔 이른 아침에 한적한 도로를 운전하다 무자비하게 바퀴에 뭉개진 들고양이의 시체 때문에 흠칫 놀라 핸들을 꺾을 때가 있다. 우리의 운전 상식이란 바로 그것이다.

하기야 앞서 예로 든 한국 운전자와 외국 운전자들의 사례가 좀 극단적이긴 하다. 그렇지만 아무리 생각해도 지나친 과장은 아니다. 어느 쪽 운전 습관이 유리해 보이는가는 서서히 증명될 것이다.

우리의 경우가 반드시 비관적인 것 같지는 않다. 우리나라 사람들은 비교적 외국 여행을 많이 하고, 자동차 여행을 즐기는 비율도 증가 추세에 있다. 한국 도로 위에서 훈련된 운전자들이 외국 여행지에서 운전을 하게 되면 아마 딴 세상을 만난 기분을 경험할 것이다.

모두가 교통 규칙을 철저히 지키는 곳에서 혼자 적절히 위반하면 얼마나 편리하겠는가. 규칙을 잘 지키는 외국인들은, 운전 도중에 내려 시동을 끄라고 화를 내는 일부 독일인들과는 달리 대체로 위반 차량 한두 대에 별반 관심을 두지 않는다. 필경 말할 수 없는 사정이라도 있겠지 하고 말 것이다.

그러니 더 편한 마음으로 위반할 수 있을 테고, 그런 소문은 점점 퍼지고, 거의 모든 한국인들이 운전의 자유를 구가하고자 외국으로 뛰쳐나길 것이며, 외국의 도로는 점점 엉망이 될 것이다. 아마도 ㄱ 즈음엔 우리의 교통 문화도 남부러울 것 없이 세계의 평균 수준에 도달하게 될 것이 틀림없다.

05

학자의 과잉 연구는 유죄

―오판의 상식

:: 그의 연구 행위는 학자라면 누구나 누릴 수 있는 학문과 사상의 자유라는 이름으로 보호받을 수 있는 것이었다. 그 품격 있는 권리는 민주주의를 표방한다고 자처하는 국가라면 함부로 흠집을 낼 시도조차 못할 대상이다.

기니비사우, 나고르노카라바흐, 그리고 마르티니크가 무엇이냐고 묻는다면, 당신은 어떻게 대답하겠는가? 힌트를 달라면 이렇게 덧붙일 수 있겠다. 상투메프린시페, 앤티가바부다, 카보베르데.

도무지 무슨 말을 하고 있는지 모르겠다는 표정이 계속될 것이다. 사람 이름인가? 얼마든지 더 댈 수 있다. 세이셸, 세인트바르텔미, 세인트피에르미켈, 세인트빈센트그레나린, 세인트키츠네비스. 잠깐, 이쯤이면 지명이라는, 정답에 가까운 대답이 나올 법하다.

출제자가 의도한 정답은 국가 이름이다. 마르티니크, 에리트레아, 트랜스니스트리아도 있다. 조그만 섬 몇 개를 묶어 자치령 또는 독립국이라고 하는 경우엔 대개 국가 이름 뒤에 '제도(諸島)'를 붙인다. 건

지 제도, 마요트 제도, 페로 제도, 터크스케이커스 제도, 왈리스푸투나 제도, 쿠크 제도가 그렇다.

마르코스 바그다티스라는 테니스 선수 때문에 알려진 키프로스가 있는가 하면, 북 키프로스도 있다. 기니와 적도 기니는 서로 다른 나라란 사실도 참고로 일러둔다. 그 중 가장 흥미로운 나라로 꼽을 수 있는 곳은 핏케언 제도다. 현재 세계 인구가 70억에 육박하고 있는데, 그 나라에 살고 있는 사람은 고작 마흔일곱 명에 불과하기 때문이다. 그래도 총통과 총리까지 있다.

지구에는 도대체 몇 개의 나라가 있을까. 상식으로 어림잡아 대략 200개쯤? 자료를 살펴보니 정말 어지럽다. 이 글을 쓰면서 확인한 나라의 개수는 조사 기관에 따라 다르다. 세계지도 정보에 의하면 237개, 세계은행 통계에 따르면 229개다. 한국 통계청은 224개라 하고, 국가정보원은 231개라 한다.

유엔에 가입한 나라는 191개인데, 세계축구연맹(FIFA)에 등록한 나라는 210개다. 코카콜라 상표가 걸려 있는 곳은 199개국이고, 한국은 244개 국가에 수출하고 있다. 심지어 287개국이라는 주장도 있다. 국가가 몇 개인지는 정확히 알 수 없다가 정답인 모양이다. 지금 이 순간 독립을 위한 분쟁이 진행 중인 나라가 여럿 있으니 기준에 따라 국가의 수는 달라질 수밖에 없다.

어쨌든 200여 개의 국가가 벌집처럼 크고 작은 경계를 만들어 지구를 메우고 있다. 가끔 그들은 한꺼번에 모인다. 그것도 경기장에 모인다. 사정이 있는 나라를 제외하고 그 많은 나라가 모여 치르는 행사가 올림픽이다.

올림픽에 참가한 선수들은 국가의 이름을 걸고 치열하게 경쟁한다. 근대 올림픽의 창시자로 불리는 쿠베르탱은 올림픽이 단순한 세계선수권대회가 아니라 평화와 청춘의 화원이라고 했다. 하지만 올림픽은 경쟁을 통해 승리와 패배를 억지로 가르는 냉혹한 심판대다.

지구 위에만 있다면 이제 어느 도시에서든 올림픽을 열 수 있다. 하지만 요즘의 올림픽은 이런저런 국가들이 번갈아가며 개최하는 국제회의처럼 간단한 행사가 아니다. 보름 정도 열리는 지구인들의 운동회에는 은밀한 정치적 의도가 깔리기도 하고, 거창한 경제적 효과가 계산되기도 한다.

올림픽 유치 경쟁은 개최하기 10여 년 전부터 메달의 색깔 다투기보다 더 치열하다. 운 좋게 국제올림픽위원회 총회에서 다음 개최국으로 결정된 국가의 정부는 성급하게 피라미드를 쌓아 올리듯 경기장과 선수 숙소와 부대시설 건설에 박차를 가한다. 개최 예정 도시의 인공적 화사함과 그 뒷골목에 깔린 어둠의 대조는 개막일 즈음에 절정을 이루는 게 보통이다.

2008년 여름, 베이징 올림픽도 그랬다. 베이징 올림픽 역시 그랬다기보다는 가장 그랬다고 해야 더 옳을 것 같다. 매번 새롭고, 종전보다 나아 보이는 기획으로 국가의 힘과 권위를 선전하려 하기 때문이다.

나이가 들어도 아름다움을 조금도 잃어버리지 않을 것 같은 여배우와 연인이 되어 제법 인상적인 영화를 만들던 감독이 전성기가 지나고 내리막길인가 싶을 때 행사의 연출을 맡았기 때문일까. 개막식이나 폐막식은 화려하다 못해 중국 영화처럼 과장되었다. 과장은 원래 대단하게 보이는 것이니까.

중국은 계산상 남는 장사를 했다. 전체 메달 중에서 꼭 백 개의 중국산 메달이 해외로 반출되는 걸 막았는데, 그 중 51퍼센트에 해당하는 수의 금메달로 미국을 여유 있게 제치고 1위를 차지하지 않았는가. 한국도 열세 개의 금메달을 확보해 사상 최고의 성적을 올렸다고 기세가 등등했다. 막판에 쿠바를 누르고 야구 대표 팀이 극적인 금메달 드라마를 연출하는 바람에, 전국의 떠들썩한 분위기는 2002년 월드컵을 떠올리게 했다.

한국 메달리스트들의 여행의 자유를 일시 박탈한 것은 그 애국적 화합과 성공의 기운을 극대화하기 위한 비상의 조치였다. 베이징에 갇혀 꼼짝 못하고 있던 승자들은 폐막식을 마친 다음 날 메달을 목에 걸고 일제히 인천공항에 나타났다. 그것은 입국이 아니라 그야말로 개선이었고, 비가 내리는 가운데 거행된 퍼레이드는 아련히 향수에 젖게 했다. 브라스밴드나 군악대의 행진곡이 귓전을 스치는 듯했다.

그리고 바로 하루 이틀 뒤, 이집트에 관한 기사를 접했다. 우리나라와 중국이 승리의 환호에서 채 벗어나기도 전에 이집트에선 분노의 뒤처리가 진행 중이었다. 이집트는 아슬아슬하게 동메달 한 개를 땄다. 굳이 순위를 따지자면 204개 참가국 중에서 81위였으니 중간은 넘어선 성적이었다.

하지만 같은 아프리카의 에티오피아나 짐바브웨는 물론 이름도 어려운 트리니다드토바고보다도 한참 뒤진 결과였다. 한때 지구의 중심에 있었다고 자부하는 이집트에 비하면 국가라고 하기도 어려운 모리셔스나 몰도바, 여전히 전쟁과 가난의 상흔에 시달리고 있는 아프가니스탄과 어깨를 나란히 했으니 국민들이 크게 실망하지 않을 수 없었을 것이다.

민심을 읽었던지, 호스니 무바라크 이집트 대통령은 진상조사특별위원회를 구성하라고 엄명을 내렸다. 어떤 진상을 조사하라는 말인가? 베이징 올림픽에서 부진한 성적을 낸 원인을 찾으라는 것이었다. 그리하여 제 기량을 발휘했으면 충분히 메달을 딸 수 있었음에도 불구하고 태만하게 경기를 운영해 메달을 따지 못한 선수를 처벌하라고 했다. 이집트의 관영 메나통신이 전한 소식이니 헛소문은 아닐 터였다.

이 기사를 확인한 것은, 내 감정의 반응을 측정하기 위함이 아니었다. 우선 술자리에서 늘어놓고 친구들의 대꾸를 기다렸다. 수업 시작 전에 학생들의 소감도 기대했다. 반응은 모두 즉각적이었다. 그리고 반응의 내용도 동일했다. "말도 안 돼!"라거나 "그런 비상식적인!"이라며 생선가시를 내뱉듯이 촌평했고, 표정은 비웃음으로 가득했다.

어떤 사람은 따분한 나날에 너무 어이없는 소식으로 즐거움을 안겨준 이집트 정부에 대해 진정으로 감사하다는 듯 웃음을 터뜨렸다. 물론 그 뉴스를 해설 식으로 친구들에게 들려줄 때, 나의 안면은 텔레비전 아나운서와 마찬가지로 결코 웃거나 찌푸리지 않았다. 바로 준비한 다음 소식을 이어가며 질문을 던졌다.

하필이면 이집트의 비상식적인 소식이 전해진 바로 그날 서울에서 벌어진 일이다. 사회주의를 제대로 공부하겠다고 연세대 교수직까지 그만두고 연구 활동을 하던 오세철을 포함한 일곱 명이 체포되었다. 오세철이 중심이 되어 2008년 초 새로 결성한 단체는 사회주의노동자연합이라는 이름을 가졌고, 사노련이란 약칭으로 불리는 연구소에서 그는 운영위원장을 맡고 있었다.

오세철은 진작부터 사회주의자로 자처했고, 그의 연구 행위는 학자라면 누구나 누릴 수 있는 학문과 사상의 자유라는 이름으로 보호받을 수 있는 것이었다. 그 품격 있는 권리는 민주주의를 표방한다고 자처하는 국가라면 함부로 흠집을 낼 시도조차 못할 대상이다.

그런데 지구의 천장을 들었다 놓을 것처럼 떠들썩했던 베이징 올림픽에서 단독 7위를 차지한 대한민국의 경찰은 칼을 뽑는 쇼를 감행하고 말았다. 죄명은 익히 아는 국가보안법이지만, 구체적 혐의를 들여다보면 무시무시하거나 우습거나 둘 중 하나다. 국가의 변란을 선전하고 선동해서 국가의 존립과 안전을 위태롭게 한다는 것이다.

사노련은 기본 목표를 만천하가 알 수 있도록 인터넷 홈페이지에 공표하고 있는데, 그들을 체포했다. 기본 강령은 체포 소동이 있고 난 뒤에도 누구나 마우스만 클릭하면 읽을 수 있었지만, 그들을 테러리스트나 되는 것처럼 취급했다.

그들이 행한 것이라고는, 적어도 경찰이 증거라고 확보할 수 있는 문자로 된 것만 따진다면 거의 200년 전에 태어났다 무덤 속으로 사라진 마르크스와 진지하게 주고받은 하염없는 관념과 논리의 소통 외에 무엇이 있겠는가? 거기에 고개를 갸우뚱하면서, 그들의 머릿속과 양심에 박혀 있는 불길을 함부로 추측해서는 곤란하다.

공안 경찰은 오세철 일행을 왜 그렇게 두려워했던가? 사노련의 공개된 강령과 목적만 보고 국가 변란의 위협을 느꼈다면, 경찰은 의외로 대단히 섬세하고 민감한 감수성을 가졌음에 틀림없다. 아니면 종이호랑이를 보고 놀라 혼비백산한 멍청이들이거나.

한국의 수사기관이나 정부가 사노련에 두려움을 느꼈다면, 우리는 주위를 부지런히 살펴야 한다. 적어도 그와 유시한 연구 단체가 무려 열 개는 더 있기 때문이다. 국가권력을 담당한 기관이 두려워할 정도의 단체, 그것도 주먹은 호주머니에 넣은 채 머리로만 혁명을 궁리하는 연구소가 그렇게 많다면 그런 환경을 방치하는 건 국가에 대한 예의가 아니다.

더군다나 사노련은 북한에 대해 아주 비판적이어서 사회주의 국가 취급도 하지 않는데 경찰이 출동했다면, 그보다 과격하게 보이는 노동사회과학연구소 같은 곳은 어떻겠는가?

오세철을 비롯한 사노련 사람들을 체포한 사건은 이틀 뒤 청구된 구속영장이 기각되면서 잠잠해졌다. 경찰은 머쓱해졌다기보다는 창피를 당했다. 그 여름이 지나고 날씨가 서늘해지자 경찰은 수사를 보강했는지 다시 영장을 청구했다. 가을의 결론도 기각이었다.

하지만 어떤가? 만약 이 해프닝이 세계 각국에 보도되었다면 말이다. 이것이 내가 준비한 두 번째 질문이었다. 느긋하게 이야기를 듣고 있던 상대방이 아차 하는 표정을 흘리며 머뭇거리는 순간을 놓치지 않고 잽을 던지듯 계속 퍼부었다.

대한민국의 이런 사건을 유럽 사람들이 이해하겠느냐고 대답을 재촉했다. 몇 초 더 머뭇거리면 이미 대답한 것이나 다름없다. 확인 사살하듯 슬쩍 한마디를 얹었다. 이것은 상식적인가?

이집트의 심란한 사정을 우리 손바닥 위에 올려놓듯 대한민국 형편을 유럽인들의 시선 앞에 펼쳐 놓고 비교하는 일은, 결코 유럽의 보편주의에 기대려는 오리엔탈리즘의 소치가 아니다. 사상과 양심의 자유에 대한 전통과 깊이 때문이 아니라, 우리의 국가보안법적 상황을 보고 들으면 가장 이해할 수 없는 태도를 보일 사람들이 유럽인들일 것이란 말일 뿐이다. 합리적 이성이 숨 쉬고 있는 나라라면, 혹은 적어도 국가보안법이 없는 나라라면 그 속에서 생활하는 시민들은 우리의 학문적 사정을 이집트의 스포츠적 상황보다 더 딱하게 여길 것이다.

필요하다면 몇 마디 더 논증에 할애할 수 있다. 특히 술집에서라면 말이다. 유럽 중에서도 이념으로 분단을 경험했고, 테러에 민감하며, 한때 전체주의적 기운이 지배했던 나라가 독일이다.

독일에서 여성으로는 처음으로 연방헌법재판소장을 지낸 유타 림바흐가 2008년 10월 서울에서 열린 세계헌법재판소장회의에 참석했다. 한국이 헌법재판소 창립 20돌을 맞아 회의를 유치했던 것이다. 림바흐는 인터뷰에서 이렇게 말했다.

"이제 한국 민주주의가 어느 정도 성숙한 만큼 국가보안법이 필요 없다고 생각합니다."

빠뜨리지 않고 그 이유를 덧붙였다.

"두려움으로부터 자유로운 시민이 민주주의를 실현할 수 있습니다."

이제 다시 이집트 사람들의 처지로 돌아가 보자. 그래도 별반 달라질 것은 없을 것 같다. 올림픽 선수단의 성적 부진을 조사하기 위해 위원회를 구성하는 일이 뭐 그리 비이성적인가? 우리는 열세 개의 금메달에 얼마나 환호했던가? 시민들은 눈물까지 흘리며 한때 시름을 잊었고, 정치인들은 희비의 교자 속에서 그 쾌거를 적절히 이용하지 않았는가?

그렇다면 이집트 국민들이 분노하는 사태는 당연한 일 아닌가? 이집트의 절망과 허망함이 바로 우리의 쾌감과 희망의 근거가 아니었던가 말이다. 메달을 따지 못한 선수를 처벌한다는 계획도 그렇다. 무작정 처벌한다는 말은 아니다. 외신 보도를 그대로 옮긴다 하더라도 '(제 기량을 발휘했으면 충분히 메달을 목에 걸 수 있었음에도 불구하고) 태만히 경기 운영을 한 탓으로 메달 획득에 실패한 선수'를 처벌한다는 것이다.

그 사실을 어떻게 입증하느냐가 흥미진진하긴 하지만, 그건 일단 다른 문제다. 경제 사정이 좋지 않음에도 불구하고 122억이나 선수단에 투자했다는 이집트 입장에서 보면 태만한 자세 때문에 국가의 명예를 실추시킨 행위를 처벌한다는 심정이 이해가 된다. 우리도 가끔 정책에 실패한 고급 관리를 직무유기로 처벌해야 한다고 정치적 책략으로 고발하지 않는가.

이집트의 올림픽 성적 부진 진상조사를 위한 특별위원회의 설치가 정당하다는 의미는 아니다. 다만 거의 같은 시기에 일어난 우리의 국가보안법 소동과 비교해 보면 오히려 이집트의 특별위원회가 더 이해된다는 말이다. 그러니 어떤 이야기를 전해 듣고 즉각적인 반응을 보이는 것은 조금 위험하다. 상식을 비상식으로, 비상식을 상식으로 오판할 수 있기 때문이다.

2장

인생의 내일,
자연의 내일

06

목적을 가지고
식당에 들어가기

−식탁의 상식

:: 식당이란 단순히 끼니를 해결하러 가는 장소가 아니다. 그렇게 막연하게 식당에 들어갔다가 특수한 목적을 가진 이웃을 만나면 충돌하기 쉽다. 아무 목적 없이 식당에 갈 경우엔 목적을 가지고 나타난 손님을 무조건 이해해야 한다.

친구 중에 하우성이란 사람이 있다. 그는 한두 가지 사업을 하고 있는데, 못내 아쉬워하는 업종이 하나 있다. 그리 대단한 건 아니고, 누구나 할 수 있는 식당 영업이 그것이다. 그는 자신만의 성공 비결이 있다고 한다. 계획대로만 하게 되면 이름을 대성으로 고쳐도 무방할 정도로 큰돈을 벌 것이 틀림없다는 것이다.

그의 동의를 구하지 않고, 오직 잡문의 서두를 살리기 위해 과감하게 그 비법을 여기에 공개할까 한다. 조건은 두 가지뿐이다. 첫째, 학교 앞에 자리 잡아야 한다. 여기서 학교란 중고교가 아니라 대학을 말한다. 둘째, 학교 앞 식당의 메뉴는 두 가지로만 한다. 바로 '아무거나'와 '같은걸로'다. 그의 오랜 시장조사 끝에 알게 된 우리나라 대학생들이 가장 많이 찾는 메뉴 두 가지가 그것이란다.

식당에 들어가 우왕좌왕하는 경우가 많다. 특히 한 끼 때운다는 생각으로 식당 문을 열었을 때 더욱 그러한데, 그럴 때면 메뉴를 결정하는 데 시간이 많이 걸린다. 이십대에 감옥에 들어가 17년 동안 양심을 지키기 위해 투쟁한 서준식도 일찍이 그 어려움의 정도를 실감나게 표현한 적이 있다. 과기의 보안관찰위원들은 2년에 한 번씩 사상범을 심사했는데, 감옥에 다시 집어넣는 결정을 그날의 점심 메뉴를 정하는 일보다 더 쉽게 했다는 것이다.

네 명이 앉을 수 있는 작은 탁자 다섯 개를 갖춰 놓은 강남역 부근 지하 분식집 벽에는 무려 쉰세 종류의 음식 이름이 붙어 있다. 라면만 열 종류에 김밥도 여덟 종류가 구비되어 있는데, 그것도 섞어서 주문하는 게 가능하다. 따라서 경우의 수는 더욱 무궁무진하다. 싸구려 분식집이라서 그런 것만은 결코 아니다.

중국의 대도시에 자리 잡고 있는 북한 식당은 고급 레스토랑에 속한다. 예를 들어 베이징의 해당화에 들어가서 차림표를 펼쳤다고 치자. 우선 읽는 데 많은 시간을 할애해야 한다. 그래도 프랑스나 이탈리아처럼 재료의 산지와 요리 방법을 간결하게 설명하고 있어 메뉴만 읽어도 지루하지는 않다.

예를 들면 조선동해도루메기조림, 조선서해대합조개구이, 청포종합랭채 같은 식이다. 산에서 가져온 것은 금강산백도라지생채, 백두산두릅나물무침으로 표시한다. 조선동해성게찜같이 중국 돈 30원짜리가 있는가 하면, 그 열 배에 해당하는 고급 요리인 조선동해전복깨즙찜이나 마늘장새끼왕가재찜을 맛볼 수 있다. 잘 살펴보면 조선자연산자라탕 같은 보신 요리도 있다. 또한 사이시옷을 사용하지 않기 때문에 개뒤다리살볶음이라는 품목도 발견할 수 있는데, 북한이 개고기를 항상 단고기로 표기하는 건 아니다.

남한의 식해(食醢)에 해당하는 음식으로는 동태와 가자미로 만든 게 준비되어 있고, 김치도 따로 시켜야 하는데 평양통김치, 평양배추김치, 평양백김치, 평양양말이김치, 평양동치미, 개성보쌈김치, 열무김치, 오이소박이, 깍두기로 시작하여 평양종합김치로 끝맺음한다. 이러니 준비된 음식의 가짓수가 어마어마한 것은 당연하다.

무엇을 먹을 것인가를 결정하는 일이 어려운 까닭은 음식의 수가 다양한데 반해서 우리 위의 용량과 지갑의 두께는 보잘것없기 때문이다. 압도적인 메뉴를 자랑하는 식당이 우리에게 던지는 메시지는 무엇일까?

식탁에 앉아 찬찬히 메뉴를 훑어보고, 찬란하도록 많은 요리 중에서 취향에 맞는 것으로 잘 선택하고, 미처 맛보지 못한 음식에 대한 미련은 다음에 또 와서 해소하라는 배려로 착각해서는 안 된다. 식당에 들어올 때는 자기가 무엇을 먹을 것인지 분명히 선택할 수 있어야 한다는 충고로 알아들어야 한다. 아니면 아예 식당에 들어서기 전에 주문할 요리를 미리 결정하라는 경고이기도 하다. 메뉴를 보고도 금방 음식을 정하지 못하는 태도는 뚜렷한 목적 없이 식당을 찾은 무모한 행동의 결과로 판단하기 때문이다.

어차피 이번 이야기는 하우성이란 사람의 장래 영업 비밀의 일부를 누설한 데서 시작했기에, 내친 김에 한두 가지 식당에 관련된 정보를 더 흘릴까 한다. 식당에 들어갈 때는 반드시 분명한 목적을 가지고 있어야 한다는 중요한 상식에 관한 정보로, 한두 가지 조건이 달린 고급 정보다.

일 년에 한두 번 외식이란 걸 할 수 있을까 할 정도로 생업에 바쁜 사람들이 드나드는 식당이나 사무실 부근, 혹은 동네 대중음식점과는 무관하다. 돈이면 무엇이든 가능하다고 믿는 사람들이 꽤 고급스런 레스토랑을 이용할 때 유용한 지식이다.

: : 시간 수집의 목적

어떤 경우에도 시간을 헛되이 보내서는 안 된다고 확신하는 성실한 사람들이 있다. 그들은 여느 상황에서도 느긋하게 시간의 흐름에 자신을 내맡기는 법이 없다. 가능과 불가능을 따지지 않고 어떤 일이든 빠를수록 좋다는 신념으로 뭉쳐, 식당에서도 생활의 쾌속화를 실천에 옮기려 애쓴다.

출입문을 여는 순간, 세련된 종업원의 안내를 애써 외면하고 눈으로 먼저 빈자리를 찾는다. 일행의 수에 관계없이 전망 좋고 넓은 자리를 차지하려는 시도가 몸에 배어 있다. 예약도 하지 않고 와서 대기해 달라는 권고를 무시한 채 식사가 끝나 가는 듯한 테이블 주위에 가 서 있는 경우도 있다.

자리를 차지하고 앉은 뒤, 그들의 행동은 짐작할 수 있는 그대로다. 지저분한 식탁을 어서 치워라, 주문을 빨리 받아라, 반찬이라도 먼저 가져와라 등의 지시를 따발총 쏘듯 퍼붓는다.

점심이든 저녁이든 식사라는 전 과정이 종료될 때까지 적어도 두 번 이상은 물을 요구한다. 보통 한 번은 냉수, 한 번은 뜨거운 물이다. 그들의 눈에 종업원들은 모조리 운동신경이 둔해 동작이 더딘 느림보로 비친다. 벽에 걸린 시계의 초침을 통해 무수히 아까운 시간들이 날아가는 걸 본다. 그런 사람들의 목적은 식당 종업원을 다그치는 데 있는 게 아니라 오직 황금 같은 시간을 경각이라도 아껴 수집하는 데 있다.

: : 토론의 목적

주택가 부근의 중국집이었다. 막 늦은 점심을 먹으러 건장한 사내 셋이 들어섰다. 두어 명의 다른 손님이 부지런히 그릇을 비우고 있는 중이었다. 조용히 들어온 세 남자는 중국집 식탁 앞에 앉으면서부터 말이 많아지기 시작했다.

"뭘로 드실까?"

중년을 넘긴 주인아저씨가 카운터에서 나와 직접 주문을 받았다. 그때부터 세 남자는 시끄러워지기 시작했다. 메뉴 선택에 관한 의견 교환은 듣기에도 어지러울 지경이었다. 별것 아닌 것으로 떠드는데, 그 소리는 마치 싸움이라도 하는 것처럼 소란스러웠다.

결국 그들이 선택한 것은 자장면 곱빼기, 우동 곱빼기, 짬뽕 곱빼기 각 한 그릇씩이었다. 물끄러미 지켜보던 주인아저씨는 그들의 복잡한 주문 내용을 단 세 음절의 간략한 표현으로 주방장에게 일렀다. 전표도 끊지 않은 채 주방으로 난 배식구를 향해 경상도 사투리로 크게 외쳤다.

"들었제?"

이런 이야기는 시골 중국집에서 목격할 수 있는 코믹한 장면이자 우스갯소리에 지나지 않지만, 많은 사람들이 모이는 도시의 식당에서도 이런 사내들을 본받으려는 식객들은 많다. 그들은 토론이라는 목적을 가지고 식당에 오는 사람들이다.

주제가 다양하여 정치와 경제 현안은 물론이고, 교육이나 스포츠로 삼산 넘어갔다가 국제적 이슈를 넓은 혀 위에 올려놓기도 한다. 그들의 목적은 토론에서 이기는 것과 동시에, 가급적 자신의 경험에 토대를 둔 독특한 판단과 의견을 널리 홍보하는 데 있으므로 목청을 한껏 돋운다. 다른 식탁의 손님들도 잘 들을 수 있게 하려는 배려가 담겨 있다. 그래서 다른 손님들이 미소를 지으며 점잖은 태도를 보이면 그것을 자기주장에 대한 동의의 표시로 착각하기도 한다.

청문회에 참석한 국회의원처럼 가능한 상대방의 말을 듣는 시간은 줄이고 자신의 말을 많이 하려는 성향을 공통으로 지니고 있기 때문에, 토론의 후반부로 접어들면 서로 말소리가 겹쳐 주파수가 맞지 않는 라디오 방송 같다.

고성을 동반한 장시간의 격렬한 토론은 필경 많은 에너지의 소모를 가져오므로, 마치 세계적 테니스 선수가 휴식 시간에 바나나 반 개를 먹듯이 잠깐 숨 돌릴 틈을 이용해 차려진 음식을 조금씩 먹는다. 큰 소리로 토론하기를 즐기는 도시인들이 그런 장소로 괜찮은 식당을 자주 이용하는 이유가 바로 거기에 있다.

: : 유아 체력 단련의 목적

가족이 함께 식당을 이용하는 일은 보기에도 좋다. 대가족이든 소가족이든, 식구들 중에는 어린아이들이 끼여 있는 경우가 많다. 주말의 한 끼를 식당에서 즐기는 행사에는 몇 가지 복합적 효용이 있다. 주부의 번거로움을 덜어 주고, 가족 모두 계절의 변화를 몸으로 느낌과 동시에 화목을 도모하는 효과 같은 것이다.

그런데 특별한 목적을 가지고 가족 외식에 나서는 경우가 있다. 초등학교에 들어가기 전 아이들의 위장 용량은 어른들의 그것에 비해 터무니없이 적으므로, 그들의 식사는 빨리 시작하여 빨리 끝난다.

나머지 시간에 꼬마들이 할 수 있는 일이 무엇이겠는가. 슬금슬금 딱딱한 자리를 벗어나기 시작한다. 다른 손님들의 테이블을 기웃거리다가, 마침내 뛰어다니기에 이른다. 엄마 아빠의 식사와 대화를 방해하지 않으면서, 텔레비전 앞에 묶여 풀지 못한 섬세하고 작은 근육의 스트레스를 해소하는 이중의 효과가 있다.

적당한 간격으로 배치된 식탁 사이를 지그재그로 달리는 일은 아무리 평수 넓은 아파트에서도 가능한 일이 아니다. 게다가 갖가지 표정의 낯선 관중들까지 관심을 보이므로 어린 손님들은 종당에 소리까지 지르며 환호하기 마련이다.

이런 특수한 목적을 가진 가족의 의도를 잘 이해하지 못하는 이웃 손님들 때문에 간혹 논쟁이 벌어지는 경우도 있다. 집안에서 아이들 공중도덕 교육을 제대로 하지 못한 어른들을 공격하는 목소리가 있는가 하면, 애들이 어디 어른과 같을 수 있느냐며 남의 집 일에 간섭하지 말라는 성난 항변이 맞서기도 한다.

: : 애완동물의 나들이 목적

아이들이 없는 집의 어른들이 장난감처럼 애완동물을 지참하고 식당에 나들이할 때도 있다. 물론 아이들과 애완동물이 같이 합세하는 경우도 없지 않다. 애완동물이란 자신과 같은 집에 사는 아주 잘 훈련된 짐승을 말한다. 그렇기 때문에 간혹 사람보다 낫다는 평가를 받기도 한다.

그런 훈련 과정 탓에, 애완동물은 인간의 외형을 지니고 있는 사람을 만나면 대개 자기 주인과 비슷하게 여기는 습성을 지니고 있다. 온 세상에 흩어져 있는 식당의 메뉴보다 더 다양한 성격을 가진 존재가 인간이라는 차원 높은 이해에는 도달하지 못한다.

그리하여 주인의 무릎에서 내려오는 데 성공한 애완동물은 슬슬 식당 안을 산보하기 시작한다. 평소 익숙하지 못한 눈초리를 만나면 호기심이 발동하는데, 그 성미를 시험하여 주인과 비교하는 모험도 감행한다. 그러다가 '깨갱!' 하는 소리에 목적의식이 분명한 애완동물의 주인은 호전적 태도로 고개를 돌린다.

: : 친지에 대한 그리움 해소의 목적

식당 종업원은 주인이나 지배인의 지시에 따라 맡은 일에 충실한 노동자다. 당연히 손님의 요구에 응하여 서비스해야 할 의무도 함께 지니고 있다. 한마디로 말하면 식당 종업원은 정신없이 바쁘다.

조지 오웰의 경험담에 의하면, 새벽에 문을 열어 한밤중에 청소를 마칠 때까지 한 순간도 쉬지 못하는 직업인이 식당 종업원이다. 크고 고급스런 식당에서 일하는 노동자는 더 바쁘게 마련이어서, 유일한 휴식은 해고뿐이라고 주장했다. 그러므로 손님이 원하는 바로 그 순간에 종업원을 직접 대면하기란 극히 흔하지 않은 행운이다.

행운이란 제 발로 찾아오지 않는 법, 바라는 사람이 노력할 수밖에 없다. 그래서 식당에서 필요할 때는 수시로 종업원을 불러야 한다. 아가씨, 아주머니, 할머니, 아저씨에 주인장이란 호칭까지 두루 쓰인다. 그러다가 천편일률적인 호칭에 염증을 느낀 사람들은 다른 식으로 부르기도 한다. 가장 흔한 것이 이모와 언니다. 단골의 친근함을 과시하기 위해 나이든 여성 종업원을 누님이라고 하기도 한다.

오빠라는 호칭은 거의 없는 데 비해 삼촌은 곧잘 등장한다. 손님들의 취향을 잘 아는 터라 식당 종업원들은 부르기 전까지는 잘 둘러보지 않는다. 이모라고 몇 차례 소리쳐도 기별이 없으면 고모로 바꿔 부르는 고객도 더러 있다.

종업원을 호출하는 벨을 달아 놓아도 별 소용이 없다. 맛난 음식을 앞에 두고 보니 평소 자주 만나지 못하는 친인척들의 소식이 그리워서 그런지, 여기저기서 불러 대기 시작하면 식당은 난데없이 이산가족 찾기 광장으로 돌변하기도 한다.

: : 결론

식당이란 그저 음식을 먹음으로써 끼니를 해결하러 가는 장소가 아니다. 그렇게 막연한 자세로 식당에 들어갔다가 특수한 목적을 가진 이웃 손님들을 만나면 충돌하기가 쉽다. 목적도 없는 고객이 목적이 뚜렷한 손님을 탓하는 태도는 비상식적 행동으로 비난받기 일쑤다. 식당에 갈 때에는 목적을 먼저 설정해야 한다. 그렇지 못한 불가피한 경우엔, 목적을 가지고 식당에 온 손님을 무조건 이해해야 한다.

: : 특별부록

외환 사정과 국내외 경기 변동에 관계없이 해외여행은 꾸준히 이어지고 있으므로, 여행지에서 식당을 이용할 때의 목적의식에 대해 한마디 덧붙인다. 경험이 많고 우아한 취향을 가진 사람들은 이미 익히 알고 있는 사실일 테지만, 그렇지 못한 초보자들을 염려하여 첨부하고자 한다.

다른 곳의 풍습은 잘 모르겠는데, 역시 유럽이 문제다. 만약 당신이 프랑스나 이탈리아를 여행한다고 하자. 가이드의 권유나 가끔 자발적 의욕으로 공연을 관람할 때가 있다. 파리의 오페라 가르니에에서 발레 공연을, 혹은 베네치아 산사르바톨레 교회의 작은 무대에서 비발디 협주곡 연주회를 구경하기로 했다고 치자.

보통 공연 시작 시간은 저녁 8시경일 터이므로, 비교적 여유가 느껴질 것이다. 적당한 곳에서 저녁식사를 하고, 잠깐 커피라도 한 잔 한 다음에 느긋하게 지정석에 앉을 수 있으리란 계산을 할 것이다. 숙소에서 가볍게 씻고, 산뜻한 옷차림으로 6시나 6시 30분쯤 저녁식사할 식당을 물색하면 조금도 이상할 게 없다. 더군다나 바로 공연장 부근이라면.

하지만 그럴 때도 목적이 분명해야 한다. 저녁식사가 목적이냐, 공연 관람이 목적이냐. 고급 레스토랑은 말할 나위 없고, 길거리에서 쉽게 발견할 수 있는 카페에서도 제대로 격식을 갖춘 요리나 서넛 이상의 음식을 순차적으로 맛보는 메뉴를 선택한다면 마찬가지다.

예약을 했건 하지 않았건 입장하는 데 약간의 시간이 필요하다. 문을 열고 들어가면 종업원이 다가와 몇 사람인지 확인하고 안내할 때까지 기다려야 한다. 빈자리가 있다고 서슴없이 가다간 따가운 눈총을 받을 것이다.

자리에 앉아서도 조금 기다려야 한다. 그 테이블을 담당하고 있는 종업원은 반드시 기다려야만 온다. 그리고 메뉴판을 주고는 가 버린다. 메뉴를 펼쳐 들고 읽는 동안에도 시간은 일정한 속도로 흐른다. 벌써 주문할 준비가 완료되었다는 표시로 메뉴판을 접어 테이블 가장자리에 던져두어도 종업원은 아랑곳하지 않는다.

잠시 안달이 나도록 한 다음에 와서는 마실 것부터 주문하란다. 맥주나 냉수를 홀짝거리며 잔의 바닥이 드러날 때 비로소 음식 주문을 받는다. 일단 음식을 시키고 나면 빨리 먹어 치우면 되지, 라는 심정으로 참는다. 하지만 식당의 근엄한 관습 체계는 그때부터 비로소 본격적으로 진행된다.

접시는 반드시 하나씩 오랜 간격을 두고 나온다. 점점 사태가 심상치 않음을 느끼게 된다. 자리를 박차고 일어서지 않는다면 처분대로 따르는 수밖에 없다. 시간이 급하니 좀 빨리 가져다 달라고 해도 그리 큰 효과가 없을 것이다. 그 뒤로 종업원을 큰 소리로 불러도 거들떠보지 않을 게 틀림없다. 손님의 초조함이라는 이름의 시계와 종업원의 전통적 자존의 시계가 다르게 움직인다. 올 때가 돼서야 오는 사람이 유럽 카페의 종업원이다.

디저트가 나올 때쯤 공연장 문은 닫히고 막이 오를 것이다. 그 즈음 요행히 식사를 다 끝냈다 하더라도 꽤 지루한 절차가 남아 있다. 계산을 하고 싶어도 돈 받을 생각을 않는다. 마지막으로 종업원이 테이블을 방문할 때까지 인내해야 한다.

그때도 계산서를 가져다 달라고 할 때 미리 신용카드를 주면 약간의 시간을 단축할 수 있다. 그렇지 않으면 계산서를 가져다주고, 또 한참 있다 돌아와서 카드를 받아 간다. 황급하게 사인을 하고 식당을 뛰쳐나올 때 머리를 스치는 깨달음이 있을 것이다. 식사가 목적이냐, 공연이 목적이냐. 이미 바이올린 협주곡 제1악장은 마지막 소절 가까이 치닫고 있을 것이다.

07

법을 지키지
않는 이유

—법의 상식

:: 국가권력은 국민의 준법정신 결여에 곧잘 짜증스런 심기를 드러내곤 한다. 보통
사람들이 법을 제대로 지키지 않으니 기초 질서가 확립되지 않고, 불복종의 나쁜 습
관이 전염병처럼 만연되어 공권력의 권위가 서지 않는다며 화를 낸다.

가을은 안정적인 계절이다. 기온이 뜨겁거나 얼어붙거나 하는 식으로 극단적이지 않다. 그러면서 봄처럼 주변이 부산하지도 않고, 무언가 분위기가 우리를 들뜨게 만들지도 않는다. 저마다 자기만의 깊이에 침잠하여 정리하기에 적당한 시간이다.

　적어도 겉으로 보기엔 그렇다. 아니면 우리에게 고정된 가을의 관념이 그런 것이거나. 그러므로 그렇게 알고 넘어가면 겨울이 온다. 하지만 그 고정관념의 지시에 따라 낡은 의자의 깊이에 잠겨 꼬리에 꼬리를 무는 생각을 하다 보면, 반드시 그렇지 않다는 반란의 결론에 다다르기도 한다.

　가을은 결코 고요하거나 수동적이지 않다. 자세히 들여다보면, 가을은 봄의 모습을 뒤집어 놓은 네거티브 필름 같다. 거울의 대칭처럼 좌우가 바뀌었거나 색감이 변했을 뿐이지 끊임없는 움직임이나 참기 어려운 충동의 생성 정도는 거의 같은 수준이다. 봄에 비하여 가을은 은밀한 역동성을 지니고 있다. 그래서 다들 가을에 책을 읽지 않고 단풍을 찾아 떠나는 것이다.

사람을 유혹하고 부추기는 가을의 힘은 색깔에 있다. 대개는 그 색을 단풍잎의 붉은색으로 꼽을 것이다. 그러나 도심의 가을은 노란색이 더 지배한다. 큰 은행나무 잎이 샛노랗게 물들면, 도시는 그만 가을에 철저히 잠겨 버리고 만다. 거리를 두고 그 모습을 바라보면, 노란 가을에 갇힌 도시는 마비가 된 것도 아니고 어디로 가고 있는 것도 아닌 기묘한 광경을 연출한다.

가을 이야기를 이런 식으로 하고 싶었다. 하지만 2008년의 서울이 노란 은행나무 잎으로 물들기 전에 가을의 감상을 무참히 깨뜨려 버리는 뉴스가 있었다. 바로 은행나무가 좌우로 늘어선 도로를 운전해 가고 있는데, 라디오에서 그 뉴스가 나왔다. 은행을 턴 주부들이 경찰에 입건됐다는 소식이었다.

물론 세 명의 주부들은 폴 뉴먼과 로버트 레드포드처럼 돈다발을 보관하고 있는 금고를 습격한 것이 아니라 막대기로 은행 열매를 딴 것이었다. 은행을 따서 집에서 구워 먹거나 포장마차에 팔려고 했는지 모른다. 어쨌든 영등포경찰서는 세 명의 주부를 특수절도 혐의로 입건했다. 경찰서에 끌려간 주부들은 항변했다.

"남의 과수원에 들어가 수박 서리를 한 것도 아니고, 길가의 나무에 달린 은행 몇 알 따는 게 무슨 불법이냐?"

경찰은 엄하게 꾸짖었다.

"은행 열매는 시장에서 킬로그램당 오륙만 원에 거래되므로 엄연한 상품이다. 그러니 절도가 된다."

영등포구청 공무원도 한몫 거들었다.

"가로수는 공공재산이므로, 거기에 달린 은행 열매도 구청 재산이다. 길바닥에 떨어진 열매를 줍는 건 문제가 안 되지만 나무에 달려 있는 열매를 따는 행위는 위법이다."

가로수로 심어 놓은 은행나무는 공공재산이고, 그 과실인 열매도 당연히 나무의 주인 소유다. 그 점에서 구청 직원은 요행히 민법이 정하고 있는 내용에 맞게 잘 말했다. 타인 소유의 물건을 훔치면 절도가 된다는 것도 형법에 규정되어 있다.

그런데 아무리 그래도 그렇지, 막대기로 은행 열매를 땄다고 절도범으로 몰 수 있단 말인가? 그것도 라디오 뉴스대로라면 특수절도라 하지 않는가. 특수절도라는 끔찍한 죄명의 정체는 무엇인가? 흉기를 사용하거나 두 명 이상이 함께 절도행위를 하면 특수절도가 되는데, 1년 이상 10년 이하의 징역에 처한다.

영등포 주부들이 손에 들었던 3.6미터의 장대를 흉기로 보았을 리는 없을 테고, 셋이서 함께 나섰다고 특수절도라며 경찰이 위협한 모양이다. 이 뉴스를 접한 시민들은 또 의아해 할 것이다. 은행 알을 혼자 털면 절도고, 이웃과 사이좋게 나누어 가지면 특수절도란 말인가?

구청 공무원의 말도 제멋대로 해석한 것에 불과하다. 나무에 열린 것을 따는 행위가 절도가 될 정도면 길에 떨어진 열매를 주워 가는 것은 점유이탈물횡령죄가 된다는 법리는 몰랐던 모양이다.

아마도 저마다의 사정이 있었을 것이다. 구청에서는 은행나무를 잘 관리하고 싶은데 주부들이 장대를 들고 나선 모습이 눈에 거슬렸을 테고, 경찰에 의뢰해서 한두 차례 제지하고 경고했을 것이다. 그런데도 중단하지 않으니까 겁을 줄 목적으로 입건하여 경찰에 연행해 갔고, 실제로 처벌 절차는 밟지 않았을 가능성이 높다.

하지만 나름대로 논리정연하게 형법 조문을 들고 나오는 태도는, 마음만 먹으면 언제든 국가 형벌권을 발동할 수 있다는 신호다. 실제로 어떤 정치적 목적에 필요하다고 판단하면 가능한 모든 것을 실행하는 게 공권력의 속성이기도 하다. 또한 법의 이름으로 가능한 것이라면 항상 정당하다는 것이 공권력의 사상이다.

영등포의 대낮 '은행털이 사건'도 꼼꼼히 따져 음미해 볼 필요가 있다. 도대체 경찰이나 구청의 공권력 행사가 이해되는가? 시민의 눈으로 볼 때 그것이 정상적인 법의 집행이라 할 수 있는가? 상식의 내용과 기준이 너무 다양하고 애매모호하다면, 적어도 법은 그렇지 않다고 생각할 것이다.

상식에 맞는지 여부를 따지는 일에는 시비가 잦을 수 있어도, 적법이냐 불법이냐를 가리는 일은 보다 분명해야 한다. 순진한 시민들은 법을 지키는 게 최소한의 상식을 지키는 일이 되는 줄 알고 있다. 그런데 짤막한 라디오 뉴스 하나가 그런 천진한 신뢰를 깨뜨려 버렸다. 법이 최소한의 상식인 줄 알았는데, 상식에 맞지 않는 법이 있다는 사실을 깨닫게 한 것이다.

국가권력은 국민의 준법정신 결여에 곧잘 짜증스런 심기를 드러내
곤 한다. 보통 사람들이 법을 제대로 지키지 않으니 기초 질서가 확립
되지 않고, 불복종의 나쁜 습관이 전염병처럼 만연되어 공권력의 권위
가 서지 않고, 그러다 보니 정부가 의욕적으로 수립한 새로운 징책들
을 제대로 펼칠 수가 없다고 화를 낸다.

법을 지키지 않아도 된다는 풍조는 정부가 고심 끝에 선택한 정책
집행에 무조건 반대하는 결과로 나타난다는 것이다. 그런 푸념을 정치
가들의 경륜과 통찰력이라고 부르는 모양이다. 어쨌든 그 정도가 되면
정부가 볼 때 국민이란 그저 원수에 지나지 않는다. 발전과 선진화를
막는 무지몽매한 인간들에 불과하다. 그런 사실을 훤히 꿰뚫고 있는
집권자들은 도처에서 적들에 둘러싸여 선각자로서의 고독을 씹는다.

재미있는 현상은, 누가 집권하더라도 그렇게 된다는 것이다. 야당
시절에는 누구보다도 국민의 뜻을 잘 헤아려 한마음이 되다시피 한다.
그러면서 정부의 허점과 부패는 너무 잘 보인다. 그러다 천운의 힘으
로 집권하게 되면 갑자기 특별한 능력과 힘을 가지게 된다.

그 능력과 힘은 천상을 포함하더라도 거의 제우스의 그것과 맞먹는
정도다. 집권자들의 꿈대로 일을 진행해 나가면서 야당과 국민의 방해
만 없다면 무조건 성공한다는 논리다. 만약, 그야말로 만약에 실패한
다 하더라도, 반대가 없어야 피해를 최소화할 수 있다는 계산이다.

그런 예지 능력은 오직 집권자들에게만 있고 국민과 야당은 이해할

수 없으므로, 특별한 능력과 힘이 된다. 그래서 세상은 불합리하고 인생은 불행한 것이다. 선거에 승리한 자들은 자신들의 집권이 천운에 의한 것이 아니라 그들의 꿈과 능력을 이해하지 못하는 어리석은 국민들에 의한 것이란 사실을 잊고 있다. 망각은 집권자들로 하여금 냉혹한 현실을 견디게 해주는 미덕이기 때문이다.

우리의 정치 현실이나 정부도 마찬가지다. 언제든 최근 자료를 제시하며 증명할 수 있다. 한국법제연구원이 2008년 7월 한국갤럽에 의뢰해 국민의 법의식에 관한 조사를 했다. 전국의 성인 3천 명 중 우리나라에서 법이 제대로 지켜지지 않는다고 답변한 사람이 62.8퍼센트였다.

그보다 몇 년 전, 한국정신문화연구원에서 서울과 수도권 성인 천 명을 대상으로 비슷한 설문조사를 한 결과도 마찬가지였다. 우리나라에서 법이 잘 지켜지고 있다는 응답 비율은 겨우 17.9퍼센트였다.

2005년 여름엔 법무부가 직접 여론조사에 나섰다. 중고등학생을 포함한 2천 명에게 물었는데, 거의 90퍼센트 가까운 응답자가 법보다 재산이나 권력의 힘이 더 크다고 답했다. 아마 참여자들이 설문에 답하는 게 아니라 퀴즈 정답을 맞힌다고 생각했기 때문에 나타난 결과였을지 모른다. 심지어 법대로 산다고 훌륭한 건 아니라고 답한 비율도 성인이 72.5퍼센트, 학생이 83.8퍼센트였다고 하니 법무부로선 머쓱했을 것이다.

우리나라의 법치주의 과목 성적표는 이미 외국에도 널리 알려져 있다. 세계은행이 2007년 각국의 통계지표를 발표했는데, OECD 34개국의 평균 법치 수준 평가 점수는 90.3점이었으나 한국의 점수는 75

점에 불과했다.

이런 설문조사는 여러 기관이나 연구자들이 심심치 않게 시도하는 모양인데, 결과는 거의 비슷한 수준이라고 보면 된다. 우리 국민은 법을 잘 지키지 않고, 대체로 법을 경시하며, 법보다 돈이나 권력의 효용을 더 신뢰한다는 게 매양 확인되는 결론이다.

국민의 몇 사람을 대상으로 했다는 여론조사지만, 그 결과를 퍼센트로 표시하여 공표하는 통계라는 이름의 마술을 일단 믿기로 하자. 우리 사회의 진짜 진실을 발견하기 위해 전제할 수밖에 없는 허공의 진실이라고 하자. 다음은 그렇게 의제된 진실을 정부가 어떻게 이용하는가를 볼 차례다.

역시 2008년 여름, 서울 삼성동의 한 호텔에서 건국 60주년 기념 한국법률가대회가 열렸다. 개회식에는 이례적으로 대통령이 참석하여 축사를 했다. 축사의 앞부분은 이렇다.

"새로운 미래, 대한민국의 비전은 '선진일류국가'가 되는 것입니다. 선진일류국가가 되기 위한 가장 중요한 전제 조건이 법치주의의 확립이라고 생각합니다."

목표는 역시 거창하고 희망적인 선진일류국가다. 그런데 법치주의의 확립은 누가 어떻게 할 수 있는가? 연설문은 이렇게 이어진다.

"민주화의 상당한 성과에도 불구하고 선동적 포퓰리즘의 폐해가 심각합니다. 법과 절차를 무시하고, 떼를 쓰면 된다고 생각하는 의식도 아직 가시지 않고 있습니다."

이제 앞에서 말한 사실이 조금 증명되는 셈이다. 선진일류국가가 되려면 법치주의가 확립되어야 한다. 법치주의 확립이란 법을 잘 지킴으로써 이룰 수 있는 목표다. 그런데 우리 국민은 떼나 쓸 줄 알지 법을 잘 안 지킨다. 결국 우리 국민은 국가 선진화에 방해가 되는 존재다. 그래서 똑똑한 정부는 괴롭고, 어리석은 국민은 즐겁다.

그날의 구호는 바로 '선진국 조건으로서의 법치주의'였다. 법률가들이 줄지어 나서서 비슷한 주장을 되풀이했다. 엄격한 법 집행으로 법 불복종 풍조를 극복해야 한다고 강조했다. 경제 발전도 법치주의에 달려 있다고 호소했다. 그러면서도 논객의 양심이 조금은 살아 있음을 보여 주기도 했다. "법을 만들고 집행하는 국가기관과 공무원에 대한 국민의 신뢰도가 대단히 낮다"는 보고가 있었고, "국가기관이나 정치권력부터 법과 질서를 엄격히 지켜야 한다"는 질책도 나왔다.

법률가대회와 거의 비슷한 시기에 보도된 기사 한두 편을 훑어보자. 법을 만드는 국회의원들이 거의 매일 법을 어기고 있다는 신문기사가 있다. 상임위원회 구성을 정해진 날짜 안에 하지 않거나, 의사 진행을 방해하여 국회법을 어겼다는 내용이다. 하기야 국회와 국회의원들의 위법행위야 만천하가 다 아는 일이다. 여의도 국회의사당 본회의장은 가끔 격투기장으로 용도 변경되어, 집단 난투극에 이종격투기가 해외에 중계되기도 하니까.

며칠 뒤의 신문엔 더 흥미로운 기사가 실렸다. 과거 5년 8개월 동안 경찰차가 교통 위반으로 무인 단속 카메라에 찍힌 일이 5,450건이라는 것이다. 번호판을 가려도 숨길 수조차 없는 경찰차가 부담해야 했던 과태료 총액이 3억 원이 훨씬 넘는다. 이제 행정부처의 편의적 위법행위가 시민단체에 의해 고발되고, 고위 공무원의 비리가 드러나 체포되는 모습은 자주 볼 수 있는 자연스런 사건이 되었다.

굳이 따지면 뭘 하랴만, 범죄는 반드시 박멸해야 한다는 사상의 과잉으로 간혹 적법 절차를 외면하는 검사, 법에 대한 마지막 권위자의 명예 속에 법을 망각하는 판사, 위법과 불법 사이를 오가며 적법의 가면을 만들어 내는 변호사도 빠뜨려서는 곤란할 한국 법치주의 현황판 메뉴다.

국민이 법을 지키지 않는 경우와 국가기관이 법을 어기는 경우를, 몇 가지 요소마다 가중치를 적용하여 비교해 보면 과연 어느 쪽의 반법치주의 폐해가 더 심각할까? 깊이 연구해 볼 만한 가치가 있다.

그것보다 근본적인 의문이 또 있다. 도대체 국가기관과 정부와 지방자치단체와 공직자들은 왜 법을 잘 지키지 않는 것일까? 굳이 그들 편에 서서 변명하듯 대신 답한다면, 아마도 아돌프 히틀러 같은 전체주의적 독재정치를 모면하기 위한 고육지책이 아닐까?

히틀러나 나치 정권만큼 법을 잘 지킨 정치가나 정부가 또 있을까. 증거를 나열해 보자. 히틀러가 집권하고 한 달도 채 되지 않아 '긴급명령'을 발동했다. 긴급명령은 바이마르 헌법에 근거한 조치였다. 헌법 조항 일부의 효력을 정지하고, 사형의 범위를 확대했으며, 구체적 혐의가 없어도 반국가적인 사람으로 판단되면 법원의 영장 없이 구속할 수 있도록 만들었다. 그 다음 달에 만든 '전권위임법'은 국회를 무시한 채 정부가 법을 제정할 수 있도록 했다. 그것도 모자라 정부가 만든 법은 헌법에 위배될 수도 있다고 규정했다.

이로써 히틀러의 법은 헌법 위에 놓았다. 유대인을 마음대로 공직에서 파면할 수 있도록 '직업적 공무원제도 재건법'을 제정했다. 그 법에 따라 유대인의 피가 섞인 사람은 물론 반나치로 인정되는 공무원은 언제든 추방할 수 있게 되었다. '정당신설금지법'은 나치당, 그러니까 국가사회주의독일노동당을 독일의 유일한 정당으로 선언했다. 다른 정당의 조직을 기도하면 6개월 이상 3년 이하의 형을 선고받을 수 있었다.

쓸모없는 인간은 언제든 없애 버릴 수 있도록 '유전병으로부터 자손을 방지하는 법'을 만든 다음, 나중에는 '독일의 피와 명예를 수호하기 위한 법'도 추가했다. 파울 클레의 미술학교 교수직을 박탈하고 스위스로 망명하게 한 수단은 '퇴폐예술작품의 몰수에 관한 법률'이었다.

힌덴부르크 대통령이 고령으로 위독하자, 그가 사망하기 바로 전날 '독일국 원수에 관한 1934년 8월 1일의 법률'이란 것을 급히 제정했다. 히틀러 자신이 수상과 대통령의 모든 권한을 가지도록 한 법이었다.

히틀러는 1933년 1월 30일 수상에 취임한 뒤, 약 1년 동안 자기에게 필요한 292개의 법률을 제정했다. 그리고 철저히 그 법을 지켰다. 하나의 법에 따라 힘을 과시하다 모자라면 바로 그 순간 앞의 법 효력을 정지하는 법을 또 만들었다. 불가피하게 법적 근거도 없이 눈엣가시 같은 인간을 처형할 때는 사후에 그 행위를 정당화하는 법을 만들기도 했다.

히틀러는 스스로 "진리가 아니라 권위가 법을 만든다"고 공언했다. "총통의 행위는 법에 종속되는 게 아니라 그 자체가 최고의 법"이라면서 히틀러를 지지하고 옹호한 법학자는 칼 슈미트였다. 훗날 역사 앞에서 그는 이렇게 변명했다.

"나는 나치스 병균을 삼키기는 했지만, 나치스가 되지는 않았다."

법을 철저히 지키면 얼마나 끔찍한 결과가 일어날 수 있는지를 히틀러와 나치 정권처럼 잘 보여 준 사례는 드물 것이다.

독재와 전체주의를 혐오하고 자유민주주의를 사랑하는 우리 국가기관과 구성원들은 법을 너무 잘 지키지 않으려고 애쓰고 있다. 아마도 그럴 것이다. 스스로 그런 사정을 차마 밝힐 수 없어, 가끔 영등포 거리의 주부들을 1930년대 미국의 유명한 은행 강도들인 부치 캐시디와 선댄스 키드처럼 대우하는 준엄한 경고로, 법이 얼마나 훌륭한 것인지 암시할 뿐이다.

08

인생의 내일, 자연의 내일

─날씨의 상식

:: 일기예보가 틀리더라도 예보관 잘못이 아니라 과학의 불확실성 탓이라 여기면 얼마나 편하겠는가. 인간이란 자기 발밑에서 무슨 일이 일어나고 있는지조차 모르는 존재다. 우리 삶의 내일도 모르는데 내일의 자연을 어떻게 안단 말인가?

상식은 공통성과 안정성 위에 이루어진 지식이라는 말이 있다. 공통성이 요구되는 까닭은 상식이 어느 특수 집단이나 특정한 계급에만 통하는 게 아니라 모든 사람들에게 두루 통용되는 지식이어야 하기 때문이다.

그렇다면 안정성은 무엇인가? 일상의 경험을 통해, 또는 그것으로 구성된 지식을 의미한다. 말하자면 대체로 믿어도 좋다는 정도의 신뢰를 가진 정보나 지식이라는 뜻이다. 일상의 경험을 바탕으로 하여 웬만한 사람이면 대개 수긍할 수 있는 정도라고 하면 되겠다.

상식의 공통성과 안정성을 좁게 이해하면, 그것은 하나의 문화권 안에서나 가능하다. 동일한 사회나 문화권 내에서 생활하는 구성원이어야 특정한 지식이나 정보, 또는 관행을 쉽게 상식으로 받아들일 수 있기 때문이다.

그러므로 상식은 전문적 지식과 구별된다. 특정한 이론이나 기술도 마찬가지다. 전문적 지식, 이론, 기술은 일상의 경험적 지식을 넘어선 것이고, 그렇기 때문에 다양한 문화권에 구애받지 않고 폭넓게 적용된다. 마치 전문지식이나 기술은 상식보다 조금 더 진리에 가까운 것처럼 평가된다.

그런 일면의 속성이 있는 건 사실이지만, 반드시 그렇다고 할 수는 없다. 상식에도 어느 지역이나 특정 공간에서만 유효한 것이 있는가 하면, 세계적으로 통용되는 것도 있다.

상식이 통용되는 이유는 바로 그 지역의 생활 경험을 바탕으로 하고 있기 때문이다. 공통적이면서도 안정적인 상식은 대개 그 지역 사람들에겐 너무나 분명하고 확실한 것으로 여겨지는 법이다. 상식의 그런 특성을 자명성이라 부른다. 묘한 것은, 그렇게 자명한 것이기 때문에 모두가 충분히 잘 알 수 있는 것으로 생각하게 되는데, 막상 그 명백한 것이 무엇이냐고 따져 물으면 자명하던 것이 흐릿해지고 만다.

상식은 분명한 것 같으면서도 뭔가 확실하지 않은 지식이다. 상식은 자명성과 애매성을 동시에 포함하고 있다. 그리고 상식은 전문지식보다 통이 크고, 관용적이다.

아침에 일어나면 맨 처음 하는 일이 무엇인가? 어떤 사람은 자신의 가슴 안쪽 어딘가에 붙어 있는 위를 떠올리며 냉수를 한 컵 들이켤 것이고, 혹자는 조간신문을 집어들 것이다. 아, 신문보다 먼저 문갑이나 티테이블 위를 더듬거리며 안경을 찾는 사람도 있겠다.

그렇지 않으면 커튼을 젖히고 창문을 열 것이다. 창문을 여는 이유는 그날의 예감을 좀 더 분명하고 가깝게 붙잡고 싶은 본능 때문일지 모른다. 바깥을 살필 목적이면 커튼만 젖혀도 충분하지만, 그날 하루의 분위기를 한순간에 받아들여 심삭하려면 빛을 인식하는 것만으로는 부족하다. 대기의 감촉과 기운을 직접 만지고 느껴 봐야 한다.

여기서 말하는 하루의 예감이란, 스포츠 신문 한 귀퉁이에 적혀 있는 오늘의 운세가 아니다. 오늘 하루는 대체로 어떻게 전개될 것인가 하는 희망 같은 것이다. 그날 나에게 닥쳐올 일들뿐만 아니라, 내가 바라는 일에 대한 짧은 전망 같은 것을 포함하여 한꺼번에 창밖에서 찾으려는 것이다.

그런 인지적 작용은 의식적으로 일어나는 현상이 아니다. 대체로 아침을 맞는 모습을 그럴듯하게 해석하여 얻는 의미다. 정작 창문을 열 때 현실적으로 궁금한 것은, 오늘 날씨는 어떨까 하는 것일 수 있다. 기상의 변화란 생각보다 복잡한 데다 하루의 생활과 정신 작용에 꽤 다양한 영향을 미칠 가능성이 높다.

주부들은 아침을 준비하면서 라디오를 많이 듣는다. 싱크대 앞에 서서 텔레비전 화면에 집중할 수 없기 때문이다. 그러면서 가장 커다란 목적을 두고 청취하는 내용이 일기예보다. 그날 비가 올 것인지 오지 않을 것인지, 마침 그때 비가 내리고 있다면 종일 퍼부을 것인지 오후에 멈출 것인지 알아야 한다. 우산을 지참할 필요가 있는지 판단해야 하니까.

뿐만 아니라 적어도 최고 기온과 최저 기온 정도는 귀담아 들어야 한다. 옷의 종류와 두께를 결정해야 하니까. 귀엽지만 성질 사나운 딸아이가 층마다 서는 출근 시간 엘리베이터를 타고 1층까지 내려갔다가, "엄마, 얼어 죽겠단 말이야!"라고 소리치며 다시 올라오는 사태를 미연에 방지해야 할 의무가 있다.

주부의 이러한 의무는 라디오든 텔레비전이든 일기예보를 열심히 듣는다고 완수할 수 있는 게 아니다. 임무의 완벽한 수행은 오직 예보의 정확성에 달려 있다. 그런데 대부분의 사람들은 일기예보를 기대하며 듣는 게 아니라 일기예보는 당연히 맞아야 하는 것으로 안다.

예보관들의 정확한 예측이야말로 그들의 일상 업무고, 터무니없는 오보는 태만이나 무능의 탓으로 여긴다. 전문가를 신뢰한다기보다 전문가는 틀려서는 안 된다는 인식을 가지고 있는 것이다. 그런 경향이 상식처럼 받아들여지고 있는 데서 가끔 가로수도 없는 시내 한복판을 걷다가 소나기 세례를 맞는 비극이 생긴다.

평양에 처음 갔을 때의 감회는 당연히 복합적이었다. 가장 인상적이었던 장면을 꼽으라면 망설임 없이 바로 말할 수 있는 게 비 오는 거리다.

서울의 여의도같이, 대동강의 강섬 양각도 위에 47층 높이로 지은 양각도 국제호텔은 나름대로 멋을 지니고 있었다. 대다수의 단체 방북자들은 대개 객실이 충분히 확보된 양각도 호텔로 가기 마련이다. 밤에는 맨 위층의 회전 전망대에서 맥주를 마실 수 있으며, 아침이면 창밖으로 대동강 물과 시가지를 구경하고, 식사는 1층에서 뷔페를 이용한다. 그리고 시간에 맞춰 버스를 타고 그날의 오전 행선지로 향한다.

2000년대에 들어서서 한두 해쯤 지난 10월 초였다. 프랑스와 합작하여 지은 지 10년이 채 되지 않은 양각도 호텔에서 버스를 타고 출발한 것이 오전 8시 30분경이었다. 그날은 이른 아침부터 비가 내렸다. 양각대교를 건널 때 빗줄기는 더욱 거세져서 우산 없이 걷기란 불기능할 정도였다.

음식점이 많은 창광거리 방향으로 가면서 차창을 통해 본 평양의 첫 아침은 이례적이었다. 꽤 많은 사람들이 걸어서 출근하고 있었는데, 우산을 쓰고 가는 사람이 별로 눈에 띄지 않았다. 자전거를 타고 가는 중년의 사내는 물론이고, 치마저고리에 얌전히 서류가방을 왼팔에 낀 젊은 여성도 비를 맞으며 걷고 있었다. 저렇게 젖은 상태에서 어떻게 일을 할 수 있을까 싶었다. 정확히 헤아려 볼 순 없었지만, 지금 생각해 봐도 우산을 쓰고 다니는 사람은 많아야 3분의 1 정도였다.

하지만 그게 그리 놀라운 광경은 아니었다. 매우 인상적이긴 하지만, 결코 낯설지 않은 풍경이었다. 지난날의 우리도 그랬기 때문이다. 살림살이는 넉넉하지 못한 정도가 아니라 대체로 궁핍했는데, 그 징표의 하나가 우산이었다.

그 시절 우리는 집집마다 식구 수대로 우산을 갖추기가 힘들었다. 가장인 아버지껜 우선권이 주어졌지만, 나머지 사람들은 비 오는 날 우산 배분에 신경을 써야 했다. 낡은 우산 하나에 두 사람은 기본이고, 셋이서 머리를 우겨넣기도 했다. 검은 우산이 바람에 뒤집히면 비바람

속에서 씨름했고, 비닐우산이 찢어지면 버리고 걸었다. 그러면 그 버려진 우산을 집어 쓰는 사람도 있던 시절이었다.

그로부터 몇 년 뒤 독일에 갔을 때였다. 보훔의 루르대학 부근을 인권운동가 서준식과 함께 걷고 있었는데, 비가 뿌리기 시작했다. 으레 그렇듯, 한번 내리기 시작한 비는 어느 순간까지는 거세어진다.

그런데 주변을 둘러보니 우산을 쓰고 다니는 사람이 별로 보이지 않았다. 구체적인 통계를 빌려 말하자면, 평양보다 우산의 비율이 더 적었다. 이상하다 싶어 물었더니, 서준식의 대답은 명쾌하지 못했다. 어쨌든 독일 사람들은 비가 와도 그냥 맞고 다니는 경우가 많다고 했다. 비를 피하기 위해 우산보다는 모자를 쓰는 경우가 더 흔하다고도 했다. 북한 사람들이 경제 사정 때문에 우산을 제대로 갖출 형편이 못 된다는 사실은 이해가 되지만, 독일의 사정은 달리 파악할 길이 없었다.

그 다음 해에는 프랑스에 갈 일이 생겼다. 행사가 열리는 장소는 파리에서 500킬로미터 정도 떨어진 시골이어서 렌터카를 이용하기로 했다. 작은 오펠 승용차에는 유학생 두 명이 동승했다. 다섯 시간 이상 달리는 긴 여행이어서 이러저러한 이야기를 많이 나눌 수밖에 없었다. 화제가 끊기면 누군가에겐 이어가야 할 의무가 부과됐다.

"프랑스 사람들은 비 올 때 우산을 쓰나요?"

내 물음을 누가 들었다면 영문을 모르겠다는 표정을 지었을 것이다. 화성에서 온 사람도 아니고, 비가 오면 우산을 쓰느냐라니? 그래도 파리 유학생들은 통하는 게 있었다. 즉시 대답이 나왔다.

"아뇨, 우산을 잘 쓰지 않아요."

반색을 하며 구체적으로 물었더니, 개략적인 상황은 독일에서 본 것과 거의 비슷했다. 그래서 왜 그러냐고, 마지막 질문을 했다. 대답이 금방 나오지 않았다. 한마디로 잘 모르겠다는 표정이었는데, 파리에 오래 산 학생으로서 뭔가 대답할 수 있어야 한다는 강박관념 같은 게 작용한 것 같았다. 잠시 뜸을 들인 뒤, 바람이 불면 우산이 뒤집혀서 불편하기 때문에 그런 게 아닐까요, 라고 오히려 되물었다.

답변이 신통찮다는 데 모두 공감했는지 잠시 침묵이 흘렀다. 다른 학생이 남은 의무를 이행했다. 비가 내리면 바닥이 젖어 미끄러울 테고, 한 손에 우산을 들고 걷다 미끄러지면 두 손이 자유로울 때보다 다칠 가능성이 더 크지 않느냐, 그래서 우산을 쓰지 않는 것 같다는 논술식 대답이었다. 평점은 역시 침묵이었다.

북한은 이해가 되지만, 독일이나 프랑스의 비 오는 날은 어떻게 설명할 수 있는가? 이런 소소한 의문이나 호기심은 우리의 생활 습관에서 비롯하는 것이다.

다시 장면을 서울로 옮겨 보자. 맑던 하늘이 순식간에 어두워지면서 빗줄기가 쏟아진다. 그 순간 강남역 부근을 지나던 사람들은 일제히 우산을 펼쳐 든다. 아침의 일기예보가 맞아떨어진 것이라면 수긍이 간다. 삼단으로 접는 작은 우산을 백 속에 넣어 왔을 터이므로.

하지만 일기예보와 달리 예상하지 못한 비가 쏟아져도 어느 틈엔가 우산을 구해 든다. 지하철 입구에 기동성을 발휘한 우산 장수가 이미 나타나 있기 때문이다. 우산은 비가 올 때 쓰기 위해서 만든 것이고, 비가 내리면 우산을 쓰는 일은 당연하다. 이것이 지금 우리 생활 풍속도의 한 장면이다.

그렇다면 북한과 다른 이유로 우산을 즐겨 사용하지 않는 유럽의 사정도 납득할 수 있는 길이 틀림없이 있을 것이다. 그 부분을 더 알아보기로 했다. 영국 사람들도 비를 피하기 위해 우산에 집착하지는 않는 듯하다. 런던은 워낙 비가 자주 오니 항상 우산을 갖고 다니는 사람도 있지만, 대체로 모자 달린 겉옷을 비옷으로 걸치고 다니는 모양이다.

비는 예측이 불가능할 정도로 갑자기 내리기 때문에, 일기예보에 그다지 크게 신경 쓰지 않는다고 표현하는 게 옳겠다. 가끔 학생들은 벤치에 앉아 점심을 즐기는데, 갑자기 비가 쏟아지면 한 손에 우산을 든 채 샌드위치를 씹기도 한다.

"대체로 맑은 날씨가 계속될 것 같은데, 가끔 구름이 몰려와 흐려졌다가 한때 비가 오기도 하고, 다시 맑거나 흐리거나 하겠습니다."

바다 건너 아일랜드의 일기예보는 언제나 이렇다는 말도 있다. 어느 특별한 날의 기상이 아니라 거의 매일 비슷하거나 똑같은 예보가 되풀이된다. 무슨 그따위 예보가 있느냐고 하겠지만, 또 그 예보가 맞는다고 한다. 언제 흐리고, 언제 비가 쏟아질지 예측 불능이기 때문이다.

유럽에는 비가 자주 오고, 그것도 하루에 몇 차례씩 내렸다 그치기를 반복한다. 다행히 빗줄기가 그렇게 굵지 않아서 우산 없이 다니는 습관이 생긴 모양이다. 장대비가 자주 쏟아지는 우리나라에서 유럽 흉내를 내는 건 무리다.

나는 유럽의 관행에 대해 아무것도 모르던 시절부터 우산을 쓰고 다니지 않았다. 비가 적게 오면 맞고, 많이 내리면 나가지 않았다. 우산은 들고 나갔다 하면 반드시 두고 오는 망각의 물건이기 때문이다.

하지만 이런 말도 결코 단정적으로 할 수는 없다. 귀스타브 카유보트가 그린 〈파리의 비 오는 날〉을 보면, 거리의 모든 사람들이 우산을 받고 있다. 한 세기 전에 우산으로 비를 피하던 사람들이 지금은 승용차와 지하철 속에 숨어 버렸을까?

일기예보가 큰 영향을 미치는 곳 중 하나가 고산 등반대다. 8,000미터 너머는 실제로 지상과는 다른 세계다. 목표는 정상이고, 생명은 기상에 달려 있다. 마지막 캠프에서 하는 일은 고개를 들어 열심히 구름의 움직임을 살피는 것이다.

그러니 히말라야 등반대가 카트만두에 도착하면서부터 일기예보에 관심을 모으는 건 당연하다. 하지만 네팔의 형편은 거기에 부응하지 못한다. 언젠가 한국 원정대가 네팔 정부에 날씨를 문의한 적이 있었다. 네팔 기상청은 기상 정보를 매일 인도 기상청으로부터 받아서 보도한다며, 아직 통보 받지 못한 날씨에 대해선 알 수 없다고 대답했다.

어떻게 그럴 수가 있느냐고 따졌다. 네팔에는 20년이 훨씬 지난 관측 기계가 딱 한 대 있는데, 그나마 수동식이어서 그날 날씨나 대략 예측할 수 있을 뿐이라고 했다. 내일 날씨는 알 수 없다는 대답이었다.

내일의 날씨란 게 그리 간단한 문제가 아닌 건 틀림없다. 일본의 미즈무라 미나에가 2002년에 써서 요미우리 문학상을 받은 《본격소설》에 지방 공무원이 마이크로 호우주의보를 알리는 장면이 나온다.

들판에서 일하는 사람들에게 육성으로 전한 호우주의보는 정확히 30분 뒤에 맞아떨어진다. 30분 전쯤에야 제대로 예측할 수 있다는 말이다. 배경은 1993년경, 장소는 도쿄에서 신칸센으로 한 시간이면 가는 세계적 휴양지 가루이자와고 보면 결코 문명과 거리를 두고 있던 옛날이야기도 아니다.

우리는 날씨에 너무 민감한 게 아닐까 하는 생각이 종종 든다. 민감한 것까진 좋은데, 기상청 공무원은 내일 이후의 날씨를 정확히 알려야 할 의무가 있다고 믿고 있는 데서 불운을 자초한다. 그 논리가 확장되어, 잘못된 예보를 접한 우리들은 개인의 권리를 침해당했다는 느낌에까지 이르는 모양이다. 일기예보 때문에 자주 화를 내는 걸 보면 그렇다.

우리 기상청은 날씨 예측에 실패를 거듭하고 있다. 그것도 주말 날씨만 골라 가며 몇 주 연속으로 예보를 잘못하는 경우가 왕왕 있다. 글쎄, 방금 그런 표현은 틀렸을지도 모른다. 예보를 했는데, 그날의 일기가 배반한 것이다. 어쨌든 산과 바다의 피서지에서 터져 나온 성난 목소리가 서울까지 울렸고, 그 즈음 환경부장관이 심각한 표정으로 나섰다.

"기상청의 일기예보 오보 문제는 시스템보다 인적 자원과 운영 문제에서 비롯됐다. 해외 전문가를 영입하기 위해 노력 중이다."

난데없는 예보관 수입 발언에 기상청장이 역사적 사례를 들어 항변했다.

"제갈공명이 동남풍을 불러 적벽대전에서 승리한 까닭은 제를 잘 올렸기 때문이 아니다. 제갈공명이 그 지역 출신이어서 날씨 사정에 밝았기 때문이다. 지역 예보는 그 나라 예보관이 제일 잘한다."

환경부장관이 예보관을 어느 나라에서 스카우트하려 했는지는 모르지만, 미국은 피해야 하지 않을까 싶다. 미국 프로야구 메이저리그가 시작된 이래 104년 만에 처음으로 월드시리즈 경기가 폭우로 순연되었다. 2008년 10월 28일 필라델피아 시티즌스뱅크 파크에서 필라델피아 필리스와 탬파베이 레이스가 월드시리즈 5차전 경기를 펼치고 있는데 비가 쏟아졌다. 메이저리그 커미셔너는 곤혹스런 표정으로 경기를 중단할 수밖에 없다고 선언하면서 변명을 덧붙였다.

"일기예보를 세 군데에서 알아보고 경기를 시작했는데, 날씨가 급변해서 어쩔 도리가 없다."

6회 초에서 중단된 경기는 그 다음 날에도 재개하지 못했다.

미국 프래그머티즘을 대표하는 사상가이자 과학자인 챈시 라이트는 하버드를 졸업하고 1858년에 첫 번째 논문을 발표했는데, 제목이 〈바람과 날씨〉였다. 라이트는 사람들이 날씨가 순수하게 물리적 원인과 결과의 산물이라고 생각하지만, 아무도 확실하게 날씨를 예측할 수 없다고 단언했다. 과학의 특징이 불확실성에 있다는 게 그의 학문적 기본이었다.

잠시 후의 날씨는 제대로 맞혀도(그건 할머니들도 다 할 수 있다), 내일 일기는 예측하기 어렵다. 그 이유는 간단하다. 알 수 없기 때문에 정확히 맞히지 못할 뿐이다. 대형 컴퓨터를 동원하고, 통계를 확인하고, 기압과 구름의 변화를 논리적으로 읽어 종합하지만 어차피 모르는 사실을 예상하는 일의 결과는 뻔하다. 맞히는 날도 있고, 틀리는 날도 있을 뿐이다.

틀린 일기예보 때문에 분노하는 사태는 필경 돈과 과학에 대한 잘못된 인식 때문일 것이다. 넉넉한 자금으로 최신 기계와 전문가만 동원하면 세상 무슨 일이라도 해결할 수 있을 것으로 아는 사람들이 많다.

하지만 과학이란 그렇게 만능의 비법이 아니다. 과학은 비전문가들이 모르는 체계를 갖추고 있지만, 그것이 신비한 능력을 발휘하는 마술 상자는 아니다. 인간이란 바로 자기 발밑 지구 속에서 무슨 일이 일어나고 있는지조차 모르는 존재다. 지진계는 건물이 흔들리고 땅이 갈라지기 조금 전에 먼저 지진을 감지할 뿐이다. 고작 할 수 있는 일이라곤 지진이 났을 때 피해를 최소화하고, 지진이 지나면 빨리 복구하는 노력이다.

기상청의 일기예보가 틀리더라도, 그건 예보관의 잘못이 아니라 과학의 불확실성이나 짓궂은 날씨 때문이라고 생각하면 얼마나 편하겠는가. 체육대회를 중단하고, 야유회를 포기하고, 등산을 망치는 사단이 벌어지더라도 기상청에 적당히 풍자적 야유를 퍼붓는 태도가 상식에 맞는 것 같다. 전문지식보다 상식이 우위에 있다는 느낌이 들 때가 바로 이런 경우다. 우리 인생의 내일도 모르는데, 내일의 자연을 어떻게 안단 말인가.

09

누가 그것을
음란하다 하는가

-음란의 상식

:: 인간이 성적으로 흥분하는 것은 결코 부도덕한 일이 아니며 범죄는 더욱 아니다. 성적 흥분을 일으키면 대체로 수치심을 유발할 수밖에 없다는 법률가들의 감정 판단에 음란물을 맡겨서 과연 상식적인 결말을 기대할 수 있을까?

'음경 플레시모그래프'라는 기계를 아는가? 이름이 좀 길긴 한데, 줄여서 그냥 PPG(penile plethysmograph)라고 불러도 좋다. 남성의 음경 둘레의 변화를 측정하는 기계다.

비디오 스크린과 데이터 기록계가 달린 계기에 연결한 밴드를 피실험자의 음경에 끼운다. 밴드 속에는 수은을 넣어 음경의 변화에 신축적으로 반응할 수 있도록 만들었다. 피실험자에게 포르노 사진 같은 성적 암시가 들어 있는 물건을 보여 주면, 설사 겉으로는 흥분하는 모습을 보이지 않더라도 음경의 미세한 크기 변화가 오차 없이 그대로 기록된다.

도대체 이런 야릇한 기계를 왜 만들었을까? PPG는 체코에서 처음 개발됐는데, 병역을 기피할 목적으로 동성애자라고 주장하는 사내들을 적발하기 위한 도구였다. 여성의 나체 사진에 반응을 보이면 가짜 동성애자로 추정했다. 남성의 성적 흥분 정도를 측정하는 PPG는 미국, 중국, 노르웨이, 영국, 스페인 등지로 파급되어 사용하는 국가가 늘어나기 시작했다.

그쯤 되면 PPG가 가짜 동성애자를 기려내는 목적에만 사용되지 않았을 것이라고 쉽게 짐작할 수 있다. 당연히 성범죄자의 치료나 성범죄 예방에 동원되었다. 성적으로 흥분할 만한 영상이나 물건을 보여주면서 그래프가 조금만 움직이면, 그 순간 전기 충격을 가하거나 악취를 맡게 하여 고통스럽게 만들었다. 성욕이 발동하는 순간 불쾌감이나 고통을 연결시켜 반사적으로 성욕에 따라 행동하지 못하게 한다는 의도였다.

물론 비인격적이고 반윤리적이기도 한 이 치료법은 당사자의 동의를 얻은 뒤에 시도한다. 그렇지만 어떻게든 돈을 들여 만든 기계를 사용할 방도를 마련하는 것이 관료들의 습성이다. 대부분 성범죄자의 가석방 조건으로 PPG 테스트가 제시되었다. 감옥에서 나가고 싶어 안달이 난 성범죄자들은 8,000달러짜리 기계에 자신의 성적 수치심을 맡겼다.

그러나 PPG는 그리 큰 반향을 불러일으키진 못했다. 음경의 미세한 변화가 반드시 소유자의 성적 욕망과 의도를 민감하게 드러내는 지표가 될 수는 없다. 전혀 다른 생리적 이유 때문에도 음경의 둘레는 달라질 수 있다.

그보다 더 곤란한 문제도 있다. 테스트를 하기 위해 피실험자의 코 앞에 들이대야 하는 자료는 어떤가? 강간이나 아동 성추행 장면을 보여 주고 반응하면 일정한 충격요법을 쓴다고 하자. 어느 정도의 장면에 반응하면 그 사람을 비정상, 또는 정상으로 판정할 수 있단 말인가? 그 실험 자료는 또 불법 영상물이 아닌가?

도심의 변두리, 후미진 곳에 자리한 낡은 건물 2층쯤에 달린 '성인용품'이란 간판을 보지 못한 사람은 거의 없을 것이다. 간혹 변두리 도로 한쪽에, 마치 고장이 나서 서비스카를 기다리듯 서 있는 승합차에도 같은 광고가 붙어 있는 장면을 목격할 수 있다.

성인들 중에서도 그런 가게에서 무엇을 파는지 궁금했던 사람들이 꽤 있었던 모양이다. 성인용품이란 무엇일까? 담배나 술, 아니면 화투, 마작? 이제 그런 기호품이나 오락도구를 성인용품이라고 생각하는 원시인은 없는 시대다. 그렇다면 틀니, 보청기, 돋보기? 그건 성인용품이 아니라 노인용품, 혹은 경로용품이다.

성인용품 가게의 진열품에 호기심을 떨치지 못하는 성인은 추상적인 무엇이 궁금한 게 아니라, 구체적인 무엇이 궁금한 경우가 대부분일 것이다. 성인용품이 무엇인지 모르는 게 아니라 성인용품에 어떤 것들이 있는지 알고 싶다는 말이다. 그런 가게에 PPG가 있을 리는 없다. PPG는 없어도 PPG 테스트에 꼭 필요한 소도구들은 갖추고 있을 것이다. 은밀한 부위에 수은이 든 밴드를 끼우고 앉아 있는 사내의 눈 앞에 조롱하듯 흔들어 댈 그림이나 기구 말이다.

성인용품은 왜 버젓이 드러내 놓고 판매하지 못할까? 백화점 신사

복과 숙녀복 코너 중간쯤에 판매대를 설치하거나 수요일 오전 아파트 주차장에서 열리는 벼룩시장에 펼쳐 놓으면 좋을 텐데. 어버이날을 앞두고 초중등학교 앞 노점에서도 팔 수 있어야 진짜 성인용품이 아닐까?

성인용품은 왜 감추면서 거래하는 게 일반화되고 말았을까? '성인용품'이란 표시는 선명하지만, 누구든지 얼른 가게 문을 열도록 하기는 어렵게 만든다. 그래서 성인들의 호기심은 가끔 내뱉을 수밖에 없는 잔기침처럼 일어난다. 그 이유는 오직 하나다. 음란물이라는 이름의 보이지 않는 딱지 때문이다.

원래 인간이 음란성을 알았을 리가 없다. 인간의 본성에는 감정이 있을 뿐이지 음란이란 개념은 없다. 음란물을 만들어 낸 것은 사회제도다. 음란물을 판정하는 역할은 법이 맡는다. 우리는 음란물이 무엇인지 모른다. 칼 크라우스의 말이 정말 옳다.

"무엇인가를 음란이라고 규정할 때, 우리가 알 수 있는 것은 음란물이 아니다. 그것을 음란하다고 규정한 사람일 뿐이다."

극단적으로 말하면, 오직 법률만 음란물을 알고 있다. 무엇이 음란한지 음란하지 않은지 알고 싶으면 법에 물어봐야 한다. 법은 상식이기도 하니까.

사람들이 미신처럼 믿고 있는 것 중의 하나가 법이 최소한의 상식을 실현하는 가치라는 사실이다. 적어도 법은 상식을 벗어나지 않는다고 알고 있다. 정말 그럴까? 보통 사람들이 말하는 법이란 규범 자체뿐만 아니라 법의 해석과 적용까지 포함한다. 그렇다면 음란물에 관한 상식도 궁금하지 않을 수 없다.

아마 1974년이었을 것이다. 미국의 유머 잡지인 《내셔널 램푼》 2월 호가 연방대법원에 나돌았다. 잡지 중간 포트폴리오로 삽입된 페이지에, 총천연색의 풍자만화가 그려져 있었다. 등장인물은 아홉 명이었는데, 모두 알 만한 노인들이었다. 미국 연방대법원 판사 아홉 명이 제각각 개성 있는 자세로 섹스를 즐기고 있는 모습을 그려 놓은 것이다.

대법원장 워렌 버거는 발가벗은 채 권총을 차고 엎드려 전라의 아가씨 신발을 핥고 있었다. 포터 스튜어트는 자를 들고 젊은 여성의 목 깊이를 재고 있었는데, 오럴 섹스를 위한 준비 작업이란 해설이 필요해 보였다. 윌리엄 렌퀴스트는 채찍을 들고 다녔고, 루이스 파우얼은 흑인 여성에게 매를 맞고 있었다. 위대한 반대론자 윌리엄 더글러스는 알몸의 미소년 곁에 앉았고, 해리 블랙먼은 캥거루와 용을 쓰고 있는 참이었다.

'미국의 법관들'이란 제목이 붙은 이 만화는, 음란물이 무엇인지 규명하기 위해 노구를 아끼지 않은 9인의 전사들을 기념하기 위한 헌사였다. 미국 법원에서는 한때 음란물을 정의하는 일을 포기했다. 어렵기도 했거니와, 내버려 두는 편이 더 낫다는 판단이 섰기 때문이다. 음란물이란 이러이러한 것이다, 라고 한번 단정해 버리면 그 다음엔 항상 거기에 구속되고 만다. 세상 만물이 음란한 것과 음란하지 않은 것으로 나뉘고 말 것 아닌가?

미국 수정헌법 제1조에 연방의회는 표현의 자유를 제한하는 법률을 제정할 수 없다고 규정하고 있으므로, 더글러스 같은 인물은 어떤 성적 표현도 법으로 규제해서는 안 된다고 주장했다. 그래서 당시 음란물의 여부는 매 사건마다 따로 판단하는 걸 원칙으로 했다. 음란물은 미리 어떤 것이라고 규정할 수 없고, 허용할 것이냐 말 것이냐를 연방대법원 판사 과반수의 결정에 따를 뿐이라는 것이다. 스튜어트가 내뱉은 한마디는 소위 레드럽 판결이라는 그 원칙을 잘 대변해 준다.

"음란물인지 아닌지는, 보면 안다."

그래도 불쾌한 것들을 나돌아 다니게 해서 되겠느냐는, 깔끔하고 고리타분한 사람들의 불만이 불거졌다. 만능 스포츠 스타로 이름을 날린 뒤 케네디에 의해 연방대법원 판사로 임명된 바이런 화이트는 나름대로 확고한 구체적 기준을 세우고 있었다.

발기한 성기, 삽입 장면, 오럴 섹스는 절대 안 된다는 것이었다. 그는 여기에 더해 사려 깊은 설명까지 곁들였다. 아들은 봐도 괜찮지만, 아내나 딸이 봐서는 곤란한 것들이라고 했다. 자신의 고심에 문득 철학적 통찰이 끼어들었던지 끝내 자조적인 한탄을 쏟아냈다.

"이런 쓰레기들 때문에 귀중한 시간을 허비해야 하나?"

헌법을 글자 그대로 해석하곤 했던 휴고 블랙은 더글러스 편에 섰다. 음란성을 법적으로 정의하는 일은 곤란하다는 생각을 유지했다. 국민의 입장에서는 사전에 자신이 법을 위반하고 있는지 아닌지 알 수 있는 명백한 헌법적 기준이 없으므로, 음란물을 규제하는 일체의 법은 위헌이었다.

상식적인 사회란 뭔가 필요한 곳에 이성적 통제를 할 수 있어야 한다는 신념을 가진 판사들은 집요했다. 무작정 내버려 둔다는 건 그들에겐 있을 수 없는 일이었다. 미국 헌법이 보장하는 표현의 자유 중에도 분명 법으로 금지할 수 있는 유형이 있는데, 그 중 하나가 바로 음란물이란 것이 윌리엄 브레넌의 생각이었다.

흑인으로서는 최초로 연방대법원에 입성한 더굿 마샬은 법적 규제에 반대하는 입장이었다. 어떤 음란물이든 집구석에 처박혀 혼자 즐기는 일에 국가가 간섭할 수 없다는 스탠리 판결의 원칙을 확장하여 해석했다. 혼자서 보는 것이 괜찮다면 음란물을 구입할 수 있어야 한다. 구입의 권리가 인정되면, 당연히 판매하고 배포하는 권리가 전제되어야 한다. 그렇다면 음란물을 만드는 일도 보장되어야 함은 물론이다. 이렇게 프라이버시권을 확장하면 음란물의 규제는 결국 아무 의미가 없어지고 만다.

프라이버시의 권리가 집 바깥으로 외출할 수 있어야 한다는 주장에 불편함을 느낀 대법원 판사들이 가만있을 리 없었다. 어떻게든 규제할 수 있어야 한다는 목표 때문에, 한때는 사회적 가치가 전무한 저작물은 음란성을 이유로 금지할 수 있어야 한다는 기준을 내세웠다.

포르노 작가들이 어떤 사람들인가? 아무 곳에나 의학도감에서 오려낸 사진을 한두 장 붙이거나 적당한 곳에 셰익스피어의 몇 구절을 맥락 없이 인용하곤 했다. 판사들도 바보는 아니어서 나중엔 '사회적 가치가 전무한'을 '의미 있는 사회적 가치가 전무한'으로 바꿨다.

음란물에 철퇴를 가하기 위해 항상 기회를 노리던 버거의 철학은 바로 쓰레기론이었다. 현대 사회에서 쓰레기와 하수 처리를 개인에게 맡길 수 없는 이유는 공중위생과 환경보호 때문이다. 저속한 음란물은 그런 쓰레기와 동일한 것이므로, 미국의 쓰레기를 국가가 나서서 치우는 일은 교양 수준에 해당한다고 생각했다.

버거는 노골적인 성행위 장면을 공중에 노출하는 행위를 금지할 수 있도록 각 지역 공동체에 권한을 주자고 설득했다. 그러나 그 의견에 따르면 50개 주의 기준이 저마다 달리, 수정헌법 제1조가 50개로 조각날 것이라는 반대 의견이 만만치 않았다. 사람이 어느 동네에 사느냐에 따라 보고 들을 수 있는 내용도 달라져야 옳으냐는 항변도 그럴 듯했다.

법정에 선 형사 전문 변호사 버튼 마크스는 연방대법원의 노인들 앞에서 열변을 토했다.

"포르노업자들은 판사님들께서 싫어하는 불결한 사업에 종사하고 있습니다. 그들도 법을 어기는 일을 원하지 않습니다. 하지만 음란이라는 게 도대체 무엇인지 알 수가 없습니다. 일단 법관 앞에서 재판을 받기 전까지는 아무도 그것이 음란한지 아닌지 모른다는 거죠. 판사들은 그 전의 모든 것을 무시한 채 바로 눈앞에 보이는 것에 대해서 감정적 판단을 내리기 일쑤입니다."

마크스는 가방을 뒤지더니 미리 준비한 잡지 《뉴요커》를 펼쳐 거기 게재된 만화를 보여 주었다. 법복을 입은 두 명의 판사가 산책하고 있는데, 그 중 한 사람이 이렇게 말했다.

"뭐든지 나를 발기하게 하는 게 외설이야."

그럼에도 불구하고 버거는 아홉 표 중 다섯 표를 확보하는 데 성공했다. 더글러스와 같은 고집쟁이를 꺾고 음란성에 대한 개념 정의를 완성하기 시작했다. 최종 단계의 성행위를 명백히 불쾌하게 표현하거나 묘사하는 것, 자위행위, 배설작용, 성기의 외설적 노출에 관하여 명백히 불쾌하게 표현 또는 묘사하는 것.

연방대법원의 새 원칙이 알려지자 즉시 버지니아 주 앨버말리 카운티의 어느 열혈 검사가 신문 가판대에서 《플레이보이》를 판매하면 기소하겠다고 발표했다.

우리나라 대법관들은 어려서부터 학교에서 가르치는 제도교육의 전 과목 우등생이므로, 음란물도 비교적 쉽게 정의한다. 사람의 성욕을 자극하거나 흥분하게 하여 정상적인 성적 수치심을 해치고, 선량한 성적 도의 관념에 반하는 게 우리 법원이 정의한 음란물이다. 이러한 정의는 음란물에 관한 모든 판례와 교과서에서 반복되고 있다. 그렇다면 어떤 물건이 거기에 해당한단 말인가?

남성용 자위 기구인 모조 여성 성기는 음란한 물건이다.

– 2003년 5월 16일

여성용 자위 기구나 돌출 콘돔은 그 자체로 남성의 성기를 연상케 하는 면이 있어도, 그 정도만으로는 음란한 물건에 해당되지 않는다.

– 2000년 10월 13일

대법원이 선고한 음란물에 관한 판결의 요지다. 어떤 것이 음란물이고, 어떤 것이 음란물이 아닌지 너무 분명하다. 하지만 어떤 물건이 괜스레 성욕을 자극하여 흥분시키고 수치심을 불러일으키는지 이해할 수는 없다.

남성용으로 만든 모조 여성 성기 체이시를 자신이 운영하던 성인용품섬에 진열했다가 기소된 첫 번째 사건의 주인공은 하급심에서 무죄 선고를 받았지만, 대법원에서 그의 행위는 용서받을 수 없는 것으로 낙인찍히고 말았다.

여성용과 남성용의 근본적인 차이는 무엇일까? 앞에서 예로 든 두 재판에 관여한 대법관은 모두 남성이다. 두 사건을 모두 심리한 대법관은 두 명인데, 그들 중 한 사람에게 물어보는 수밖에 없겠다.

인간이 성적으로 흥분하는 것은 결코 부도덕한 일이 아니며, 더군다나 범죄도 아니다. 성적으로 흥분한다고 해서 반드시 모종의 욕망을 품는 것도 아니다. 심지어 길거리나 텔레비전 화면에서 어린아이들도 언제든 동물의 짝짓기를 볼 수 있다. 만약 그 장면을 못 보게 가릴 때, 아이가 "왜 안 돼요?"라고 물으면 어떻게 대답할 것인가.

성적 흥분을 일으키면 대체로 수치심을 유발할 수밖에 없다는 법률가들의 감정 판단에 음란물을 맡겨서 과연 상식적인 결말을 기대할 수 있겠는가? 그런 논리를 확장하면, 한승헌 변호사의 독설대로 "남자는 여자에게, 여자는 남자에게 음란물일 수밖에" 없게 될 것이 뻔하다.

10

위장 속을 드나드는 적과 동지

─음식의 상식

:: 음식의 유해성과 안전성에 관한 의견에는 항상 하나의 대상에 둘 이상의 다른 의견이 따르고, 암울과 희망이 부지런히 자리바꿈한다. 그럴 때는 흔들리지 않는 것이 상식이다. 전문적 의견이란 상식보다 못할 때가 많은 법이므로.

존 스타인벡의 장편소설 중에 《토티야 마을》이란 게 있다. 미국 캘리포니아 주의 서해안을 따라 뻗은 1번 국도를 샌프란시스코에서 로스엔젤레스 방향으로 달리다 보면, 그 중간쯤 바닷가에 몬터레이라는 작은 도시가 있다. 도시라곤 하지만, 인구가 1만 명 정도 되는 시골 어부들의 터전이다. 몬터레이 만에서 구릉으로 오르는 비탈면에 몬터레이의 중심부가 있다.

바닷가 가까운 아래쪽에는 생선을 잡아 통조림으로 가공하는 미국인과 이탈리아인들이 살고 있다. 소나무 숲과 마을이 뒤섞인 경사면을 지나 비포장도로를 따라 구릉의 정상 부분까지 오르면 또 작은 마을이 나타나는데, 아래쪽과 고립된 느낌을 준다. 그 작은 마을 이름이 토티야다.

토티야에는 파이자노들이 산다. 파이자노는 스페인, 인디언, 멕시코 그리고 코카서스 인종의 피가 섞인 혼혈인으로, 캘리포니아에 살기 시작한 지는 거의 3백 년 가까이 된다. 그들은 특유의 억양으로 영어와 스페인어를 함께 사용하는데, 가진 것이라곤 거의 없다.

《토티야 마을》은, 바로 거기서 태어나고 자란 여섯 사내를 주인공으로 펼쳐지는 이야기다. 토티야는 스페인어다. 서양식 가족 레스토랑에 자주 가 본 사람은 본 적이 있겠지만, 멕시코 사람들이 먹는 음식 이름이다. 레스토랑이나 스낵 코너에서 파는 토티야에는 소스를 듬뿍 뿌린 고기와 야채 조각이 들어 있지만, 원래 토티야란 옥수수 가루로 반죽을 만들어 구워 낸 둥글 넙적한 빵에 불과하다.

토티야 마을에 사는 테레시나는 아이를 아홉이나 낳았다. 그녀는 아이들을 거의 토티야로 키웠다. 큰아들 알프레도는 초등학교 1학년만 3년째 다니고 있었는데, 겉모습만으로도 많이 허약해 보여 교장실로 불려가게 되었다. 아동심리학을 전공한 양호교사가 알프레도와 주고받은 문답만 소설에서 옮겨 보자.

"프레디, 뭘 제대로 먹고 있니?"

"네."

"음, 그럼 오늘 아침에 뭘 먹었는지 말해 보겠니?"

"토티야하고 콩요."

"점심때 집에 가면 뭘 먹지?"

"집에 안 가요."

"오후에는 아무것도 먹지 않는단 말이야?"

"아니요, 콩이 박힌 토티야를 싸 와서 먹어요."

"그럼 저녁에는 뭘 먹는데?"

"콩 박힌 토티야요."

토티야는 이제 모든 사람들이 즐기는 스낵이 되었다. 아무것도 없이 옥수수 가루로만 구운 얇고 넓은 빵이 아니라 옥수수의 맛과 빛깔만 살려 짠맛이 나게 만든 바삭바삭하고 작은 과자다. 바로 토티야칩이다. 토티야칩은 포테이토칩이나 크래커와 함께 가장 대중적인 스낵이 되었다. 요즘엔 토티야 피자도 있다.

토티야칩 같은 스낵에는 지방이 많이 들어 있다. 스낵은 대개 기름에 튀겨 만드는데, 그 기름은 또 대부분 트랜스지방이다. 트랜스지방이 언론을 통해 우리에게 알려진 것은 2000년에 들어서고부터였다. 그 전에는 모르고 있었는데, 어느 날 느닷없이 건강의 적이 되어 우리 앞에 나타났다.

지방은 우리가 보통 식물이나 동물에서 추출하는 기름이 굳은 형태를 말한다. 물에는 녹지 않고, 일정한 액체 유기화합물에만 녹는다. 지방은 지질이라 부르는 고분자에 속한다. 지질의 가장 중요한 구성 요소는 지방산인데, 지방산은 흔히 16개에서 18개의 탄소가 길게 결합되어 있는 물질이다.

탄소가 사방으로 네 개의 손을 가지고 있다고 생각해 보자. 지방은 탄소 원자 수십 개가 마치 한 줄로 늘어서서 손에 손을 잡고 있는 모양을 연상하면 되는데, 그때 탄소끼리 서로 잡고 있지 않는 빈손이 있다. 그 빈손은 전부 수소와 손을 잡아 결합한다. 수소가 탄소의 빈손과 남김없이 완전히 결합할 때 이를 포화지방산이라 한다.

그런데 탄소가 좌우의 손으로 다른 탄소와 결합하고 있으면서, 중간의 어느 탄소 두 개가 남은 빈손으로 자기들끼리 다시 잡아서 결합하기도 한다. 그것을 탄소의 이중결합이라 한다. 그러면 일직선 모양이던 탄소 대열이 뒤틀리면서 구부러짐과 동시에, 그 자리에 수소가 결합하지 못한다. 수소가 붙어야 할 탄소의 빈손이 다른 탄소의 빈손과 잡아 버렸기 때문이다.

이렇게 수소가 포화 상태로 완전히 결합하지 못한 지방산이 불포화지방산이다. 탄소의 이중결합이 없는 포화지방산은 지방의 밀도가 높아서 상온에서 굳는다. 반면에 한 개 이상의 탄소 이중결합이 있는 불포화지방산은 상온에서 굳지 않고 액체 상태로 있다.

과학자가 아닌 사람이나 화학을 전혀 모르는 사람이 대략 이해할 수 있을 정도로만 설명한 이런 내용은 전문지식의 영역에 속한다. 지방은 우리에게 절대 필요한 영양소 중 하나다. 생명체의 에너지원이면서, 모든 세포를 둘러싸고 있는 막의 주성분이기도 하다. 이 정도는 일반인들도 아는, 전문지식이 아닌 상식 수준이다.

사람들은 지방을 기피하거나 두려워한다. 지방을 단순히 비만의 원인으로 생각하기 때문이다. 그래서 무지방이나 저지방을 무조건 좋은 것으로 여기는 경향이 있다. 이런 태도가 과연 상식적일까?

지방 중에서 포화지방산보다는 낮은 온도에서 녹는 불포화지방산이 몸에 좋다. 생선 기름은 불포화 정도가 높기 때문에 생선이 건강에 좋다고 알려져 있다. 그런데 어떤 불포화지방산은 수소와 결합하면서 항상 트랜스지방산을 만들어 낸다.

트랜스지방산은 그냥 트랜스지방이라고도 하는데, 불포화지방산 중 하나다. 즉, 탄소의 이중결합이 있어 구부러진 모양인데 수소가 결합한 형태가 좀 다른 경우를 말한다.

트랜스지방의 변형된 탄소 이중결합의 분자 구조는 그 자체로 잠재적 위험성을 지녔다고 주장하는 학자도 있다. 지금 전문가들은 트랜스지방이 심장병을 유발한다는 데 대체로 의견이 일치하는 듯하다. 몸에 좋다던 불포화지방산 중 트랜스지방산은 오히려 해롭다고 밝혀져 화제가 된 것이다.

옥수수기름이나 콩기름 같은 전형적인 불포화지방이 산화하면 트랜스지방이 생긴다. 이런 트랜스지방은 식물성 기름뿐만 아니라 건강에 좋다고 광고하는 수많은 가공식품 속에도 들어 있다.

토티야칩에도 들어 있는 건 당연하다. 토티야칩 같은 과자를 만들어 파는 회사들은 지방이 없거나 덜 들어간 제품을 개발하려고 골몰했다. 무지방이나 저지방 스낵이라고 광고하면 잘 팔릴 것이라 믿었기 때문이다. 그래서 무려 3,000억 원 정도의 비용을 들여 개발한 것이 올레스트라였다.

올린이란 이름으로 판매하는 올레스트라는 설탕에 지방과 에스테르를 섞어 만든 복합 인공화합물이다. 올린은 지방 맛은 나지만 몸에 흡

수되거나 소화되지 않고 그대로 빠져나가기 때문에 칼로리가 없다. 미국 식품의약국은 1990년부터 올레스트라를 지방 대신 토티야칩 제조에 사용하도록 승인했다. 하지만 올레스트라는 몸속의 지용성 비타민 A, D, E, K를 녹여 배출해 버리기 때문에 조심해야 한다는 경고가 붙어 있다.

음식에 대한 지식은 꽤나 복잡하지만, 결론은 단순하고 명쾌하다. 보통 사람들은 몸에 좋다, 해롭다만 기억한다. 그 기억은 음식에 관한 상식이 된다. 문제는 그 상식을 항상 유지하고 신뢰하는 게 옳으냐 하는 것이다.

내 친구 중엔 다행히도 여러 명의 정교수가 있다. 그 중 어느 정교수는 절대 입에 대지 않는 음식 목록을 머릿속에 입력해 놓고 살아간다. 그렇지만 나는 그로 하여금 금식 목록에 등록된 음식 한두 가지를 쉽게 먹일 수 있다. 알고 보니 그 음식이 몸에 아주 좋다면서, 그럴듯한 전문가의 의견을 조작하여 슬쩍 들려주면 끝난다.

유전자 조작 식품이란 게 있다. 유전자 조작 식품은 사람에게 나쁘거나 적어도 좋을 건 없다는 게 상식이다. 왜냐하면 조작됐으니까. 그것도 생물의 근원인 유전자를 조작하여 변형시킨 것이니까.

유전자는 무엇이고, 조작은 어떻게 하는 것인가? 우리는 식품의 유전자 조작에 관한 최소한의 과학적 메커니즘을 이해하고 반대하는 것인지, 아니면 환경운동가들의 경고에 두려움을 느끼는 것인지 생각해 볼 필요가 있다.

유전자는 동물이든 식물이든 모든 생명체에 존재한다. 생명체가 번식할 때 특유의 형질을 그대로 옮기는데, 흔히 모양이나 습성을 닮는다고 표현하는 현상이다. 바로 유전자 때문에 그런 현상이 일어난다. 자식이 부모를 닮는 것도 유전자 때문이다.

생물학자들은 처음에 이 유전자가 단백질인 줄 알았다. 인간의 육체 대부분이 단백질이어서 그렇게 추측한 것이다. 단백질에도 여러 종류가 있고, 그 단백질이 생명 현상에 관여한다는 사실도 겨우 20세기에 들어서서 확인하게 되었다. 사람의 몸속에는 대략 백만 가지 정도의 단백질이 들어 있다.

그러나 유전자는 단백질이 아니고 DNA였다. 생명체를 구성하고 있는 세포 안에 세포핵이 있는데, 세포핵은 단백질과 핵산으로 이루어져 있다. 핵산은 세포핵 속의 산성 물질인데, DNA와 RNA로 되어 있다. DNA 속 염색체에는 염기가 배열되어 있는데, 그 배열 체계가 바로 여러 형질을 결정하는 암호다.

DNA의 암호, 즉 게놈이라는 유전자 지도의 지시에 따라 단백질을 생성하게 된다. RNA는 DNA의 암호를 번역하여 옮길 뿐만 아니라 그대로 단백질을 합성하는 역할을 담당한다. 그러므로 유전자에 담긴 유전정보는 DNA에서 RNA를 거쳐 단백질로 옮겨 간다고 보면 된다.

단백질은 아미노산을 길게 연결해 놓은 것이다. 지구의 자연계에 존재하는 아미노산은 스물두 종류인데, 인간을 만드는 데는 스무 종류의 아미노산이 필요하다. 한 종류의 단백질을 만들려면 수백 또는 수천 개의 아미노산이 고유한 순서로 정확히 배열되어야 한다. 단백질은 생체를 구성하기도 하지만, 기능도 담당한다. 예를 들면 인체의 호르몬도 단백질이다.

단백질은 스스로 복제할 수 있는 능력이 없고, DNA와 RNA에 의해서만 가능하다. 남성성과 여성성이 결합하는 유성생식에 의한 복제는 세포분열로 이루어진다. 세포분열은 세포핵의 염색체가 두 가닥으로 쪼개지면서 시작하는데, 그 지시를 DNA가 하고 RNA가 명령을 수행하는 것이다. 이런 DNA의 비밀이 알려진 것은 1953년이었다.

모든 형질을 유전자가 결정한다면, 유전자를 조작해서 원하는 형질을 만들기도 하고 없애기도 할 수 있다. DNA 속에 있는 염색체의 염기 배열에 따라 어떤 질병이 생길 수도 있고, 무게가 두 배로 늘어날 수도 있다. 필요한 유전자를 찾아 조작하면 병을 고칠 수도 있고 과일이나 채소의 품종을 개량할 수도 있다.

요즘에는 DNA 염기 배열을 순식간에 해독하는 기계가 있어 특정 유전자를 추출하거나 인공으로 유전자를 만드는 일은 쉽다. 그렇다면 마지막 단계는 조작한 유전자를 필요한 곳까지 운반하는 작업이다. 유전자를 원하는 DNA 안까지 운반하는 물질을 벡터라고 하는데, 최근에는 각각의 유전자가 자리 잡고 있는 염색체 상의 위치까지 정확히 옮길 수 있다.

사람이 먹는 채소나 과일의 유전자 조작을 시도하는 목적은 품종을 개량하기 위해서다. 모양과 크기는 물론 생산량에 영향을 미치고, 병충해에 대한 저항력도 높인다. 그런데 사람들은 유전자 조작에 의한 식품을 꺼려한다. 그것은 옳은 태도일까, 아니면 편견일까?

20세기 말경 미국에서 생산하는 콩의 55퍼센트, 옥수수의 30퍼센트가 유전자 변형 식품이라는 통계가 있다. 토티야칩도 유전자 조작의 결과일 가능성이 높다. 만약 유전자 조작에 의해 생산한 식품이 인체에 해롭다면, 이건 꽤 심각한 문제다.

유전자는 가만히 놔두어도 저절로 변형이 된다. 식물의 세계나 동물의 세계에서 생식 작용에 따라 항상 유전자 변형이 일어나고 있다. 전북 장수에서 생산하는 사과 홍로는 크고 달며 색깔도 빨갛다. 일본의 후지 품종 중에서 돌연변이로 빨간색이 된 품종을 집중적으로 개량한 신품종이다. 돌연변이에 의한 품종이 자연 상태에서 유전자 변형을 일으킨 결과물이다.

그러면 의심을 품고 있는 사람은 이렇게 반론한다. 자연스런 유전자 변형과 인위적인 유전자 조작은 다르지 않느냐고. 물론 다르다. 그러면서도 자연적 유전자 변형과 인공적 유전자 변형은 근본적으론 어떤 차이가 있는지 설명하지도 못한다. 가령 자연적 변형은 유해하지 않은데 인위적 변형만 인체에 해롭다는 근거를 댈 수 있어야 하는데, 전혀 그렇지 못하다는 것이다.

유전자 조작이 나쁘다고 생각하는 이유는 변형된 유전자가 인체 내에서 비정상적인 작용을 하는 것처럼 느끼기 때문이다. 그러나 유전자를 먹는다고 그 유전자가 인체의 유전자에 영향을 미칠 수는 없을 뿐만 아니라, 유전자는 그냥 소화되어 사라진다.

조작된 유전자 자체가 아니라 유전자 조작으로 만든 식품에 이상이 생겨 인체에 영향을 준다면, 그것은 별개 문제다. 우리는 항상 그 차이를 간과한다. 자연식품에도 인체에 좋은 게 있고 나쁜 게 있다. 마찬가지로 유전자 조작 식품에도 우리 몸에 이로운 게 있고 해로운 게 있을 뿐이다.

일본의 다치바나 다카시는 유전자 조작 식품 반대론은 유전자가 무엇인지 잘 알지 못하면서 주장하는 낮은 수준의 논의라고 단정한다. 오히려 유전자 조작 식품은 환경이나 식품 안전성 문제와 관련해서도 결점보다는 장점이 훨씬 많다는 의견을 피력하고 있다. 유전자 조작으로 병충해 대항력이 높은 벼 품종을 만들어 내면 제초제로 인한 다이옥신 축적량을 대폭 줄일 수 있다.

먹는 것에 대한 사람들의 관심은 비상하다. 굶주림을 면하면 지속적으로 양을 추구하고, 그 단계를 벗어나면 음식의 질을 따지고 가린다. 그래서 부상한 것이 유기농 식품이다. 화학비료를 사용하지 않고 재배한 곡식이나 채소는 무조건 몸에 좋다는 것이 유기농의 핵심이다. 반드시 그럴까? 의문은 어디에나 있다. 화학비료가 식품에 남아 인체 속으로 들어온다면 그건 분명 좋지 않은 일이다.

유기농이라 해서 항상 안전한 것도 아니다. 대부분의 식물은 스스로 살충 성분을 만들어 내기 때문에, 유기농 식품에는 천연 독성이 강하게 남아 있다. 인공 비료가 아닌 동물의 배설물 같은 자연 비료 속에 든 치명적인 세균들이 식품을 오염시킬 수 있다는 지적도 나온다.

다른 문제도 있다. 유기농 농법으로는 대량 경작이 불가능하므로, 식품의 가격이 매우 비싸다. 가난한 사람들은 사 먹을 엄두도 내지 못한다. 지역 공동체 단위로 유기농 식품을 공급하는 체계를 갖추면 될 것 같지만, 인구가 많은 대도시에서는 어렵다.

설사 가능하다 하더라도 대규모의 식품 가공공장과 유통망이 사라짐으로써 일어나는 급격한 산업 재편의 부작용도 우려된다. 비료를 사용하지 않은 음식을 먹기 위해 도시의 산업구조를 금방 바꿀 수는 없는 노릇이다.

화학비료만 하더라도 무조건 해로운 기피 물질로 여겨서는 곤란하다. 1918년 프리츠 하버가 암모니아 합성에 성공하여 훗날 노벨상을 받았고, 그로 인한 화학비료 덕에 농부는 허리를 펴고 숨을 고를 수 있게 되었다. 농작물의 대량 생산이 이루어진 것이다.

역시 노벨 화학상을 수상한 로얼드 호프만은 합성 비료 때문에 수억 명의 사람이 굶주림에서 벗어날 수 있었다고 강조한다. 과연 유기농법이 화학비료로 인한 폐해를 극복하기 위한 현실적 대안이 될 수 있을까, 생각해 볼 일이다.

사람들이 가장 민감하게 반응하는 현대 건강 용어의 하나는 발암물질이다. 라디오나 텔레비전에서 발암이란 말만 나와도 귀가 쫑긋해지고, 발암물질이 든 식품이라면 지뢰를 피하듯 꺼린다. 발암물질이란 그야말로 다른 음식이 내 몸속에 들어와 나의 세포 일부의 유전자를 변형시키는 존재다.

발암물질을 발표하는 사람은 과학자와 언론인이다. 과학자는 자연에서 채취한 것이든 인공으로 만든 것이든 화학물질을 실험용 동물에 주입하여 반응을 관찰한 다음 발암물질을 판단한다. 그 결과를 보도 자료로 만들어 언론사에 보내면 사람들의 눈과 귀에 가 닿아 반향을 일으킨다. 그 일을 담당한 과학자나 기자는 소비자들의 충격이 더 클수록 보람을 느낀다.

합성 살충제에 암을 유발하는 성분이 있다는 사실은 UC버클리의 브루스 에임스 교수가 고안한 실험 방법에 의해 확인할 수 있었다. 어떤 화학물질이 세균의 DNA를 변이시키는지 간단히 알아내는 방법이 개발됨에 따라 다양한 연구가 이어졌다.

그 결과 살충제뿐만 아니라 농약을 전혀 사용하지 않은 천연식품에도 발암물질이 있다는 사실을 밝힐 수 있었다. 천연식품 자체에 천연 살충 물질이 있기 때문이다.

그렇다면 시장이나 고급 슈퍼마켓에서 파는 모든 식품에는 어느 정도의 발암물질이 있다는 결론에 도달하게 된다. 어느 정도 섭취하면 어느 정도 위험하다는 구체적 기준의 제시 없이 발표하는 발암물질은 신뢰도가 떨어진다. 한때 된장에서 발암물질이 발견됐다는 보도가 해프닝처럼 끝난 사실을 기억해 보면 사태 판단에 도움이 될 것이다.

그뿐만이 아니다. 커피에 든 카페인이 얼마나 어떻게 나쁜가? 설탕은 반드시 비만의 원인인가? 야채가 고기보다 몸에 이로운가? 햄버거는 항상 사과보다 나쁜가?

이 모든 상식적 믿음에는 논란이 들끓고 있다. 그 논란 속을 자세히 살펴보면, 이롭고 해롭다는 주장에 명백한 과학적 근거는 거의 없다. 하기야 인간이 왜 잠을 자야 하는가에 대한 과학적 근거도 제대로 밝혀져 있지 않다.

당장에 해로운 것은 위험이 아니라 총칼과 같은 무기다. 무기는 바로 생명을 좌우하지만 위험이나 경고는 급박하지 않다. 그런 표피적 논리에 따라 나쁜 현상이 즉시 나타나지 않는다고 안심하는 건 어리석음의 소치다. 작은 위험의 징표가 있을 때부터 조심해야 한다는 경고에도 귀 기울일 필요가 있다.

잠재된 위험의 경고는 요란하거나 엄중하기는 하지만 아직 확실하지 않다는 약점을 지니고 있다. 간혹 식품의 보이지 않는 위험을 대단한 발견인 양 과장해 폭로하는 경우도 있다.

프랑스의 저널리스트 윌리엄 레이몽이 쓴 《독소》라는 책에 '유전자 변형 핫도그'라는 작은 제목이 있다. 그 장의 요지는 이렇다. 네브래스카주립대의 시드니 미르비시 교수의 연구 결과에 의하면, 소시지에 사용하는 식품보존제 질산염이 고기의 단백질과 반응하여 니트로사민을 만들어 내는데, 그 물질이 유전자 변이를 일으킬 수 있다는 것이다. 따라서 발암의 원인이 될 수도 있다는 경고까지 붙어 있다.

문득 다치바나와 레이몽을 맞붙여 토론하게 하면 재미있겠다는 생각이 들었다. 실제로 대결이 이루어진다면, 아마도 자연과학 기초 지식이 단단한 다치바나가 압승하지 않을까 싶다. 우선 레이몽의 글은 제목과 부합하지 않는다. 제목부터 빨리 읽으면 유전자 조작으로 만든 소시지가 암을 유발한다는 인상을 준다.

하지만 미르비시의 발표 내용은 소시지에 사용하는 질산염이 인체의 유전자에 영향을 미칠 수 있다는 것으로, 유전자 조작 식품과는 아무 상관이 없다. 만약 '유전자 변형 소시지'라는 소제목이 정확한 번역이라면, 레이몽은 기자답게 독자의 눈길을 끌기 위해 선정적이고 과장된 문구를 마구 가져다 사용한 결과일 뿐이다.

트랜스지방은 전립선암을 비롯한 여러 암과 간 질환을 유발하고, 심혈관 질환의 치명적 주범이라는 주장은 어떤가? 육즙을 강화한 소고기란 알고 보면 소금과 인산염을 혼합한 액체에 담가 인위적으로 고기 무게를 늘린 것에 불과하며, 육류의 장기 보관을 위해 사용하는 가스 치환 포장은 소비자 눈을 속여 위험에 빠뜨린다는 고발도 마찬가지다.

그런 사실을 파헤치고 알리는 일은 격려할 만한 가치가 있지만, 흥분한 나머지 육즙 강화 소고기나 포장하기 전에 혼합 기체에 쏘인 육류를 먹으면 안 된다는 식은 곤란하다. 소금과 인산염에 담근 소고기는 몸에 해롭다는 사실을 먼저 밝혀야 하는데, 그렇지 못하다. 기체를 이용해 선홍색을 오래 유지하도록 한 육류는 변질된 뒤에도 색깔만 보고 속기 쉽다는 것이지, 유통기한 내에 먹어도 곤란한 것처럼 오도해서는 안 된다.

식품의 위험성에 관해서는 대개 치명적 결과를 초래할 수 있으므로 절대 안 된다는 단호한 입장과, 위험이 충분히 증명되지 않았으니 그럴 수 없다는 반론이 맞선다. 이런 경우는 흡연이 폐암의 원인이 되느냐 하는 논쟁처럼 아주 흔하다. 레이몽 같은 감시자는 이런 논쟁적 대결도 우려한다. 찬반의 주장을 나란히 놓고 각자가 알아서 선택하도록 하는데, 나쁠 수도 있고 반드시 그렇지 않을 수도 있다는 식으로 확실하게 입장을 취하지 않는 이런 방법은 논점을 흐리게 하고 쟁점을 슬쩍 묻어 버린다는 것이다. 당연히 유념해야 할 부분이다.

되풀이하지만, 잠재적 위험을 경고하는 일은 중요하다. 그런데 그 위험이 현재화되거나 구체적이지 않을 경우 어느 정도 경계할 것이냐는 아주 현실적인 문제다. 그런 경고에 모두 따르다가는 먹을 수 있는 것이 주변에서 몽땅 사라져 버릴지도 모른다.

보통 사람들은 전문가의 의견, 또는 전문가의 견해를 인용한 의견에 약하다. 과학적, 또는 과학적 근거를 인용한 보도에는 더 약하다. 식품을 가공하는 대기업의 오만한 태도를 공격하는 것은 당연하지만, 그 수단으로 애매한 음식의 유해성을 과장하는 행위까지 정당화될 수 있을지는 의문이다.

음식의 유해성과 안전성에 관한 전문적이고 과학적인 의견은 거의 매일 쏟아져 나온다고 해도 틀리지 않는다. 언제나 하나의 대상에 둘 이상의 다른 의견이 따르며, 암울과 희망은 부지런히 자리바꿈한다. 그럴 때는 흔들리지 않는 것이 상식이다. 전문적 의견이란 상식보다 못할 때가 많은 법이다.

다시 토티야 마을의 초등학교로 가 보자. 알프레도를 면담한 양호교사는 자신이 되레 심리적 충격을 받았다. 즉시 그 사실을 보고하여 학교 주치의가 알프레도와 동생들을 진료하게 되었다. 의사는 믿기지 않는다는 듯이, 거의 울부짖으며 말했다.

"정상적이라면 토티야만 먹고 제대로 자랄 수가 없습니다. 살아 있는 것만 해도 감사한 일이지요. 그런데 아이들이 모두 건강해요. 치아도 튼튼하고요. 이걸 어떻게 설명해야 할지 모르겠군요."

인공적 화학제가 식품 재배에 사용될 때 일어날 수 있는 위험은 눈에 선하다. 하지만 화학의 마술은 식량과 염색한 옷감과 그 밖의 몇 가지 재화의 민주화를 이루어 냈다. 잠재적 위험을 애초에 제거하려는 방법이 가난한 사람에게도 혜택이 돌아가는 대안으로 교체될 수 있을까? 혼란스럽지만, 절대적으로 옳은 것은 하나다. 무엇이든 먹어야 한다. 먹지 못하면 굶어 죽는다.

그런 절박한 상황에 놓인 사람은 놀라울 정도로 많다. 거기에도 분명 정치적인 경계가 있다. 안전한 식품과 민주적 식품, 마음 놓고 먹을 수 있는 것과 모두가 나누어 먹을 수 있는 것의 사이.

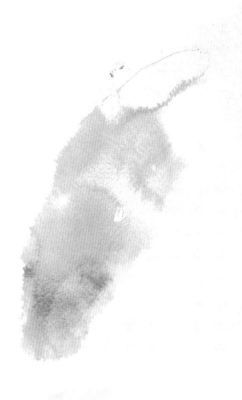

3장

대답 없는 질문

누구를 위하여
약을 삼키나

-재채기의 상식

:: 제약회사들은 몇 가지 책략을 원칙처럼 갖고 있다. 효능을 실험할 때는 다른 약과 비교하지 않는다. 실험은 여러 나라에서 한 뒤 결과를 따로 발표한다. 그들의 강력한 힘은 약이 무엇인가를 결정할 뿐만 아니라 아예 질병이 무엇인가까지 결정한다.

"에취!"

"블레스 유!"

누가 뭐라고 하긴 했는데, 알아들을 수가 없었다. 곁에 있던 통역이 웃으며 "댕큐"라고 하기에 영문은 알 수 없었지만 나보고 하는 말인 줄은 알았다. 다시 코 점막에 격렬한 난동이 일어났다.

"에, 에에취!"

"블레스 유!"

"댕큐!"

이젠 삼박자가 제대로 맞아떨어졌다. 이 사람들이 누굴 놀리나 싶었다. 나만 두리번거렸고, 다른 사람들은 웃고 있었다. 워싱턴 국회의사당의 어느 방에서였다. 명색이 공식 방문이라 통역과 함께 오전 10시에 들어섰는데, 정원의 바람이 차가워 재채기가 터져 나왔다. 재채기를 하는 순간 어디선가 무슨 소리가 들렸고, 통역하던 최상미 씨가 웃으며 '댕큐'라고 하는 것이었다. 국회사무처에 근무하는 미국인이 뭐라고 했는지는 당연히 알아듣지 못했다. 통역이 대꾸한 '댕큐'는 귀에 들어왔지만 의미는기녕 누구보고 히는 소린지조차 몰라 어리둥절했다.

약간 불쾌한 감정이 솟구치려는 순간, 통역이 설명해 주었다. 재채기를 하면 가까이서 먼저 들은 사람이 "블레스 유(Bless you)!"라고 해 주어야 한다. 그러면 재채기를 한 사람이 그 사람에게 '댕큐'라고 감사의 표시를 하는 것이 관습적인 예의라는 것이다.

대체 왜 남의 생리적 현상에 그런 까다로운 절차를 만들어 간섭하게 하느냐는 질문에, 적어도 거기 있던 사람들은 누구 하나 시원하게 설명해 주지 못했다. 그냥 '시원하시겠습니다' 정도로 알고 넘어가기에는 찜찜했다. 궁금증을 즉시 해소하지 못해 일기 시작한 감질은 순식간에 코 점막으로 전달됐다.

"에취!"

"블레스 유!"

"댕큐!"

물론 세 번째 '댕큐'는 내가 직접 했다. 예절은 금방 배운다.

귀국한 뒤, 방문 프로그램을 담당하고 있던 미국 공보원 문정관 토머스 하란을 만났다. 아일랜드 출신임을 자랑스럽게 여기는 그에게 재채기 사건에 대해 물었다. 역시 아일랜드 출신답게 문학적으로 재미있게 설명해 주었다.

사람은 재채기를 할 때 가장 무방비 상태가 된다. 눈은 저절로 감기고, 다른 감각기관은 일시적으로 마비 상태에 이른다. 그 순간의 허점을 이용하여 악귀가 몸속으로 침입한다. 사악한 기운은 인간의 건전한 사고력을 손상시키거나 질병의 원인이 될 수 있다.

그래서 가까이 있는 사람이 재빨리 "블레스 유!"라고 외쳐 악귀의 침입을 막는다는 것이다. '블레스 유'는 '갓 블레스 유(God bless you)', 그러니까 '신의 가호를!'이라는 말이다. 황급히 신의 이름으로 나쁜 기운이 스며드는 사태를 막아 주었으니 '댕큐'라고 인사하는 것은 당연하다. 이야기를 마친 하란이 아일랜드식 재채기를 퍼부었다.

"에취!"

"블레스 유!"

"댕큐!"

사랑, 가난, 그리고 재채기는 숨기지 못한다는 말이 있다. 아마 사랑의 감정과 가난으로 인한 어려움을 감추기 어렵다는 의미를 요란하게 터져 나오는 재채기에 비유한 것 같다. 어쨌든 재채기는 만인의 공통 애용품이다. 참다 참다 한계상황을 넘어서는 순간 쏟아 내는 한바탕의 재채기는 머릿속까지 후련하게 한다.

어떤 경우에는 재채기를 하지 못해 안달복달하는가 하면, 목숨을 걸고 재채기를 시키기 위해 심각한 상황에 빠지기도 한다. 섬유질과 비타민이 듬뿍 들었다고 즐겨 먹는 고추에는 캡사이신이라는 성분이 포함되어 있다. 자극성이 얼마나 강한지 고통에 대한 감각을 마비시켜 버릴 정도여서 통증 완화제 연고를 만드는 재료로 사용해 왔다. 그 뒤 합성에 성공한 리시니페라톡신이란 물질은 캡사이신보다 독성이 1만 배나 더 강하다. 혼수상태에 빠진 사람 코에 갖다 대어 재채기가 나오게 하는 데 사용한다.

대개 재채기는 감기의 전령으로 다가온다. 그런 때의 재채기는 반갑지 않다. 민감한 사람들은 첫 번째 재채기를 발포한 직후 감기약을 떠올린다. 우리나라 사람들은 놀랍게도 감기보다 감기약을 먼저 떠올린다. '콧물감기엔 무엇!' 하는 식의 광고에 익숙한 탓이다.

더 경이로운 사실은, 재채기하는 감기 바이러스 감염 혐의자를 목격한 사람의 반응이다. "블레스 유!"라고 주술적 친절을 베풀기 전에 "약이나 한 병 사 마셔!"라며 처방적 권고부터 한다. 빠를수록 더 좋다는 광고의 문구가 연거푸 상기된다. 그리고 대개 두세 번째 재채기를 할 때쯤이면 벌써 주변의 약국 문을 열고 있다.

적어도 재채기에 대한 우리의 태도는 영어를 사용하는 서양인들보다 훨씬 과학적이고, 의학적이며, 전문적인 것처럼 보인다. 자메이카 출신의 단거리 선수보다 더 신속하게 약물 처방으로 재채기에 맞선다.

재채기는 감기의 신호다. 감기는 신체에 해로운 질병의 하나이므로, 가급적 조기에 진압하는 게 상책이다. 그렇다면 주저할 것 없이 감기약을 사 먹어야 한다. 이것은 우리가 무기처럼 지니고 있는 전문지식의 일부인가, 아니면 문명사회의 구성원으로서 갖추고 있는 건강 상식의 하나인가?

　감기를 바라보는 인간의 시선에는 최소한 두 가지 유형이 있다. 물론 그것은 양극단의 두 가지다. 약물로 즉각 퇴치 가능한 고약한 스토커로 간주하는 인간형이 있다. 감기를 향해 총알을 발사하듯 물약을 목구멍으로 털어 넣는 단호한 행동 양식이 그들의 건강 상식 교범에 씌어져 있다.

　그런가 하면 끙끙 앓는 소리를 내며 솜이불을 뒤집어쓰고 육탄전을 벌이는 족속도 있다. 일상에서 들이마시는 공기나 끼니때마다 놓치지 않고 섭취하는 음식물이 약이 아니고 뭐겠느냐는 낙천적 믿음을 재산으로 삼는다. 실제로 어느 방법이 옳은지, 혹은 어느 쪽이 더 나은지 검증된 바는 없다. 가장 확실한 경험적 진실은, 어차피 일정한 시간이 흐르면 감기는 달아나고 없다는 사실이다.

　강원도 산골에서 지낼 때의 일이다. 전방 사단에 근무하는 군의관의 아내가 연년생의 두 아들을 키우고 있었다. 초등학교 들어가기 전의 두 남자 아이를 키우는 일은 거의 전쟁을 방불케 하는 면이 있다.

　그 오지 마을에도 감기는 찾아왔고, 아이들은 콧물을 사정없이 흘렸다. 젊은 엄마는 병원에서 하얀 액체로 된 감기약 한 병을 처방 받아 가져왔다. 작은 플라스틱 숟가락에 따른 시럽은 달콤했지만 작은 꼬마는 막무가내였다.

　살살 달래서 입을 벌리게 하려고 시도하는 사이에 뭔가 느낌이 이상했다. 옆을 돌아보는 순간, 깜짝 놀라 그만 숟가락을 떨어뜨리고 말았다. 어느 틈에 첫째 악동이 약을 병째 들이마시고 있는 게 아닌가. 약을 한 병 다 마신 첫째나, 한 숟갈도 제대로 먹지 못한 둘째나 늘 오가는 감기에 관계없이 무럭무럭 잘 자랐다.

그러나 약의 오남용이나 부작용이 그렇게 단순한 것만은 아니다. 추억의 일화를 장식해 주는 경우도 있지만, 생명을 위협하는 무시무시한 괴력을 발휘할 때도 있다. 단지 몇 그램의 가루나 액체가 그 수만 배에 달하는 인간의 육체를 거꾸러뜨리는 것이다. 30여 년간 가정의학과 전문의로 활동해 온 미국의 레이 스트랜드가 밝힌 마이크의 사례가 그렇다.

가을이 시작되던 어느 날, 마이크는 코감기로 앓아누웠다. 늘 먹던 감기약에 열흘 가량 매달렸으나 열과 통증은 가라앉지 않았다. 병원에 갔더니 의사는 인후염으로 진단했다. 항생제 알레르기를 확인한 뒤, 새로 개발된 락사를 처방했다. 약효는 강하면서 미국의 식품의약국(FDA)에서 승인한 지 1년 정도밖에 되지 않아 무료였다. 마이크는 락사를 복용하고 바로 효과를 보았다. 그런데 엿새째 되던 날 느낌이 이상했다. 가벼워졌던 몸이 다시 가라앉는 듯하여 침대에 드러누웠다. 그리고 몇 시간 뒤에 사망하고 말았다.

부검 결과 심장은 완벽했고 다른 특별한 사인도 발견하기 어려웠다. 락사가 심장 박동에 치명적인 문제를 일으킨 것 같다고 추정할 수밖에 없었다. 불과 두 달 뒤에 FDA는 락사의 판매를 금지했다.

약은 무엇일까? 병이나 상처를 낫게 하는 효과를 가진 물질이다. 그 중에서도 천연 약제를 제외한, 화학적으로 가공한 물질에 한해 이야기하는 게 좋겠다. 약의 가장 본질적인 속성은 두 가지다. 본래의 효능 외에 한 가지가 더 있다는 말인데, 바로 부작용이다.

한때 FDA는 약효에 대해서는 별반 관심을 두지 않고 부작용에 대한 기준만 제시하여 검사했다. 그러다가 점차 효능에 대한 증명도 요구하게 되었다. 아무리 좋은 음식도 신진대사에 필요한 영양분 외에 몸에 해로운 독성도 조금씩 지니고 있듯이, 약 또한 효능 이면에 부작용을 숨기고 있는 법이다. 따라서 가장 좋은 약이란, 효과는 크고 부작용은 작은 물질을 일컫는다.

약의 대표선수 격으로 꼽을 수 있는 게 항생제다. 질병의 원인이 되는 균을 찾아 죽이는 작용을 하기 때문이다. 본격적인 항생제 페니실린의 탄생은 약품의 역사에 한 획을 그은 사건이 되었다. 페니실린이 대량 생산되어 치료에 쓰이기 시작한 건 1940년대 이후의 일이다.

알렉산더 플레밍은 1928년 인플루엔자 바이러스를 연구하고 있었다. 열악한 환경 때문에 연구실은 지저분하기 짝이 없었다. 창문 틈 사이로 먼지가 들어와 포도상구균 배양기에 푸른곰팡이가 피고 말았다. 그런데 자세히 살펴보니 푸른곰팡이 주변만 무균 상태였다. 푸른곰팡이가 살균 작용을 하고 있었던 것이다. 플레밍은 푸른곰팡이를 8백 배 정도 묽게 해도 세균의 세포막 합성을 억제하여 균의 증식을 방지한다는 사실을 확인했다. 페니실린을 발견한 것이다.

플레밍의 역할은 그 정도였다. 푸른곰팡이에서 페니실린을 분리하여 추출해 내고, 그것을 다시 의약품으로 사용할 수 있도록 대량생산의 계기를 마련한 사람은 하워드 플로리와 에른스트 체인이었다. 두 사람은 1945년 플레밍과 함께 노벨상 공동 수상자가 되었다. 페니실린이 개발된 이후 스트렙토마이신이 등장하면서 비로소 항생제 시대가 열렸다.

페니실린 같은 강력한 살균 효과를 가진 항생제가 나타나자, 병균과의 전쟁은 이제 끝났다고 믿는 사람도 꽤 많았다. 페니실린은 기적의 약으로 불리며 피부 질환, 폐렴, 디프테리아를 박멸했다. 무소불위의 힘을 발휘하여 인체를 괴롭히는 웬만한 질병은 조만간 사라질 것 같았다. 하지만 그것은 인간의 희망에 불과했다.

세월이 조금 흐르자 항생제에 내성이 생긴 균들이 살아남아 변종으로 나타났다. 새로운 질병이 기습하기 시작한 것이다. 세균에 대한 인간의 압승이 일시적인 기쁨이었음을 깨달아야 했다. 그리하여 다시 새로운 항생제를 개발하고, 거기 대응하여 균은 또 다른 형태로 반격한다. 인간과 병균의 전쟁은 이런 식으로 언제까지나 되풀이될 모양이다.

약의 효과와 부작용에 관한 판단은 누가 하는가? 우리가 직접 할 수는 없는 노릇이다. 약국에 가서 약사에게 물어보거나, 먼저 복용한 경험이 있는 옆집 사람 눈치를 살펴서는 뭔가 모자라는 느낌이다. 그렇다고 의사는 완벽한가? 의사와 약사 사이에 우리의 건강을 맡길 만한 신뢰의 소통 체계가 잘 구축되어 있을까? 어쨌든 약을 선택하고 의심하고 또 믿는 데는 전문가의 도움이 필요하다.

약은 제약회사가 만든다. 약을 만드는 데도 목표가 있을 것이다. 예를 들면 무슨 병을 퇴치할 것이라든지, 노인에게 활력을 주겠다든지, 아니면 돈을 좀 많이 벌어야겠다든지. 약품의 소비자가 행동을 결정할 때 제약회사의 원대한 목표 또는 욕망이 얼마나 중요하게 작용할 수 있는지 조만간 알게 될 것이다.

제약회사는 연구개발팀을 따로 운영한다. 거기서 모종의 신약을 개발하면 특허를 받기 위해 약효 실험에 들어가야 한다. 미국에서는 FDA를 반드시 통과해야 한다. 1차 실험은 쥐 같은 동물을 대상으로 하고, 좀 안심이 된다 싶으면 인간을 대상으로 임상실험에 들어간다.

이때 의료기관을 통해 약이 공짜로 제공된다. 앞의 예에서 마이크가 먹었던 약이다. 항상 정상적인 약만 실험 대상자들에게 투여하는 게 아니다. 일정 비율의 가짜 약을 섞어 실험한다.

신기하게 가짜 약에도 효능이 있기 때문에, 진짜 약과 비교함으로써 진짜 약의 진정한 효과를 측정하기 위해서다. 그 가짜 약을 위약, 영어로는 플라시보라 한다. 소화제를 감기약이라 믿고 먹어도 감기 치료에 듣는다는 심리적 효과가 플라시보 효과다. 우리가 상식적으로 추측하는 것보다 플라시보 효과는 매우 크다. 그런가 하면 역위약 효과, 영어로 노시보 효과란 것도 있다. 특정 약품이 부작용을 일으켜 해롭다고 믿게 되면 진짜 약의 효과가 떨어지는 현상을 말한다.

몇 년에 걸쳐 정해진 실험의 관문을 통과한 뒤에는 약을 팔아 돈을 벌면 된다. 신약이 특허를 받으면 20년간 독점 생산과 판매가 보장된다. 그 기간이 지나면 다른 회사도 같은 성분의 약을 모양과 이름만 다르게 만들어 판매할 수 있게 허용된다. 그 약을 제네릭, 흔히 카피약이라 부른다. 그러므로 약을 처음 개발한 제약회사는 빨리 투자한 돈을 회수하기 위해 엄청난 홍보비와 판촉비를 지출한다. 그런 행위가 반복

될수록 이익을 최대화하는 데 골몰한다.

FDA 승인을 받고 특허를 얻는 데 소요되는 기간만 줄여도 제약회사가 얻는 이익에는 큰 차이가 날 게 뻔하다. 제약회사는 FDA 위원들에게 접촉하기 시작한다. 그러면 제약회사의 신제품에 감시의 눈을 번득이던 FDA의 태도가 점차 부드러워진다. 보통 사람들에게 도움을 주리라 믿었던 공공기관이 제약회사의 영향력 아래 들어갔다면, 이제 환자들은 제약회사만 믿어야 하는가? 그래서 제약회사의 목표가 무엇인지가 중요하다고 말했던 것이다.

제약회사가 건강의 상징이 아니라 부의 상징이라면 어떻겠는가? 대체 제약회사는 새로 개발한 약 한 알로 얼마나 벌어들일까? 2004년 미국 상위 10개 제약회사의 수입은 당시 환율로 환산해도 모두 200조 원이 넘었다.

영화에만 블록버스터가 있는 게 아니다. 블록버스터 의약품이라는 게 있는데, 연간 1조 원 이상의 매출액을 기록하는 약을 일컫는다. 운만 좋으면 약 한 알이 회사를 한순간에 두세 배로 키우는 마술을 구경할 수 있다.

세계 제약업계의 한 해 매출액이 5,000억 달러, 그러니까 대략 500 내지 600조 원 정도라고 하자. 그 중에서 이윤이 17퍼센트, 연구 개발비가 14퍼센트인데, 마케팅과 관리 비용으로는 무려 31퍼센트를 지출한다. 그래서 효율적인 마케팅을 위해 제약회사 사이에 거대 규모의 합병이 이루어진다.

1994년 글락소와 웰컴이 합쳐 글락소웰컴이 되었다가 다시 2000년

엔 스미스클라인을 끌어들여 글락소스미스클라인이 됐다. 그 괴물 같은 제약회사에는 11만 명이 근무했고, 자본금은 1,100만 파운드였다. 사원 1인당 자본금이 20억 원 이상인 셈이었다. 그런 회사는 보통 1년에 40조 원 이상의 약을 팔아 치운다.

제약회사는 몇몇 중요한 부문에 가장 큰 영향을 미친다. 건강과 불행의 기준을 정하는 데도 전문가보다 더 큰 영향력을 행사한다. 미국의 제약회사 머커가 1994년 개발한 비옥스는 새로운 진통제로 각광받기 시작했다.

그들은 종전의 아스피린이나 이부프로펜보다 부작용이 적다는 광고를 하기 위해 2000년 한 해 동안 1억 6,000만 달러를 쏟아 부었다. 그해 펩시콜라 광고비보다 훨씬 많은 액수였다. 광고의 마력 덕분인지 비옥스는 해마다 25억 달러 이상의 매출액을 기록한 초대형 블록버스터가 되었다.

그러는 사이 비옥스에 대한 의문이 제기되었다. 2001년 오하이오 클리블랜드 클리닉의 수석 심장전문의였던 에릭 토폴이 비옥스가 심장마비와 뇌졸중을 일으킬 위험이 있다는 논문을 발표한 것이 시작이었다. 경고는 되풀이되었고, 결국 머커는 기권하고 말았다. 2004년 9월 FDA 결정으로 비옥스의 판매를 중지할 수밖에 없었던 것이다. 1950년대에 임산부 입덧에 효과가 있다고 널리 팔렸던 탈리도마이드가 기형아의 원인이라고 밝혀져 퇴출되었던 악몽이 되살아났다.

놀라운 일은, 그로부터 얼마 뒤에 일어났다. 슬그머니 비옥스가 다시 시장에 등장한 것이다. FDA 자문위원회 위원 서른두 명이 투표한 결과 17대 15로 비옥스의 복귀가 결정됐다. 찬성 17표 중에서 아홉 명이 이런저런 명목으로 제약회사로부터 돈을 받은 사실이 있었다.

비옥스와 같은 종류의 약품들은 모두 비슷한 결함을 가졌고, 꼭 필요로 하는 환자들에겐 결점을 뛰어넘는 효과를 기대할 수 있으며, 달리 대안도 없다는 게 통과 이유였다.

제약회사들은 몇 가지 고상한 책략을 원칙처럼 지니고 있다. 효능을 실험할 때엔 다른 약과 비교하지 않는다. 자칫 돌이킬 수 없는 나쁜 결과가 나올 수 있기 때문이다. 처음 결과가 좋지 않으면 몇 개월이고 끈질기게 기다렸다가 좋은 성과가 나오면 그것만 발표한다.

실험은 가능한 여러 국가에서 한 뒤 결과를 모두 따로 발표한다. 수많은 나라에서 약효가 증명된 것처럼 보이게 하기 위해서다. 그리고 좋은 평을 실어 주면 수억 원을 들여서라도 그 매체를 사 줄 것처럼 넌지시 알린다.

이제 제약회사와 같은 강력한 힘은 약이 무엇인가를 결정할 뿐만 아니라 아예 질병이 무엇인가까지 결정한다. 과연 어떤 상태를 질병이라고 규정할 것인가? 어느 지점에서 병에 걸린 것으로 인정할 것인가? 모든 판단은 알고 보면 비상식적이다.

어느 순간에 비만이 질병처럼 되었는가 생각해 보라. 이렇게 많은 사람들이 지방질에 둘러싸여 있는데, 그것이 왜 질병처럼 취급될까? 잘 먹는 대신 조금 불편할 뿐인데 말이다.

게다가 허리둘레가 크고 체중이 무거운 사람이 빨리 사망한다는 믿을 만한 통계도 없지 않은가? 솔직히 인체의 특정 부위에 지방이 어떻게 축적되는지 명확히 알지도 못하면서 제약회사는 다이어트 약품을 만들어 판매한다. 그러는 사이, 비만은 큰 사회문제로 대두되어 질병화된다. 그 기획의 출발점에는 비만을 비정상적 질병으로 간주하려는 방향 설정이 전제되어 있다.

비만뿐만 아니라 고혈압도 지금은 거의 유행병 수준이다. 1988년 이전에는 인식조차 되지 않았던 질병이다. 이런 재미있는 일도 있다. 일반적으로 고혈압의 기준은 140에 90이었다. 그런데 어느 날 적당한 근거를 붙여 120에 80으로 하향 조정했다. 하룻밤 사이에 엄청난 수의 고혈압 환자가 생길 수밖에 없었다.

혈압 약을 만들어 파는 특정 기업의 이해관계와 무관하다고 생각하는가? 자신의 콜레스테롤 수치를 얼마 이하로 낮출 것이냐 하는 게 폭이 넓은 넥타이를 매거나 롱부츠를 착용하는 유행과 특별히 다를 게 없어 보인다.

누가 그것을 결정하는지 다시 생각해 보라. 신약이란 인간에게 꼭 필요한 것은 아니다. 그것 없이도 잘 살 수 있다. 하지만 제약회사는 신약이 반드시 필요하다. 신약이 없으면 제약회사는 죽기 때문이다. 그래서 우리는 자신의 건강을 위해서가 아니라 가엾은 제약회사가 망하지 않게 하기 위해서 약을 삼켜야 한다.

이 정도 되면 어떤 순간에 약을 먹을 것인지 말 것인지, 어떤 약을 선택할 것인지, 약을 어느 정도 먹을 것인지를 결정할 때 무엇을 기준으로 해야 할지 몹시 혼란스럽다.

전문가의 도움도 참고자료 정도로 삼아야 옳을 것이다. 실제로 의사나 약사의 처방 실수로 일어나는 사고도 꽤 많은 걸 감안하면 더욱 그렇다. 음식을 먹을 때 독성보다는 영양분이 더 많을 것이라 믿는 것과 뭐가 다르겠는가. 세월을 보내며 삶을 살아간다는 것도 생명을 유지해 나가는 한편 점점 죽어가는 것이지 않은가.

날씨 탓인지 갑자기 콧속이 간질거리며 감기 기운이 느껴졌다. 어디 꿀물이나 한 잔 타 먹을까. 사실 꿀이 흰 설탕보다 더 낫다는 객관적 근거도 없다. 그때 우리 집 꼬마가 한마디 거들었다.

"아빠, 그냥 커피나 마셔. 아플 땐 자기가 좋아하는 걸 마시는 게 최고야."

그 한마디에 깨달은 바가 있어 커피 물을 끓이기 위해 손잡이가 긴 냄비를 찾는데, 기어이 폭발하고 말았다.

"엣, 에에, 엣, 에취!"

12

가진 자,
못 가진 자
―경제의 상식

:: 경제학자와 보통 사람들의 경제에 대한 생각은 전혀 다르다. 경제학자는 이웃의 살림살이에 관심이 없어 보이고, 옆집 사람은 경제학자가 무얼 하는지 알지 못한다. 보통 사람들의 경제 상식은 하나뿐이다. 가진 자는 절제하고, 못 가진 자는 자존하라.

가난에 허덕이던 카를 마르크스가 그 유명한 《자본론》을 쓰고 있을 때였다. 독일에서 출발하여 파리를 거쳐 브뤼셀에 4년 정도 머문 다음 런던에서 자리를 잡고 있던 시절을 말한다.

　엥겔스가 보내 주는 돈으로 생활했지만 항상 어려웠다. 아내와 아이들은 추위에 떨며 한동안 감자만 먹었다. 오전 열 시쯤 일어나 대영도서관으로 가서 저녁 일곱 시까지 연구하는 일이 마르크스의 직업이었다. 원고를 쓰느라 골몰해 있는 아들의 모습을 지켜보는 어머니의 심경은 딱하기 그지없었다.

　"애야, 자본을 쓰지만 말고 좀 모으렴."

　물론 마르크스의 어머니는 런던에 함께 살지 않았다. 대사상가이자 누구도 함부로 평가절하할 수 없는 경제학자였던 마르크스의 이론을 그의 실제 생활과 비교하여 만든 유머일 것이다. 하지만 단순한 우스갯소리는 아니다.

마르크스는 변호사였던 아버지가 사망한 이후부터 평생 쪼들린 생활 속에서 악전고투했다. 아버지가 없으니 법률 공부를 계속할 필요가 없어진 걸 다행으로 여기고, 베를린대학의 남은 3년 동안 강의실에는 거의 나타나지 않았다.

그는 그때부터 빚에 시달리기 시작했으나, 이론이 가장 강력한 실천이라고 믿고 생활은 내팽개치다시피 했다. 실제로 그는 이런 말을 한 적이 있다.

"《자본론》을 완성해 봤자 그걸 쓰느라고 피운 시가 값도 안 나오겠지."

누구에게나 돈은 필요하다. 모든 인간에게 생활비야말로 첫 번째 생활필수품이다. 누구든지 일정한 수입을 위해 삶의 상당한 부분을 소모한다. 일을 기피하거나 실직한 사람이라면 누군가에게 돈을 빌리거나 도움을 구할 수밖에 없다. 막대한 유산으로 그저 먹고 살 수 있는 행운아도 가끔 남아 있는 재산을 헤아려는 보아야 한다.

끔찍하게도 어느새 돈은 종이로 만든 공기가 되고 말았다. 모든 인간은 숨 쉬며 살아가기 위해 돈을 번다. 그것이 경제 활동이다. 놀랍게도 거의 모든 인간이 어느 순간에는 돈을 벌기 위한 노력을 시도하는데, 그럼에도 불구하고 왜 모든 사람에게 생활에 필요한 최소한의 돈이 돌아가지 않는 것일까?

인간은 태어나서 죽음에 이르는 순간까지 저절로 먹고 살 수 있어야 존재론적으로 상식에 맞는다. 그런데 가만히 있어서는 살 수가 없게 되어 있다. 누구라도 자신의 능력 범위 안에서 일하면 굶주림으로 고통 받지 않고 목숨을 유지할 수 있을 정도는 돼야 이 만만하지 않은 세계의 경제 상식에 맞는 것 같다.

엄청난 수의 사람들은 기아로 죽어 가고, 더 많은 사람들은 생활고에 허덕이고 있다. 실제로는 비상식적인 일이 일어나고 있는 것이다. 일자리를 가진 사람들 때문에 일자리를 갖지 못한 사람들이 있다면, 노동으로 돈을 번 사람이 양보하는 최소의 몫으로 실직자들도 살아갈 수 있어야 옳은 이치가 아닐까? 적어도 그것이 참을 수 있는 한도의 마지막 상식선처럼 느껴진다. 하지만 모든 것은 생각대로 되지 않는다. 참으로 신기하게도. 인간다운 생활은커녕 목숨이라도 제대로 부지할 수 있어야 하는데, 그것이 어렵다. 주변을 슬쩍 둘러보면 다른 동물의 세계도 사정은 엇비슷한 것 같다.

생명체의 고귀한 숙명일까? 눈을 다른 데 돌릴 여유가 없다. 우리 인간의 문제에만 집중해 보자. 먹을 것을 비롯해 삶에 필요한 것을 생산한다. 그것을 적절히 분배하여 모든 인간이 최소한의 생활을 할 수 있게 한다. 여분의 것들은 능력이나 운 좋은 사람들이 차지하여 더 풍족한 생활의 특권을 누리게 한다. 대략 이런 것이 자본주의가 그려 놓고 있는 경제의 영역 아니겠는가?

그럼에도 불구하고 눈앞의 현상은 이해가 불가능할 정도다. 전 세계에서 매년 수확하는 곡물의 양은 지구의 모든 인간을 먹여 살리고도 남는다. 그런데 한쪽에서는 남아서 버리고, 다른 쪽에서는 굶어 죽는다. 이것은 단순히 분배의 문제일까?

거창하게 전 세계의 분배 체계를 살피고 거론하지 않아도 좋다. 되풀이하지만, 거의 모든 인간은 자신의 경제 문제를 해결하기 위해 쉬지 않고 애쓴다. 그 과정에서 소시민의 작은 삶은 너무 많은 다른 사람 어깨에 부딪혀 갈팡질팡한다. 최소한의 생활 교범 같은 것이라도 어디 없을까?

2008년 해가 뜨고 얼마 지나지 않았을 무렵이었다. 정권이 교체되고 새 대통령으로 선출된 사람이 취임을 앞두고 있을 때였다. 그 선거전에서는 어떻게 국민 개개인의 경제를 살릴 수 있느냐가 최대의 쟁점이었다. 택시를 탔는데, 운전기사가 조용했다. 나는 결코 먼저 말을 걸지 않으므로 침묵은 계속됐다. 이윽고 목적지에 도착하여 지갑을 꺼내는데, 기사 아저씨가 도저히 참을 수 없다는 듯이 한마디 내뱉었다.

"이명박 씨가 당선됐는데 왜 손님이 없지요?"

문제가 있으면 해결책을 연구하는 사람이 있게 마련이다. 먹고 사는 문제는 경제 문제다. 경제 문제를 해결하고자 하는 전문지식을 경제학이라 하고, 묘안을 찾아 헤매는 사람들을 경제학자라 부른다. 적어도 보통 사람들은 그렇게 생각한다.

물론 문제를 해결하기 위한 대책 마련을 위해선 현상을 분석하고 잘 이해해야 한다. 그렇기 때문에 경제학자는 책상 앞에도 오래 앉아 있어야 하지만, 틈틈이 창문 너머로 시장 돌아가는 광경도 관찰해야 할 것이다.

그래서 그런지 경제학자들은 바쁘기도 하지만 그 수가 많기도 하다. 어느 시기에 일어난 현상을 이해하고 설명하는 방식도 저마다 다르다. 현실로 닥친 사태에 대한 원인과 결과를 동일하게 파악하는 경제학자들이 서로 운 좋게 만났다 하더라도, 내놓는 처방은 또 다르다. 그냥 다른 정도가 아니라 정반대의 극단적 대조를 이루는 경우도 흔하다.

우여곡절 끝에 대책이 마련됐다고 하자. 다음에는 그 해결의 아이디어를 실행에 옮겨야 하는데, 그것은 정치가의 책임이다. 경제정책이 그것인데, 정책은 이론을 바탕으로 하지 않을 수 없다.

경제 관료들의 이력도 경제학자 못지않다. 대부분 경제학자 출신이거나, 나름대로 대표적인 이론가의 한 사람으로 꼽히는 인물들이다. 경제학자들이 탄탄한 대안만 제시한다면 굳이 경제 관료까지 이론가일 필요는 없을 것이다.

하지만 새 정책이 필요할 때마다 경제학자들을 상대로 공모할 수도 없는 노릇이다. 또 여러 이론적 해결책 중에 하나를 선택하려면 경제 관료도 경제 이론에 해박한 편이 더 나을 테니 아예 학자들이 관료가 되기도 한다.

경제 문제를 해결하려는 제도적 노력을 어떻게 이해하든, 가장 근본적인 책임은 이론가가 아니라 이론에 있다고 볼 수밖에 없다. 문제가 있으면 유효한 해결책이 있어야 한다. 만약 해결책이 없다면 상황을 그대로 감당하는 수밖에 없다.

이미 경제학자의 수는 충분하므로, 저마다 처방전을 쓴다면 그 중 하나는 정답이어야 한다. 관료는 대안의 메뉴판에서 하나를 선택하는 결단을 내린 다음 빨리 시행한다. 그런데 그것이 맞는 해결책이 아니라는 사실이 드러나면, 얼른 다른 대안으로 정책을 변경한다. 그렇게 반복하다 보면 하나는 맞아떨어질 것이다. 드디어 갈등과 혼란은 해소되고, 관료는 으쓱댄다.

이렇게만 된다면 각 전문 분야 중에서 적어도 경제 문제만큼은 걱정이 없을 것이다. 하지만 논리적인 것 같으면서도 어딘가 황당한 구석이 있는 앞의 주장에서 무엇이 잘못되었기에 항상 사태는 꼬이기만 할까?

세상은 너무 넓고, 인구는 지나치게 많으며, 욕망은 예측을 불허한다. 따라서 선택한 하나의 정책이 아니다 싶어 바꾸려고 하면, 그 사이에 다른 문제들이 뒤섞여 나타난다. 여건은 순식간에 바뀐다. 아예 메뉴판 자체를 다시 만들어야 하는 돌발 사태가 빈번하다. 그러다 보면 문제지와 답안지는 항상 따로 놀게 마련이다.

우리가 경제학자에게 기대하는 것, 혹은 기대할 수 있는 것은 무엇일까? 경제학자들이 내일 닥칠 현상과 문제를 미리 예측하고, 정확한 대책을 제시해 주기를 바라는 것일까? 그것이 가능하다면 문제의 공격과 대안의 방어 사이에서 벌어지는 시차의 곤혹스러움은 피할 수 있을 것이다.

결국 우리는 경제학자들이 예언가나 일기 예보관처럼 미래를 잘 맞혀 주기를 바라는 셈이다. 그런데 가만히 보면 경제학자들은 스스로 나서서 내일의 점괘를 뽑아 본 뒤, 그들의 전문적 언어 형식에 담아 경제 예보를 하고 있다. 그 점에 있어서는 정치학자나 사회학자도 마찬가지긴 하지만.

경제학이라는 학문이 탄생한 지는 그리 오래되지 않았다. 철학이나 법학, 또는 의학 같은 다른 학문에 비해 그렇다는 것이다. 경제학이 생기기 전에는 경제학이 필요 없었기 때문이고, 경제학이 필요 없었던 이유는 경제 현상이란 게 없었기 때문이다.

앞에서 먹고 사는 문제가 경제라고 한 바 있는데, 그렇다면 뭔가 들어맞지가 않는다. 인류의 첫날부터 경제학은 존재했어야 하지 않는가? 해명하자면, 경제적 현상이야 인류의 의식주 생활이 시작됐을 때부터 있었겠지만 학문적 분석의 대상이 될 만한 정도가 아니었다는 말이다. 원시시대의 물질적 생활은 생존을 위한 관습에 따른 것이었고, 고대사회 인민의 삶은 지배자의 명령에 복종하는 것이었다.

수렵과 채취 활동을 위한 규칙이나 종족 내부의 금기 사항은 경제와 무관한 것이었다. 명령에 따라 쌓아 올린 피라미드에 가격이 있을 리 없으며, 그 시절에는 생활비를 번다는 개념조차 없었다. 생산과 분배의 체계가 형성되면서 비로소 그것을 이해하는 방식이 필요하게 되었고, 그리하여 등장한 것이 경제학이다.

다들 최초의 경제학자가 영국의 애덤 스미스라고 하니, 경제학은 겨우 18세기 중반에 시작된 셈이다. 글래스고대학에서 도덕철학을 가르치던 스미스는《국부론》이란 백과사전 같은 책을 쓴 뒤 경제학의 시조 자리를 차지했다.

스미스는 경제 현상에서 중요한 사실 한두 가지를 발견해 냈다. 가치의 원천은 자연이 아니라 인간의 노동이란 것도 그의 통찰력이 찾아

낸 결과다. 그리고 무엇보다 시장의 법칙이란 걸 밝혀 확립했다. 개개인이 분주히 자기 이익을 위해 움직이는데, 사회는 산산이 조각나는 게 아니라 전체의 이익이 잘 조화되는 방향으로 나아간다는 내용이다. 그 이유는 바로 보이지 않는 손의 역할 때문이다.

보이지 않는 손에 의한 시장 법칙은 스미스의 예언이나 다름없다. 시장은 그냥 내버려 두면 저절로 굴러가게 돼 있다는 우아한 낙관론이다. 당시에는 이기적 개인과 유기적 사회의 결합 모습을 잘 설명하는 기발한 발견이자 발명이었지만, 그 예언이 항상 유지할 수 있는 원칙이나 진리가 되지는 못했다. 요즘 사람들은 보이지 않는 손을 간절히 바라고는 있을지언정 결코 믿지는 않는다.

스미스는 인구도 수요 공급의 법칙에 따라 자동으로 조절될 걸로 예상했다. 임금이 오르면 일하려는 사람이 많아질 것이므로 인구도 늘어난다고 보았다. 노동력이 많아지면 임금이 낮아지고, 그에 따라 점점 인구도 줄어드는 식으로 순환하며 조절이 된다는 낙관론이었다.

반면 대니얼 맬서스는 꽤 우울한 견해를 밝혔다. 그의 대표적 저서를 보통 《인구론》이라고 하는데, 원래 제목이 너무 길어서 그렇게 줄여 부르는 것이다. '미래의 사회 개선에 영향을 미치는 인구 원리에 관한 소고'란 제목을 기억하고 말하기에는 너무 불편했다.

그런데 그 내용은 음미할수록 사람을 더 불편하게 만들었다. 자연스럽게 내버려 두면 인구가 급증하여 모든 생산 수단의 증가를 앞지르게 된다는 예견이었던 것이다. 식량이 산술적으로 늘어난다면 인구도 기하급수적으로 늘어 지구의 인간들은 생존의 벼랑 끝에 서게 될 것이라는 경고였다.

1968년 서유럽의 지도자급 정재계 인사들과 학자들이 모여 결성한 로마클럽에서도 인구 증가로 인한 위기 상황을 경고하는 보고서를 여러 차례 냈다. 1972년 발표에서는 30년 이내에 석유가 고갈되고, 100년이 지나면 지구는 성장을 멈춘다고 했다.

맬서스나 로마클럽이나 미래를 정확히 예측하지는 못했다. 그들의 예언이 지난 시절에 이미 맞았거나 앞으로 적중한다 하더라도 큰일이지만 말이다. 어쨌든 인간과 사회를 향한 경고로서는 가치가 있었다.

영국의 경제학자 데이비드 리카도는 맬서스와 비슷한 비관론적 경제학자였다. 노동자는 결국 인구 증가로 굶어 죽기 직전 수준의 임금을 받게 되고, 자본가는 늘어나는 임금 지출 때문에 이윤이 점점 줄어드는 걸 참아야 하지만, 지주는 호사를 누린다고 단정했다.

하지만 어느 것도 완벽한 이론이나 정확한 예측은 아니었다. 생산은 땅에서만 이루어지는 게 아니라는 사실도 일찍 깨닫기 힘들었겠지만, 무엇보다 노동자란 존재에 대한 선견적 이해가 전혀 없었다. 그들은 노동자를 자본가나 지주의 결정에 따라 움직이는 수동적 존재로만 파악했던 것이다.

봉건제도가 무너지고 사유재산제도가 점점 확립되자, 경제 현실이 먹고 사는 문제와 빈부의 격차로 드러나기 시작했다. 그러면서 경제 이론이 구체적 생활을 해결하리라는 기대를 버린 행동가들이 나타났는데, 그들의 그림은 거의 몽상가적 작품이었다. 로버트 오언을 비롯한 공상적 사회주의자들은 생활공동체 건설을 시도했지만 너무 쉽게 무너졌다.

그렇다면 마르크스는 어떤가? 1848년 공산당 선언이 발표되었고, 마르크스는 《자본론》을 쓰기 시작했다. 책은 한참 후에야 완성되었다. 마르크스 이후에 순수한 자본주의도 사라졌지만, 이상적 사회주의와 공산주의가 성공할 가능성도 찾아볼 수 없었다.

빅토리아 시대에 영국의 명석한 경제학자들은 난해한 수학을 도구로 경제를 분석했다. 보통 사람들은 이제 경제 현상은커녕 경제학자들의 이야기조차 제대로 읽고 이해할 수 없게 되었다. 필경 물리학자들 흉내를 내고 있었음에 틀림없는데, 그렇게 한다고 세상이 달라지는 것 같지는 않았다. 오히려 훗날 영국의 경제학자 앨프리드 마셜은 이렇게 일침을 놓았다.

"당신의 연구 결과를 일상적 용어로 바꿔라. 그러고 나서 수학을 태워 버려라."

물론 그 이전에 물리학계에서 베르너 하이젠베르크도 비슷한 말을 한 적이 있었다.

"물리학자가 평이한 언어로 서술할 수 있느냐 없느냐 하는 것은, 그가 도달한 이해의 정도를 판단하는 기준이 된다."

경제학계의 엘리트 존 메이너드 케인스를 보자. 케인스는 경기가 오르락내리락하는 것에 대해 저축과 투자 사이의 시소게임으로 비유하여 서술했다. 그것은 마치 경기 순환에 자동 안전장치가 되어 있는 것처럼 보이게 만들었다. 하지만 대공황의 장기 침체는 자동 안전장치가 듣지 않는 참혹한 결과였다.

경제학의 역사를 대략 훑어보면, 그들의 세계 안에서는 빛나고 화려한 결정체들이 존재했는지 모르지만 오늘을 살아가는 시민들에게는 별로 와 닿는 게 없다. 평범한 인간에게 경제란 오직 두 가지의 의미로만 존재한다. 직장생활과 가정생활이다.

어려운 시절이든 아니든, 대개 실직당하지 않은 상황의 결과가 자신의 경제 활동을 의미한다. 거기서 조금 과감히 벗어난다면 자영업자의 경우 새로운 창업이고, 직장인의 경우 어느 정도 불이익을 무릅쓰고 투쟁하는 정치적 경제 활동으로서 노조운동이다.

가정생활은 직장생활에 의존한다. 굶지 않을 것, 가능한 빚을 지지 않고 조금이라도 모을 것, 아이들 교육을 제대로 시킬 것, 집을 마련할 것, 여유가 생기면 여행을 다닐 것. 이런 식으로 조금씩, 아주 조금씩, 그러나 거의 무한 지경으로 욕심은 뻗어 나간다.

직장생활과 가정생활이 거의 전부이긴 하지만, 그 바깥쪽에 다른 것이 존재한다는 사실쯤은 안다. 그것을 편의상 경제 환경이라고 불러도 상관없다. 나약하고 소심한 시민은 경제 환경에는 별로 관심이 없지만, 그것이 자신의 가정생활과 직장생활에 큰 영향을 미치기 때문에 신경 쓰지 않을 수 없다.

웬만하면 경제학자나 경제 관료들이 경제 환경을 잘 다스려 자신의 가정과 직장 생활이 유리하게 전개되도록 해주기를 간절히 바랄 뿐이다. 그것이 일반인의 상식이고, 그 상식을 전문가가 실현시켜 주리라 믿는다.

상식적인 문제를 해결해 주기 위한 전문가의 능력이란 무엇인가?

적절한 대책 마련을 위한 정확한 예측이 그 능력이라고 믿는 것은 또 다른 상식인가? 하지만 경제사의 흐름 어디를 잘라 보더라도, 구원자 같은 경제학자는 존재하지 않았다. 예측은 거의 틀리게 마련이었다.

1929년 시작된 대공황 직전의 미국 사회에선 빚더미 위의 호사스런 소비 생활이 한창 펼쳐지고 있었다. 예일대학의 어빙 피셔는 자신의 눈앞에 보이는 번영에 현혹되어 미국은 언제까지나 호경기의 높은 고원을 따라 행진할 것이라고 진단했다.

그런데 끝내 헛다리를 짚고 말았다. 꼭 일주일 뒤에 월 스트리트의 주가가 폭락하여 대재앙이 시작됐던 것이다. 제법 냉철한 경제학자로 꼽히던 괴짜 소스타인 베블런조차 말년에 주식투자를 했다가 돈을 다 날렸다. 그래서 미국의 헨리 조지는 빈곤의 수수께끼를 제대로 풀지 못하는 경제학을 비난했다.

물론 예측이 맞는 경우도 있었다. 경제학자들이 그렇게 많았고 지금도 많은데, 어떻게 모두 정답을 피해 갈 수 있었겠는가? 케인스는 1차 세계대전 직후 체결된 베르사유조약을 비롯한 평화조약이 조인과 동시에 이행 불능의 상태에 빠질 것이라고 장담했는데, 맞았다.

하지만 그건 국제정치 문제가 아닌가? 1985년 미국 MIT에 재직 중일 때 노벨 경제학상을 받은 프랑코 모딜리아니는 1999년 6월의 인터뷰에서 과대평가된 미국 주식시장의 거품이 빠지면서 언젠가 붕괴될 것이라고 말했다. 바로 몇 개월 후인 2000년에 들어서서 그 예언은 현실로 나타나 적중한 사례의 하나로 꼽힌다.

거의 모든 경제학자들은 미래를 예측할 때 항상 '언젠가는' 이란 조건을 단다. 언젠가는 만족스러울 것이고, 언젠가는 균형을 이룰 것이며, 언젠가는 실업이 해소될 것이라는 식이다. 언젠가는, 맞을 수도 있다. 그리고 그 언젠가를 기다리다 적중하지 않은 채 시간이 지나면, 모두 잊히고 말 것이다.

경제학자들이 만들어 낸 온갖 경제 법칙들이란 것만 해도 그렇다. 애당초 실험을 할 수도 없거니와 제대로 맞아들어 기는 게 하나도 없다. 실물경기 변동이론의 개척자인 데이비드 카스는 스스로 "실물경기 변동이론은 거의 종교와 같다"고 했다. 그래서 할 배리언은 경제학을 국가 지도자나 기업 간부들의 결정을 돕기 위한 학문일 뿐이라고 말했다.

경제학자란 하루 전에 자신이 말한 것이 왜 틀렸는지 다음 날 훌륭하게 설명할 수 있는 사람이라고 한 위인은 경제학자 자크 아탈리였다. 경제학은 과연 무용지물이고, 경제학자는 우리 생활에 별반 도움을 주지 못하는 전문가인가? 케인스가 말한 훌륭한 경제학자란 바로 이런 사람이다.

"경제학자는 드물고도 다양한 자질을 함께 갖추어야 한다. 어느 정도 수준의 수학자이자 역사학자이면서, 정치가이고 또한 철학자여야 한다. 추상적 기호나 수식을 이해하여 언어로 표현할 수 있어야 하고, 보편적 관점에서 특수한 것을 들여다볼 줄 알아야 하며, 구체적인 것과 추상적인 것을 동시에 생각할 수 있어야 하고, 과거에 비추어 미래를 전망하면서 현재를 연구해야 한다. 인간의 본성은 물론 사회제도를 철저히 알아야 하며, 적극적 관심 갖기와 적정한 거리 두기를 동시에 행해야 한다. 예술가처럼 초연함을 가지고 냉정해야 하고, 동시에 정치가만큼 현실적이어야 한다!"

그렇다면 이제 이해가 된다. 우리 삶의 문제를 해결해 주는 경제학자가 왜 나타나지 않는지. 그런 전지전능하고 이상적인 경제학자는 존재하지 않기 때문이다.

경제학자는 예측을 잘하기 위해 연구하는 사람이 아니다. 어느 정도 시간이 지나면 특정 지역의 땅값이 수십 배 치솟는다는 걸 미리 알았다고 하자. 모든 사람들이 달려들어 그 땅을 사려고 한다면 예측한 내용의 실현이 몇 년 앞당겨지겠지만, 그 족집게 같은 예측이 무슨 의미가 있겠는가?

주가의 등락도 마찬가지다. 누가 경제 현상이나 경기를 정확히 예측한다면, 그 능력은 모두의 생활을 윤택하게 하는 게 아니라 투기를 조장하기만 할 것이다. 그러면 경제학은 우리에게 무슨 소용이 있을까? 다시 경제학자들의 말을 들어 보는 수밖에 없는데, 로버트 하일브로너의 대답이 적당한 것 같다.

"예측 가능한 미래에 우리들의 집단적 운명을 결정하게 될 자본주의 무대를 우리가 더 잘 이해하도록 돕는 일이 바로 경제학의 목적이다."

이제 경제학이나 경제학자들에게서 앞날의 예측은 기대하지 말자. 모든 것은 불확실하고, 분명한 것이라곤 역시 보이지 않는 손밖에 없으므로. 어떤 형태든 자본주의의 굴레는 벗어날 수 없는 모양이다. 그 폐해도 너무나 뻔해 보인다. 자본주의가 존재하는 한 마르크스의 비판은 항상 유효하다고 봐야 한다. 비록 대안까지는 되지 못하더라도.

그렇지만 세상의 경제 사정이 아무리 험하게 변해도 마르크스를 보는 극과 극의 두 시각은 바뀌지 않는다. 케인스는 일찌감치 마르크스 경제학을 낡아빠진 이론으로 치부했다. 바실리 레온티에프는 마르크스의 이론은 언제나 수학적 측면에서 혼동했고, 노동가치설도 의미가 없다고 일축했다. 힝가리 출신으로 노벨 경제학상을 수상한 지노스 코르네이 역시 이렇게 단언했다.

"저는 여전히 지적 천재로서 마르크스를 존경합니다. 하지만 많은 근본적인 문제들에서 그는 절대로 틀렸습니다."

그럼에도 불구하고 자본주의의 문제를 해결할 대안의 희망은 결국 마르크스에서 찾을 수밖에 없다고 확신하는 경제학자들의 계보는 끊이질 않는다.

돈을 제대로 벌지 못한 면에서는 《자본론》을 쓰기만 했던 마르크스나 경제 대통령을 탓한 택시기사나 마찬가지다. 그런데 경제학자와 보통의 생활인이 경제를 생각하는 양상은 전혀 다르다. 경제학자는 옆집 사람의 살림살이에 큰 관심이 없어 보이고, 옆집 사람은 경제학자가 무얼 하는지 이해하지 못한다. 이럴 때 보통 사람들에게 호소할 수 있는 경제 상식은 한 가지밖에 떠오르지 않는다.

가진 자는 절제하고, 못 가진 자는 자존하라.

13

대답 없는
질문

-뮤즈의 상식

:: 상식에는 원래 두 가지 의미가 담겨 있었다. 하나는 사람들이 공통으로 지니는 정상적인 판단력이라는 의미이고, 다른 하나는 한 인간이 지닌 모든 감각을 통합하여 얻을 수 있는 종합적이고 전체적인 감득력, 즉 공통감각이다.

1970년대식 정서를 표방하는 주말 카페에 단골손님들이 몇몇 흩어져 앉아 있었다. 탁자 위에는 맥주잔이, 어두운 실내에는 음악이 흐르고 있었다. 노래는 팝송을 번안한 트윈폴리오의 〈키스로 봉한 편지〉였다. 한국어와 영어 가사가 번갈아 가면서 빚어내는 화음은 철지난 바닷가 오후 모래 위에 떨어지는 햇살 같은 느낌을 주었다. 두 사람이 얘기를 주고받고 있었다.

"저 시절 노래에는 공통점이 있어. 대체로 감미롭고 서정적이야. 그런데 난 감미롭고 서정적이면서도 뭔가 우울하고 어두운 분위기의 노래가 좋아. 어떤날이나 시인과 촌장, 아니면 요즘의 토이나 루시드 폴의 노래처럼 말이야. 그에 비하면 트윈폴리오는 밝고 안정적이어서 내

취향이 아니야."

"밝고 안정적이라고? 내가 듣기에는 송창식의 노래야말로 전부 짙은 페이소스를 담고 있어. 창작곡이든 번안곡이든 가사를 한번 음미해 봐, 다들 얼마나 슬픈지."

한 곡의 노래를 듣고 느끼는 감상은 사람마다 다를 수 있다. 물론 같은 경우도 많지만. 중학교 다니는 조카에게 물어 보면 대답은 두 말할 것도 없다. 엄지손가락을 세워 내밀며 빅뱅과 동방신기를 외쳐 댈 테니까. 노래도 잘하고 춤도 잘 추며, 멋있다고 그 이유를 설명할 것이다.

음악에 대한 의견이 제각각인 게 전혀 이상하게 여겨지지 않는다. 음악은 원래 그런 것이기 때문일까? 대중가요야 워낙 다양하고, 시간에 따라 급변하며 듣는 사람의 표층적 감각 정도를 자극하는 경박한 음악으로 명확한 예술적 기준이 없기 때문일까?

여기서 논할 쟁점은 아니지만, 요즘 그렇게 단언하는 사람은 거의 없을 것이다. 송창식이 곡을 만들고 직접 부른 〈그대 있음에〉와 김순애가 작곡하여 가곡이란 이름으로 음악 교과서에 실려 있는 〈그대 있음에〉를 두고 클래식 전공자들이 인기투표를 한다면, 그 결과는 예측을 불허할 것이다.

클래식은 뭐가 다를까? 음악을 아카데미 안으로 끌어들여 학문의 대상으로 삼을 때는 서양의 고전음악을 기본으로 하고 있다. 거기엔 뭔가 객관적 기준 같은 게 있을 테고, 그 척도에 따라 좋고 나쁨이나 세련됨과 조악함의 구별이 가능하리라고 생각하는 게 보통 사람의 상식이다. 요즘이야 실용음악과라는 학과가 생겨 대중음악도 대학에서 다루고, 서양의 고전음악 연주법을 학문의 대상으로 삼고 있지 않지만 말이다.

어쨌든 작곡법이나 화성악, 또는 음악의 역사에서 서양 고전음악을 중심에 두고 보편적 법칙을 찾아 의미를 부여하고 학습 목적으로 삼는 다면, 분명 클래식의 세계엔 객관적인 무언가가 있어야 한다고 믿는 다. 그래서 음악에 대한 감각은 미처 얻지 못했더리도 경제적 여유가 있는 사람들이 비싼 스피커를 장만하고, 예술의 전당 앞에 줄을 서는 것이다.

순서를 매기는 일에 흥미를 가진 호사가들이 항상 첫손가락에 꼽는 교향악단은 베를린 필이다. 한때 악단의 존속을 위해 음악감독 푸르트 벵글러가 나치의 재정 지원을 받아들이고 유대인 단원 네 명을 쫓아낸 일은, 130년 가까운 역사에서 크게 드러나지도 않는다.

베를린 필이 서울에서 공연할 경우 가장 비싼 좌석권이 한 장에 50만 원에 가깝다. 2008년 가을에도 예술의 전당에서 이틀 동안 브람스 교향곡 네 곡을 모두 연주했다. 음악계의 관심을 온통 집중시켰지만, 감상의 결과는 언론에 보도된 것만 해도 제각각이었다.

브람스 교향곡 제1번 음반만 무려 70여 장 소장하고 있으며, 적어도 천 번 이상 들어 곡을 완벽히 외울 수 있다는 어느 음악 팬은 비교적 소음이 잘 차단된 2층 박스석에서 음악에 완전히 몰입할 수 있었다고 했다. 사이먼 래틀의 지휘는 완벽했고, 알브레히트 마이어의 오보에 소리는 또렷했으며, 베를린 필의 연주는 최고였다는 결론이었다.

겨우 무대 뒤쪽 합창석 자리를 구한 클래식광도 비슷했다. 2번 교향곡 2악장의 살랑거림과 3번 교향곡의 서늘함은 베를린 필이 아니면 결코 만들어 낼 수 없는 소리였다는 찬사를 보냈다. 서울 시향의 어느 타악기 연주자는 "세계 일류 오케스트라 중에서도 최고라는 사실을 증명했다"고 단언했다.

하지만 그렇지 않은 비평도 꽤 있었다. 현악의 하모니와 호른의 교감이 좋았다는 신문 평이 있는가 하면, 현악기의 고급 세단 같은 소리가 간간이 흐트러졌다고 지적한 신문도 있었다. 부천 시향의 지휘자를 맡고 있는 임헌정은 악보에 충실한 연주였지만 앙상블이 일부 흐트러져 안타까웠다고 했다.

1번 교향곡 연주의 음색이 들쑥날쑥했고, 현악기와 관악기 연주자들의 호흡도 잘 맞지 않았다는 건 레코딩 전문회사 경영자의 감상이었다. 라디오 프로를 진행하는 어느 음악 평론가는 "잃은 것보다 얻은 것이 많았지만 현의 음색이 거칠고 메마른 부분이 많아 아쉬웠다"고 총평했다. 그러면서 래틀의 스타일은 어느 정도 앙상블이 어그러질 것을 감수해야 한다고 덧붙였다.

음악 전문가들이 자신의 논리적 감각의 상식에 따라 밝힌 이러한 소감에 대해, 어떤 네티즌들은 "너나 잘하세요!" 같은 비난의 댓글을 달기도 했다.

같은 시간에 동일한 곡을 연주한 교향악단을 두고 왜 의견이 여러 갈래로 나뉘는가? 혹시 정형적인 서양 교향곡에, 또는 세계 최고급 오케스트라의 기능에 정격성이나 객관성이 없기 때문일까?

아니면 전체적으로 좋은 연주라는 점에는 동의하지만 세부적으로는 의견이 다를 수밖에 없는 것이 당연한 현상인가? 말하자면 곡에 대한 해석과 이해, 그리고 받아들이는 감수성의 방식과 정도가 지휘자는 물론 청중마다 다르기 때문에 나타나는 결과인가? 피아니스트 조은아는 자신의 연주회에서 슈베르트를 '방랑 기법'으로 소개했는데, 작곡가의 생애와 작품과 연주를 두루 아우른 독특한 해석 방식이었다.

베를린 필의 세 번째 서울 공연에 대한 촌평에서도 해석이라는 용어는 빠지지 않고 나왔다.

"브람스의 우울한 분위기를 충분히 살리지 못했다는 평도 있지만, 나름대로 날렵하고 우아한 해석이 마음에 들었다."

그런가 하면 다른 쪽에서는 "신선한 해석 때문에 관악 파트가 지나치게 강조되고 현악의 앙상블이 흐트러졌다"고 했다. 역시 음악에 대한 평가는 취향에 좌우되는가?

상식은 영어로 'common sense'라고 쓰는데, 어원은 라틴어 'sensus communis(센수스 콤뮤니스)'다. 이 말에는 원래 두 가지 의미가 담겨 있었다. 그 중 하나는 사람들이 공통으로 지니는 정상적 판단력이라는 의미다. 우리가 보통 사용하는 좁은 의미의 상식을 말한다. "베를린 필도 모르다니, 상식도 없는 사람이군" 하는 식으로 쓰인다.

또 다른 의미 하나는, 한 인간이 지닌 모든 감각을 통합하여 얻을 수 있는 종합적이고 전체적인 감득력이다. 이것을 공통감각이라고 부른다. 대부분의 인간은 보고, 듣고, 만지고, 냄새를 맡고, 맛을 보는 오감의 능력을 가지고 있다. 이런 기초적 감각은 무엇을 판단하기 이전에

서로 다른 개별감각을 식별하고 비교하는 작용을 한다. 뜨겁다든지, 달다든지 하는 식이다.

그런데 인간은 이런 개별감각만으로 파악할 수 없는 것까지 지각한다. 아리스토텔레스의 설명에 따르면 운동, 정지, 형태, 크기, 수, 그리고 전체적인 통일성을 인식할 수 있는 능력이 공통감각이다. 하나하나의 개별적 감각만으로는 세상을 제대로 알 수가 없다. 종류가 다른 감각들과 서로 관련을 맺고, 거기에 육감적인 판단까지 더하여 인간의 감각은 이 세계와 통로를 열게 된다. 쉽게 말하면, 공통감각은 감성과 이성을 결합한 형태이기도 하다.

원래 아리스토텔레스 시절에는 센수스 콤뮤니스라 하면 주로 공통감각을 의미했다. 그것이 훗날 상식과 공통감각이라는 두 가지로 의미가 분화되었다가 어느새 좁은 의미의 상식만을 가리키게 된 것이다.

우리가 상식이란 말을 사용할 때 그 속에 공통감각의 의미는 거의 사라져 버렸다 하더라도, 우리의 감각 작용에 공통감각은 엄연히 존재하고 있다. 그것을 깨우쳐 주기 위해 일본의 철학자 나카무라 유지로는 《공통감각론》이란 책을 썼다. 복합적인 요소들이 얽혀 우리 앞에 제시될 때, 인간으로서 개개인은 공통감각을 발휘하여 그 의미와 가치를 느낄 수밖에 없다.

그렇다면 이제 다시 음악으로 돌아가 이야기를 진전시킬 수 있겠다. 편의상 앞에서 이야기를 시작한 대로 서양의 고전음악에 한정해서 생각해 보자. 헤아릴 수 없을 정도로 많은 음표들이 모여 교향곡 네댓 악장을 구성한다. 거기엔 한 천재 작곡가의 감성과 사상과 고뇌, 어쩌면 그 시대의 역사까지 포함돼 있을 것이다.

작곡가가 준비한 그 이야기를 지휘자라는 다른 직업의 음악적 천재가 해석한 다음 60여 명에서 100명 가까운 능숙한 연주자들을 통해 수십 분에 걸쳐 전할 때, 청중이라는 이름의 우리가 이해할 수 있는 방식은 무엇이겠는가? 그건 공통감각을 통해서 교향곡이라는 작품을 전체적이고 통일적으로 감상하는 것이다.

공통감각은 상식이다. 지난날 철학자들이 그렇게 말했다. 교향곡 하나를 제대로 이해하고 감상하는 능력이 바로 상식에 속한다는 말이다. 만약 서양음악 한 곡을 듣고 악곡 구조의 이해에 따른 아무런 감흥이 없다면, 그것은 상식이 모자란다는 사실을 증명하는 셈이다.

음악을 듣고 구조적으로 이해하고 음악적으로 해석하여 독자적인 감상을 한다는 게 과연 쉬운 일일까? 결코 그럴 것 같지 않다. 대중가요 한 곡을 듣고 이해하는 일은 비교적 간단하다. 멜로디가 단순하여 가사를 따라하며 주된 멜로디를 금방 익힐 수 있다.

반면에 교향곡에서 어쩌다 인식할 수 있는 멜로디란 겨우 일이십 초에 불과하다. 그나마 그런 멜로디는 주제로 사용되기 때문에 또렷이 파악하기도 쉽지 않다. 주제로 사용되는 짧은 멜로디의 단편들이 반복되고 변형되면서 마구 얽혀, 전체적으로는 금방 한눈에 형태를 알기 어려운 멜로디의 풍경 같은 것을 만들어 낸다. 노래 한 곡에 비교하면 교향곡은 거대한 구조를 지니고 있는 것이다.

문학은 문자를 사용하여 말하고 싶은 것을 표현한다. 따라서 다른 도구를 사용하는 것보다는 표현 방식이 명료해 보인다. 그럼에도 수사학의 첫머리에 생략과 은유가 있는 이유는, 가급적 직설적 표현을 피하려는 의도 때문이다. 직접적인 표현은 대상을 그 언어의 의미에 한정하고 만다. 반면에 은유적 표현은 부분적 모호성 때문에 해석의 여지를 남겨 둔다. 은유 자체가 보다 포괄적 의미를 부여하고, 거기서 한 걸음 더 나아가 읽는 사람이 자기 나름대로의 해석을 덧붙이게 되는 것이다.

문학에 비하면, 음악은 전적으로 은유적 언어로 표현하는 셈이다. 레너드 번스타인은 음악적 배경이 전혀 없는 집안에서 태어났다. 열 살이 되기 전에 건반 한 번 눌러 보지 못했지만 훗날 뛰어난 피아니스트에 작곡가이자 지휘자가 되었다. 그가 모교인 하버드에서 이렇게 말했다.

"음악에는 산문과 같은 문장이 없다. 그래서 음악 작품은 그것이 끝나기 전에는 결말을 보지 못한다."

음악 한 소절만 듣고는 제대로 이해할 방법이 없다는 말이다. 음악은 은유로 전하는 이야기이므로 듣는 사람이 이해하는 한 복잡할수록 즐거움은 커진다. 그리고 음악은 부분이 아닌 전체로 이해해야 한다. 감상의 까다로운 수단은 바로 고전적 공통감각인데, 단순한 청력만으로는 해결되지 않는다. 거의 전문가에 근접한 음악 지식이 있어야 가능하다. 옛날 사람들은 그런 고도의 능력을 상식이라고 했다.

그렇다면 그 정도의 지식과 판단력과 감득력이 어우러진 공통감각의 상식이 없는 사람은 서양의 고전음악 한 곡을 제대로 들을 능력도 자격도 없다는 말인가? 그렇다는 주장도 있겠지만, 아마도 그렇지 않다는 의견이 더 많을 것으로 짐작한다.

현대 사회에서 대부분 청중의 음악적 지식은 전문적이거나 체계적이지 않고 피상적이고 불완전하기 때문이다. 음악 자체를 목적이 아니라 수단으로 삼는 경우도 많다. 배경음악이 대표적이다. 책을 읽거나 길을 걸을 때도 귀에 꽂은 이어폰을 통해 듣는, 하나의 일상적 배경이 되는 음악 말이다.

일반인들의 음악을 청취하는 방식이 그렇게 변모하기 전에, 혹은 거의 동시에 음악 자체도 변하기 시작했다. 난해하지 않으면 단순해졌다. 난해한 음악은 현대음악의 특성으로 꼽히는 12음계, 혹은 무조 음악을 말한다. 그런 음악은 애당초 청중이 원하는 음악이 아니라 작곡자 자신의 취향대로 만든 것이기 때문에 이론적인 완전한 감상이란 아예 없다.

단순한 형태는 바로 배경음악이다. 배경음악은 애써 들을 필요 없이 그냥 흐르도록 내버려 두어야 한다. 극단적인 배경음악은 에릭 사티가 제창했다. 오죽했으면 그의 음악을 가구음악이라고 불렀을까. 사람의 이목을 끌지 않고 실내의 가구처럼 그저 그 자리에 있는 것 같은 음악이란 의미다.

음악 제목도 〈음이라는 타일을 깐 보도〉라는 식이다. 우리가 자기 집 안방의 가구를 감상하기 위해 발뒤꿈치를 들고 숨을 죽이지 않듯이 배경음악에 신경을 곤두세우고 집중할 필요가 없다.

단순한 음의 반복으로 집중적 청취가 애당초 불가능한 곡도 있다.

익히 아는 모리스 라벨의 〈볼레로〉는 그래도 낫다. 1893년 사티가 발표한 〈벡사시옹〉은 악보가 한 페이지에 불과한 피아노 소품이다. 그런데 작곡자는 첫 부분에 '840회 반복'이라고 써 놓았다. 그 지시대로 연주하면 대략 열여덟 시간이 걸린다.

현대음악의 몇몇 경향은 고전음악의 고전적 상식을 깨뜨리기 위해 만들어진 것처럼 느껴진다. 그렇다면 현대 사회에서는 현대음악이건 고전음악이건 감상을 위한 공통감각이 반드시 필요한 도구가 아닐 것이다. 음악은 각자 취향대로 들으면 된다. 음악적 지식 없이 선율이나 강약고저의 흐름을 표피적으로 수용하면서, 작곡가나 연주자의 시대적 명성을 참고하면 그만이다.

그럼 무엇이 문제인가? 오직 일정한 형식을 갖춘 음악회에서 청중으로서의 예의만 갖추면 충분하다는 말인가? 여기서 일정한 형식을 갖춘 연주회란 달리 설명하지 않아도 분명하다. 콘서트홀이라고 즐겨 부르는 전문 연주회장 좌석에 앉아, 무대는 밝고 객석은 어두운 조명의 대비 속에서 집중하여 음악을 듣는 정경을 떠올리면 된다.

그때 청중이 알아야 할 최소한의 에티켓 혹은 상식은 무엇인가? 움직이거나 소리를 내지 않고, 악장 사이에 박수를 치지 않되 곡이 끝나면 힘찬 박수를 보낸다. 악장 사이에 참을 수 없다면 어쩔 도리가 없지만, 그렇지 않으면 다른 사람이 한다고 따라서 기침할 필요는 없다.

현대의 청중이 지녀야 할 음악 상식은 너무 간단하고 쉬워 보인다. 거기서 더 파고들어 따지는 호사가들도 꽤 많다. 박수를 너무 지나치게 많이, 그리고 길게 치는 경향이 있다고 지적하는 신사들도 있다. 지휘자나 협연자로 하여금 기어이 앙코르를 받아들이게 하고 말겠다는 태도는, 다른 게 아니라 본전을 뽑겠다는 심사의 발로일 뿐이라는 훈계다. 특히 외국의 지명도 높은 연주자일 경우 그런 태도는 더 심하다고 신경질적인 목소리를 내는 사람도 있다.

곡이 끝나자마자 박수를 너무 빨리 친다고 민망해 하는 고상한 팬들도 있다. 음악을 감상한 게 아니라 연주가 미치기만 기다렸다는 말일 테다. 하기야 로베르 주르뎅의 우아한 표현에 따르면, 청각 시스템이 결여된 동물은 정적을 알 수 없단다. 인간은 연주 직후의 정적까지 감상의 범위 안에 포섭할 수 있어야 한다는 가르침이다.

1,2년 전인가, 루체른 페스티벌 오케스트라가 도쿄의 산토리홀에서 연주했을 때였다. 곡이 끝났는데도 무려 30초 가까이 정적이 흘렀다. 그리고 갑자기 터져 나온 박수 소리는 수십 분 동안 계속되었다. 모든 사람이 동시에 같은 정도의 감동을 느낀 극히 운 좋은 순간이었던 모양이다.

자세히 알아보면, 애당초 서양 고전음악이라고 반드시 그런 형식을 갖추어 듣지는 않았다는 사실을 알 수 있다. 음악의 기원은 어디쯤인가? 공동체 사회의 종교 또는 정치적 의식을 위해 음악을 맡았던 사람이 존재했던 수천 년 전으로 거슬러 올라갈 것이다.

서양의 고전음악은 무엇인가? 바흐부터 계산한다면 겨우 300년 남짓의 역사밖에 되지 않는다. 그나마 지금과 같은 클래식 감상 태도는 19세기 이후에 확립된 것이다. 18세기 중반의 연주회장은 믿기 어려울 정도로 지금과 달랐다. 담배 연기가 자욱한 가운데 맥주를 마시고,

한쪽에서는 카드놀이를 하는 그룹도 있었다. 너무 시끄러워 성악가의 노랫말을 알아들을 수 없어 가사를 인쇄하여 배포했으며, 지휘자는 객석을 바라보고 지휘했다.

당시의 연주회장은 지금의 콘서트홀보다 골프장이나 고급 레스토랑에 더 가까운 사교장이었다. 그러다 보니 음악의 품격이랄까, 가치가 점점 볼품없게 되고 말았다. 귀족들이 식사할 때나 낄낄거리며 잡담을 나눌 때 소비하는 음악은 하찮게 보였다. 인간의 심오한 정신적 작용의 창조물과는 거리가 멀게 느껴졌다. 임마누엘 칸트가 《판단력 비판》에서 플라톤과는 달리 음악을 낮게 취급한 것도 그런 영향 때문일 것이다.

음악인들이 나서서 국면의 획기적 전환을 꾀하지 않을 수 없었다. 목표는 음악을 진정한 예술품으로 만드는 일이었다. 음악을 지적인 작품으로 인식하게 함으로써 함부로 대해서는 이해할 수 없는 대상으로 만들기 시작했다. 작업은 치밀하게 진행되어, 곡 자체뿐만 아니라 연주 장소와 듣는 방법까지 엄격하게 형식화했다.

야외에서 연주할 경우, 음을 반사시킬 벽이 없어 음향효과는 크게 떨어진다. 한 곡의 음악을 전체적이고 통일적으로 하나의 독립된 세계로 만들기 위해서는 잘 설계된 연주회장이 필요하다는 이론이 정립되었다. 음이 여러 차례 반사되어 청중의 귀와 뇌를 동시에 자극하므로 집중하지 않을 수 없다는 강요와 설득이 뒤따랐다.

도쿄대학 미학예술학 교수인 와타나베 히로시의 지적대로, 지금의 클래식 청취 방식은 19세기 유럽의 상당히 특수한 조건 속에서 성립한 예술관의 산물이다. 결코 보편적 당위에 근거한 것은 아니다.

이제 예술의전당 콘서트홀에서 옆 사람이 프로그램을 성가시게 뒤적이거나 어린 꼬마가 사지를 비틀며 소음을 내더라도, 점잖은 태도로 싫어할 수는 있어도 예술 규범의 논리로 탓할 수는 없을 것 같다. 교양이 없다고 할 수는 있어도 상식이 없다고 한다면 곤란하지 않을까?

청중의 상식을 탓할 일이 달리 없다면, 작곡가나 연주자는 어떨까? 수없이 많은 작곡가들이 엄청난 곡을 남겼지만, 오늘날 연주되고 있는 작곡가는 대략 250명 선이다. 그나마 전체 연주의 20퍼센트는 바흐, 베토벤, 모차르트 세 사람의 곡이다. 16명의 작곡가가 50퍼센트를, 36명의 작곡가가 75퍼센트를 차지한다는 통계가 있다. 왜 이런 편식이 심할까?

앞서 잠깐 언급한 대로 옛날 작곡가들은 오직 다른 사람을 즐겁게 할 목적으로 곡을 만들었지만, 현대로 내려올수록 음악가들이 자기 위주로 곡을 썼기 때문이라는 이유가 먼저 떠오른다. 그럴듯하지만 완벽한 이유는 되지 못한다. 거기에 음악의 고급 상품화 과정에서 몇몇 작곡가를 우상화했기 때문이라는 날카로운 지적을 덧붙이면 좀 만족스럽다.

연주자의 경우도 생각해 보자. 연주자가 뛰어난 기량을 갖추어야 좋은 연주를 들려줄 수 있다는 게 당연한 상식인가? 기량은 천재성과 연습량에서 비롯한다. 야샤 하이페츠는 어릴 때부터 하루 여덟 시간씩 한 주에 엿새를 꼬박 연습했다. 대략 10만 시간쯤 바이올린 활을 켠 셈이다. 반면에 프리츠 크라이슬러는 꼬마 시절부터 연습이란 걸 제대로 해본 적이 없단다.

단순히 연습에 따른 기량보다 더 진지한 문제도 있다. 누구의 연주가 더 훌륭한가, 혹은 누가 연주자로 성공할 가능성이 더 높은가를 겨루는 때가 있다. 바로 콩쿠르다. 작곡자가 악보에 지시한 대로 틀리지 않고 정확하게 연주하는 게 최고의 기량일까? 만약 그렇다면 콩쿠르의 심사는 사람이 하는 것보다 기계를 동원하는 편이 훨씬 확실하고 말썽도 적을 것이다. 그랜드슬램 테니스 대회장에 아이호크를 설치하는 것처럼.

하지만 그렇게 하지 않는 이유는 무엇일까? 음악은 정확한 음과 박자만이 전부가 아니며, 공통감각은 인간만 지니고 있는 능력이고 기계엔 그게 없기 때문이다.

피아노 경연대회 중 최고로 치는 게 쇼팽 콩쿠르다. 그것도 5년마다 열리므로 웬만해선 평생에 한두 번 출전할 기회가 있는 셈이니, 입상한다는 건 큰 행운이다. 콩쿠르가 계속되는 한 달 동안 모든 음악인들의 관심이 집중된다.

2005년 바르샤바에서 열린 쇼팽 콩쿠르에는 한국의 젊은 피아니스트가 무려 세 명이나 본선에 올라 임동민, 동혁 형제가 2위 없는 공동 3위에 입상했다. 대단한 일이라고 할 수 있다. 그럼에도 불구하고 임동혁은 조금 화가 난 듯했다. 그 전에 퀸엘리자베스 콩쿠르에서 수상을 거부하기도 했던 그는 형과 공동으로 3위가 된 사실뿐만 아니라 자기가 1등을 차지하지 못한 결과에 불만이었다. 1등은 폴란드 청년 블레하츠 라파우에게 돌아갔고, 일부 네티즌들은 심사위원들의 부당한 차별 때문에 한국의 임동혁이 1등을 빼앗겼다고 흥분했다.

그 콩쿠르의 심사위원 중에는 서울대 강충모 교수도 들어 있었다. 누군가 강교수에게 "라파우에게 점수를 많이 주었나요?"라고 물었다. 강교수의 대답이 경청할 만하다.

점수를 많이 줄 수밖에 없었다. 월등하다고 볼 수 있었다. 나머지 열한 명은 콩쿠르에 나와 승부를 가리는 듯했으나 라파우는 그냥 연주를 들려주고 간 것 같았다. 젊은 나이엔 감정에 치우칠 수도 있는데, 라파우는 품위가 있고 소양을 갖춘 사람 같았다. 심사위원 중 한 사람이 "열한 명의 피아니스트와 한 명의 아티스트가 있다"고 평했다. 그런 발언은 다른 사람의 심사에 영향을 줄 수 있기 때문에 누구라고 이름을 구체적으로 말하진 않았지만, 다른 심사위원들 모두 그 한 명의 아티스트가 라파우란 걸 알고 있었다.

입상자는 심사위원들에게 찾아와 인사하는 게 콩쿠르의 관례인데, 라파우에게는 심사위원 전원이 먼저 가서 축하인사를 했다. 그는 몹시 수줍어했고, 그런 겸손한 면모가 연주에까지 배어 있는 듯했다. 그의 연주를 듣고 나서 모든 심사위원들이 미소 띤 얼굴로 고개를 끄덕여 콩쿠르 결승장이란 느낌을 가질 수 없었다. 피아노에만 치우치지 말고, 전반적으로 공부를 하며 인격을 쌓는 일이 중요하다는 사실을 문득 깨달았다. 그 점이 라파우와 다른 열한 명의 차이였다.

이 정도의 설명이라면 웬만한 사람은 수긍할 수밖에 없을 것이다. 음악의 세계에서는 음악 상식만이 아닌, 보이지 않는 다른 상식까지 요구하고 있는 것처럼 들리기도 한다. 그렇지만 그것도 역시 완전한 결론의 하나는 아니다.

다른 분야도 마찬가지겠지만, 음악가도 전인격적 인간이면 더할 나위 없이 좋을 것이다. 그 말은 맞지만, 고른 지식과 품격을 두루 갖추었다고 반드시 뛰어난 음악가가 된다는 보장은 어디에도 없다.

대표적인 예를 하나만 들자면, 단연 카미유 생상스이다. 두 살에 피아노를 쳤고, 작곡을 시작한 것은 세 살때였다. 다섯 살에 오페라 악보를 읽을 줄 알았고, 열 살에 공식 데뷔를 했다. 그때 앙코르 곡으로 서른두 개의 베토벤 소나타를 악보 없이 연주했다.

세 살 때부터 글을 쓰기 시작했고, 일곱 살에 라틴어에 능통했으며, 자연사에 지대한 관심을 보였고, 모든 성적이 뛰어났다. 86년의 생애 동안 무수한 곡을 만들었을 뿐만 아니라 시와 희곡에 비평까지 썼고, 천문학과 고고학에도 손을 댔다.

음악적인 면에서는 물론 전체적으로 보면 모차르트는 비교도 안 되는 천재였고, 전인격적이었다. 그렇지만 후세 사람들은 모차르트보다 생상스를 덜 기억하고, 더 낮게 평가한다.

조성이나 화성도 서양음악의 고집일 뿐이다. 복잡하고 구조적인 교향곡이 아닌, 단순한 멜로디의 대중가요도 매우 아름답고 서정적일 때가 많다. 작곡가와 연주가에 의해 탄생한 음악은 사회와 역사 속에서 세련되어진다는 에드워드 사이드의 말도 맞지만, 음악에는 원초적으로 인간의 정서를 한 번에 흔들어 놓는 힘이 있다. 그것이 음악과 인간 사이의 보이지 않는 상식인지도 모른다.

2008년 2월, 뉴욕 필이 평양 공연을 하기로 결정했다. 정치적 결정에 음악인들은 처음부터 영 마땅치 않았다. 북한으로 가는 비행기 안에서 오케스트라 단원들은 평양 호텔은 난방이 안 될지 모른다며 걱정을 했다. 도착 전에 휴대폰과 노트북을 수거하자, 이해할 수 없는 비상식의 나라라며 두려움 속에서 비아냥거렸다. 그들을 맞는 평양 사람들의 태도는 지금까지 본 사람들과는 전혀 딴판이었다. 카메라맨 앞에서 평양 남자는 이렇게 말했다.

"우리는 남의 흥을 돋우거나 남 듣기 좋으라고 음악을 만들지 않습니다. 우리 인민 대중의 사상과 감정을 나타내기 위하여 음악을 만들고 연주할 뿐입니다."

우려와 관심 속에서 공연이 끝났다. 앙코르 곡 중의 하나는 북한 작곡가 최성환이 편곡한 〈아리랑〉이었다. 기립 박수는 진심에서 우러난 것으로 보였다. 연주자들이 모두 무대 뒤로 나가고 난 뒤에도 지휘자 로린 마젤과 수석 바이올리니스트 글렌 딕터로우는 계속 남아 인사를 했다.

무대 뒤에서 잡은 카메라에 연주자들의 표정이 드러났다. 대부분 눈물을 글썽이고 있었다. 음악에는 공통감각적 요소가 있다는 증거로 보였다.

14

눈빛으로
어루만지기
-시각의 상식

:: 아름다움을 발견하고 즐기는 일에 분위기와 소통은 얼마나 중요한 역할을 하는 가? 바버라 브라운이 '피부는 깊은 세계를 느끼는 방법을 배울 수 있는 열쇠'라고 말한 의미를 새삼 깨우친다. 어떠한 미학 이론도 섬세한 개인의 감성을 이길 수 없다.

이 글을 쓰기 시작한 날을 기준으로, 출간된 지 열흘이 채 되지 않은 고종석의 새 책은《어루만지다》이다. 언어와 어휘에 대한 남다른 감수성을 자신의 술 실력보다 훨씬 뛰어난 문장력으로 잘 드러내어 보여 준 저서다.

신간에서 고른 순우리말 마흔 개의 뜻은 저마다 사랑에 이어져 있다. 표제어가 된 '어루만지다'라는 동사의 부제는 '사랑의 처음과 끝'이다. "섹스 없는 사랑이 가능한 조건은 어루만지기"라는 말로 이야기를 시작한다.

그러면서 표지는 에두아르 마네의 초기작 〈놀란 님프〉로 장식했다. 흔히 렘브란트의 작품 〈다윗왕의 편지를 받은 밧세바〉의 영향을 받은 그림으로 여기는 〈놀란 님프〉는 마네의 첫 번째 누드화다.

숲 근처의 맑은 물에서 목욕을 끝낸 님프가 누군가의 눈길에 들켜 화들짝 놀라며 천으로 몸을 감싸고 있다. 작품을 전체로 본다면, 두 겹의 진주목걸이를 하고 몸을 둥글게 웅크린 채 옆으로 돌아앉은 모습은 적어도 현대인들에겐 그다지 관능적으로 보이지 않는다.

하지만 책의 표지처럼 천을 휘감은 오른손으로 왼쪽 팔의 위쪽, 그러니까 삼두근 부위를 감싸고 있는 부분만 확대해 보여 줄 때는 에로틱하다. '어루만지다'라는 활자가 없더라도 어루만지고 있다는 느낌을 시각으로 먼저 포착하게 만든다. 책의 뒷부분을 그대로 옮겨 본다.

지금 살아 있는 사람들 거의 모두의 몸뚱어리는 앞으로 백 년 안에 먼지가 되거나 썩을 것이다. 우리들의 몸은 우리들 마음이 한시적으로 입고 있는 옷에 불과하다. 그런데 그 옷이 다른 사람의 외로움을, 설움을, 상처를 치유할 수 있다. 그렇다면 그 옷깃이 다른 사람의 옷깃과 스치는 것에 인색할 필요는 없겠다. 섹스는 가장 과격한 형태의 어루만짐일 뿐, 모든 사람이 그런 강도의 어루만짐에 목말라하는 것은 아니다.

글쓴이의 의도와 감각을 짐작할 수 있다. 물론 거의 섹스나 다름없는 어루만짐도 있어 최신 용어로 아우터 섹스(outer sex), 번역어로 바깥 성행위라고 한다. 고종석이 말하는 어루만지기란 그보다는 좀 더 부드러운 데 대한 그리움일 것이다.

하지만 표지로 사용한 마네의 그림은 자기가 스스로를 어루만지는 모습이다. 세세하게 따지면 글의 내용과 썩 부합하지 않는 듯하다. 그렇지만 한 번 더 생각하면 그를 아는 나로서는 금방 이해가 되는데, 고종석 자신의 쓸쓸함을 잘 나타내고 있는 것이다. 문장력보다는 술 실력이 나은 친구더러 어서 달려오라는 신호로 여겨진다.

이야기가 약간 빗나갔지만, 장황한 서두가 가리키고 있는 방향은 미술의 세계다. 한 점의 그림은 물론이고, 그 그림의 일부는 말보다 나은 기호 역할을 할 때가 많다. 그림은 보는 사람의 시각과 대뇌를 동시에 자극하여 어떤 메시지를 순간에 전달하는데, 그 메시지의 내용이나 강도가 항상 일정하지는 않다.

마네가 〈놀란 님프〉를 그렸던 1861년 당시 대부분의 사람들은 무척 관능적으로 바라보았을 것이고, 그 그림의 부분화가 사용된 책 표지를 접한 21세기 독자들 중에 저자의 쓸쓸함을 떠올린 사람은 몇 안 될 것이다. 상식의 일부인 감각은 역시 시대나 개인에 따라 천차만별이다.

우리는 아름다움을 보아서 느낀다. 듣거나 만지면서도 아름다움을 감상하지만, 주로 미를 확인하는 행위는 시각에 의존한다고 믿고 있다. "너는 그것이 아름답다는 것을 어떻게 아느냐"고 물으면, "나는 이것을 보고 아름답다는 사실을 알게 되었다"고 대답한다.

인간이 아름다움을 추구하는 이유는, 그것이 즐거움을 가져다주기 때문이다. 고대에 퀸틸리아누스가 "학식이 있는 자는 예술을 음미하고, 무지한 자는 예술의 쾌락을 즐긴다"고 했지만, 그것도 쾌락에 차이가 있다는 말에 불과하다.

아름다움을 즐기는 데는 청각보다 시각이 더 직접적이고 근본적이며 종합적이라고 판단하는 것이 통념이다. 시각에 호소하는 대표적 예술 장르가 바로 미술이다. 이야기의 편의를 위해 그 범위를 좁히면, 당연히 회화다.

보통 음악을 즐겨 듣는 사람은 많아도 그림을 수시로 감상하는 사람은 상대적으로 드물다. 음반을 틀듯이 화집을 사서 흡연 행위 대신 넘기는 취미를 가진 사람은 흔하지 않다. 그런 현상이 사실이라면, 우리는 왜 비효율적으로 아름다움을 찾아 헤매는 것일까? 아름다움을 느끼는 데 효율적인 시각의 기능을 제쳐 두고 주로 청각에만 의존하려든다면 말이다. 아마도 시각을 자극하는 대상은 예술적 그림이 아니더라도 도처에 현란하게 깔려 있기 때문이 아닐까?

음악을 들으며 아름다움을 즐길 줄 아는 사람이라면 그림과도 쉽게 친해질 수 있을 것이다. 음악은 자주 듣지만 그림에는 전혀 관심이 없는 사람이, 어느 날 오슬로의 미술관에서 뭉크의 〈마돈나〉를 보는 순간 자기도 모르게 빠져들고 말았다. 그 뒤로 전람회를 찾아다니고, 화집도 사고, 심지어 화가의 평전을 읽기도 한다고 고백했다. 그런 예를 보면 미적 판단에 관하여는 시각의 종합적 우월성을 증명하는 듯하다.

그렇다면 아름다움의 보편적 기준을 음악보다는 미술에서 더 쉽게 발견할 수 있지 않을까? 말하자면 상식적으로 좋은 그림과 좋지 않은 그림을 구분할 수 있는 기준은 보다 분명하지 않겠느냐는 것이다. 비록 현실에선 비싼 그림과 싼 그림을 구분해 주는 가격이 가장 확실한 척도가 되고 있는지는 모르지만.

　아름다움의 기준에 관한 이야기를 할 때 거의 빠짐없이 등장하는 인물이 칸트다. 조금이라도 현학적으로 미학 담론을 펼칠 때 칸트나《판단력 비판》을 언급하지 않으면 최소한의 권위도 서지 않는다고 느끼는 모양이다.

　물론 칸트는 데이비드 흄과 마찬가지로 예술작품을 두고 어느 것이 어느 것보다 더 훌륭하다는 식으로 비교하여 우열을 가리는 일이 가능하다고 믿었다. 그뿐만이 아니다. 예술작품의 질을 인식할 수 있는 세련된 능력을 취미라고 했다. 내 취미가 당신의 취미보다 더 낫다는 사실을 증명할 수 있는가? 흄이나 칸트는 그것도 가능하다고 여겼다.

　우리는 어떤 사물의 특질을 좋아하거나 싫어한다. 사물의 특질을 놓고 아름답다거나 추하다고 판단한다. 그 특질이란 것은 우리 인간과 관계없이 원래 그 사물이 고유하게 지니고 있는 것이며, 그 사물로부터 비롯하는 것인가? 그렇다고 보는 견해를 미에 대한 객관주의라고 한다.

　금방 이해가 되지 않는다면 주관주의의 입장을 비교해 보면 수월하다. 주관주의자들은 사물 자체는 미적으로 아름답지도 추하지도 않고 중립적이라고 한다. 단지 그 사물의 특질을 받아들여 우리 인간이 아름답다거나 추하다고 구별한다는 것이다.

　아름다움은 사물 자체가 지니고 있는 특질이라는 객관주의와 사물의 특질을 받아들이는 인간의 감각에서 비롯하는 것이라는 주관주의의 대립은 오랫동안 계속되어 왔다.

칸트는 18세기 후반, 《판단력 비판》으로 미에 대한 객관주의와 주관주의의 관점을 통합하여 오랜 논쟁에 종지부를 찍는 듯했다. 칸트는 아름답다는 느낌은 순수하고 사심 없는 만족을 느끼는 상황에서 내리는 취미 판단에서 생긴다고 했다. 사심 없는 순수미란 이해관계가 없다는 뜻이다.

선반 위에 놓인 접시는 먹을 음식을 담는 데 유용하지만, 빨갛게 핀 장미 한 송이는 나와 아무 이해관계가 없고 그냥 바라만 봐도 즐거움을 준다. 그것을 어려운 말로 목적 없는 합목적성이라고 표현한다. 탐스럽게 열린 딸기가 나의 미각을 충족시킬 수단이라면 미의 대상이 될 수 없다. 하지만 그 딸기를 우아한 색채로 그려 놓았다면 아름다움의 대상이 된다. 그런 의미에서 성적 흥분을 일게 하는 누드화나 관광의 충동을 일으키는 풍경화 역시 순수미의 대상에서 탈락한다. 순수미와 아울러 숭고미도 언급했는데, 압도적이고 경이로움이 따르는 아름다움이라고 했다.

칸트는 우선 아름다움은 개인의 취향이나 선호가 아니라 예술작품 자체의 특질에서 나온다고 했다. 객관주의의 입장이다. 그런데 그 아름다움은 어떻게 느끼게 되는가? 예술작품의 표현 내용이나 형식이 우리의 정서, 지성, 상상력을 자극하여 비로소 경험이 가능하게 된다. 주관주의의 반영이다.

칸트가 취미 판단의 전제로 삼은 것이 있는데, 바로 공통감각이다. 독일어로 'Gemeinsinn'이라 표현한 것은 정확하게 동일하다고 할 수 없겠지만 아리스토텔레스의 공통감각에 해당한다.

칸트가 말한 공통감각은 인식 능력의 자유로운 장난에서 생기는 것으로, 결코 경험에 의해 나타나는 게 아니다. 경험에서 나오는 게 아니란 말은 사물이나 예술작품의 특질 자체인 객관적인 아름다움은 누구나 보면 안다는 의미다. 그런데 그 느낌은 개인의 주관적인 공통감각의 작용에 의해 감지할 수 있나는 말이나. 칸트의 공통감긱은 지적 판단력이 아닌 미적 판단력이다. 이성적 판단을 포함하고 있는 아리스토텔레스의 공통감각과는 조금 다르다. 공통감각이 아닌 일반적 의미의 상식(독일어로는 'Gesunde Menschenverstand' 라 한다)은 지적 판단력과 더 관련될 것이다.

공통감각이라 하여 모든 인간이 공통으로 갖는 감각이란 의미가 아니다. 한 인간이 지니고 있는 개개의 감각들을 올바르게 사용함으로써 생기는 감각이기 때문에 공통감각이라 부르게 되었다.

각각의 감각기관이 전달하는 사물의 외관을 종합하여 통합할 수 있어야 그 사물의 본성을 알 수 있다. 그것이 바로 공통감각의 작용이다. 여러 감각을 결합하는 공통감각의 작용은 결국 뇌 속에서 이루어지고, 그곳에 머물게 된다.

미적 경험이나 선호에 관한 칸트의 결론만 요약하자면 이렇다. 미적 체험은 감각에 의해 자극되는 것만도 아니고, 그렇다고 감각기관의 작용이나 판단에 의한 것만도 아니다. 양자의 결합작용에 의한 것이다. 이렇게 칸트는 객관주의와 주관주의를 결합하여 완결된 통일 이론을 내놓고자 시도했지만, 미학 이론의 역사는 칸트 주변에 오래 머물러 주지 않았다. 그 뒤로도 논쟁은 이어져 지금까지 계속되고 있다.

칸트의 미학 이론은 그것이 전부가 아니다. 칸트는 모든 예술이 아름다워야 한다고 하지도 않았고, 아름다움에 대한 사람들의 생각이나 느낌이 같은 것이라고 한 적도 없다. 칸트의 이론을 해석하고 이해하여 요약하는 방식도 사람마다 조금씩 차이가 있다. 그렇지만 칸트의 이론은 그 뒤로 다른 모든 미학 이론의 중심이 되었다.

하지만 우리가 일상에서 아름다움을 느끼고 이야기할 때는 칸트나 그 전후의 수많은 미학 이론가들의 주장을 몰라도 아무 상관이 없다. 일상생활에 갑자기 세련된 예술의 세계가 등장하더라도 말이다. 마침 칸트를 잘 안다면 도움이 될 테지만, 반드시 필요한 존재는 아니다.

어쩌면 우리의 일상에서 칸트는 참고자료쯤으로 쓸 만한 구닥다리 판례 같은 것일지도 모른다. 우리의 관심이 오직 눈앞의 분쟁 해결에 있을 때, 낡은 시대로 거슬러 올라 질문의 해답을 찾듯 판례를 뒤적이는 고지식한 법률가를 떠올려 보면 된다.

칸트를 버리고 우리 나름대로 자유롭게 시각의 즐거움을 누리면 될 터이다. 아름다움의 기준에 너무 구애받지 않고 말이다. 그것이 진정 상식의 길이 아닐까?

미추의 판단 기준은 오직 매 순간마다 감상자의 주관적 기분이나 판단에 맡기는 것만이 최선이란 말인가? 만약 그렇다 하더라도, 예술작품을 접한 어느 감상자가 극히 호의적 감동을 느꼈다면, 그는 자신의 감각이나 미적 판단에 대한 다른 사람의 동의를 얻고 싶어 하지 않을까? 그 작품을 본 다른 사람의 의견을 물어 보고, 같은 결론에 도달한 사람끼리 흥분을 조절해 가며 상찬의 대화를 나누다 보면 쾌감이 증폭되지 않을까? 그리하여 그 작품이 많은 사람의 미적 감각을 충족시킬 정도의 가치를 지닌 예술품이라고 공인된다면, 그야말로 작품 자체에 뭔가 진정한 아름다움이 담겨 있는 게 아닐까?

누구나 그런 방식으로 생각을 펼쳐 나갈 수 있다. 하지만 이미 그런 생긱조차 간드와 같은 철학자들의 사유 속에 포함돼 있었다. 모른다면 어쩔 도리가 없지만, 그렇지 않다면 결국 칸트 주변으로 돌아간다. 왜냐하면 칸트나 그와 비슷한 고민을 한 인간들이 선의로 추구한 진지함 때문이다. 그들은 우리의 이런 아름다움에 대한 호기심이나 의문에 보편적인 대답을 찾아 들려주기 위해 일찌감치 고매한 열정을 불태웠기 때문이다.

칸트로 돌아가든, 무시하고 돌아오든, 언제나 말끔하지 못한 까닭은 절대적 아름다움이란 게 존재하지 않기 때문일 것이다. 그래도 사람들은 아름다운 것과 추한 것의 구별에 집착한다. 정의나 자연법처럼 아름다움도 분명 존재한다고 믿고 싶어 한다.

거의 절대적 아름다움에 가까운 아름다움이 존재한다고 하자. 그런 아름다움은 우리가 보기만 하면 그 순간 아름다움을 느낄 수 있다는 말이다. 그런데 반드시 그럴까? 오히려 그런 면에서는 훈련을 통해 좋은 작품을 구별하는 능력을 갖출 수 있다는 흄의 견해가 더 그럴듯하다. 칸트가 도저히 예상할 수 없었던 다양한 형태의 현대미술을 놓고 보면 그렇다는 생각이 든다. 설명이나 해석 없이는 이해가 불가능하거나, 아예 그것이 미술 작품인지 인식조차 할 수 없는 것들이 등장하지 않았는가.

그림은 단순히 그 형태와 색채만으로 우리 앞에 놓여 있는 게 아니다. 형태와 색채가 그림의 전부라면, 경험이 배제된 감각만으로도 아름다움을 느낄 수 있을 것이다. 하지만 그림은 형태와 색채로 구성된 그림 자체뿐만 아니라, 그 밖의 것들을 지시하고 있다. 그림이 의미하는 바가 그림 밖에 따로 있다는 말이다.

의미 때문에 우리는 그림에서 매력을 느낀다. 화폭에 담겨 무한한 듯이 보이는 은유의 집합은 보는 이의 풍부한 감성을 유발한다. 그런 그림은 해석을 필요로 한다. 화가는 은근히 숨기고, 관람자는 적극적으로 발견해 내는 과정이 미술의 세계에서 일어난다.

그리스 신화에서 서로 미모를 뽐내는 세 여신과 양치기 파리스의 이야기를 모르고 피터 루벤스의 〈파리스의 심판〉을 본다면, 바로크 시대 화풍의 벌거벗은 여인들의 비대한 몸집에서 도대체 무엇이 아름다움일까, 하며 고개를 갸우뚱거릴 것이다.

아폴로 브론치노가 의도한 의미를 알고 런던 내셔널 갤러리의 〈비너스와 큐피드의 우화〉 앞에 섰을 때와 그렇지 않을 때의 차이는 클 수밖에 없다. 성경의 일화를 전혀 모르고 성화들을 훑고 지나가는 경우도 마찬가지다.

그림이 지닌 상징적이고 우의적인 의미 외에 가이드 없이는 형상 자체를 제대로 보지 못하는 경우도 있다. 한스 홀바인의 〈대사들〉 하단 중앙부에 장난스럽게 그려 놓은 해골의 왜곡상은 누가 가르쳐 주기 전에는 알아볼 수 없다.

피터 브뢰겔의 〈이카루스가 추락하는 풍경〉은 또 어떤가? 여러 번 살펴보거나 돋보기를 갖다 대지 않고서는 밀랍이 녹아 하늘에서 떨어진 이카루스가 어디 있는지 찾지 못한다. 아마도 이미 물속에 잠겼나 보다, 하다가 운이 좋으면 오른쪽 아래 모서리 부근에서 허우적거리는 이가루스의 오른발을 발견할 것이다. 서양에서 그림을 해서하는 도상학이 생긴 이유를 짐작할 수 있다.

서양화에 비하면 동양화는 훨씬 더 많은 지식을 관람자에게 요구한다. 풍부한 여백에 단순한 선으로 구성한 화폭일지라도 한쪽에 써 넣은 한시를 읽고 이해할 수 있어야 그림의 감상이 완성된다.

화폭에 등장하는 꽃이나 동물의 종류는 물론 그 개수까지 고유한 의미를 지니고 있다. 모란은 부귀를 상징한다. 중국 사람들은 예로부터 봄날이 오면 모란 구경에 나섰고, 귀가할 때 호주머니 사정에 맞게 꽃을 샀다.

백거이는 모란 한 포기 값이 중농 열 집의 세금과 맞먹는 것에 탄식하는 농부의 모습을 시로 읊었다. 그런데 모란을 그릴 때는 나비를 함께 화폭에 담지 않는다. 흔히 모란에 향기가 없어 나비가 날아들지 않는 것으로 알고 있지만, 천만의 말씀이다. 예로부터 나비는 80세의 질수(耋壽)를 뜻하므로, 나비가 찾아든 모란 그림은 부귀를 여든 살까지만 누리라는 말이 되기 때문에 금기로 여겼다.

그림을 감상하는 데 이해가 필요하고, 이해하는 데 지식이 필요하다. 설명이 예술작품의 아름다움을 감상하여 즐거움을 얻는 데 효용이 있다는 것이다. 작가가 의도했지만 감춰둔 아름다움이 있는가 하면, 모든 작품에는 작가도 모르는 아름다움이 있는 법이다.

"시를 읊는 사람보다 구경꾼이 시를 더 잘 설명할 수 있다"는 소크라테스의 발견이, 비평의 시작이 된다. 문정희의 〈알몸 노래〉를 읽어보자.

추운 겨울날에도
식지 않고 잘 도는 내 피만큼만
내가 따뜻한 사람이었으면
내 살만큼만 내가 부드러운 사람이었으면
내 뼈만큼 내가 곧고 단단한 사람이었으면
그러면 이제 아름다운 어른으로
저 살아 있는 대지에다 겸허히 돌려드릴 텐데
돌려드리기 전 한 번만 꿈에도 그리운
네 피와 살과 뼈와 만나서
지지지 온 땅이 으스러지는
필생의 사랑을 하고 말 텐데

이 시는 읽는 동시에 사랑을 느낄 수 있다. 같은 시인이 〈한계령 연가〉에서 눈 속에 갇힌 세계에 사랑의 감정을 투영하여 '발이 아니라 운명이 묶였으면'이라고 노래한 것처럼, 별다른 설명이 없어도 즉시 감응한다. 그런데 사랑을 노래한 시라도 다른 경우가 있다.

연못 한 모퉁이

나무에서 막 벗어난 꽃잎 하나

얼마나 빨리 달려가는지

달려가다 달려가다 금시 떨어지는지

꽃잎을 물 위에 놓아주는 이 손

　황동규의 〈더욱더 조그만 사랑 노래〉는 쉬운 낱말의 짧은 시인데도 금방 의미가 다가오지 않는다. 누군가 나서서 상대방이 홀로 자유롭게 머물 수 있는 공간을 배려하는 마음이 사랑이라고, 한마디만 거들어도 애틋한 감정이 인다.

　이렇게 설명에 의해 이해와 감상이 한꺼번에 이루어질 때, 우리의 공통감각 외에 이성적 판단도 함께 일어나는 것일까? 그때의 이성적 판단은 공통감각 자체에 이미 포함된 이성적 판단과는 다른 것일까?

　공통감각의 존재와 기능을 증명하는 도구로 그림이 가장 적격이라고 믿었던 시절이 있었다. 다른 감각보다 시각을 우위에 두었기 때문이다. 시각을 통해 얻는 정보량이 가장 많으며, 다른 감각의 정보 때문에 수정되거나 변경되는 일이 적고, 다른 감각 정보의 기준이 된다고 판단했다. 보는 것이 믿는 것이었다. 그러니 아름다움을 느끼는 감각기관으로서 눈을 첫 번째로 꼽지 않을 수 없었다.

　인간이 실제 세상의 사물을 접할 때에는 3차원으로 본다. 그 시각의 세계를 모방하여 그림으로 옮기는 순간, 그것은 2차원의 평면으로 보인다. 사람은 평면에 표현된 2차원의 그림을 보면서 다시 3차원으로 느낀다. 그 사이에서 보다 실감나게 표현하기 위해 원근법 같은 기법을 만들어 냈다. 인간의 눈은 인위적 회화의 전통에 단련되어 2차원의 그림을 3차원으로 인식한다.

그나마도 항상 그런 것은 아니다. 가만 생각해 보면, 사람은 가까이 있는 사물은 3차원으로 파악하지만, 멀리 있는 풍경은 2차원으로 느낀다. 그러다가 지도와 지구의를 번갈아 비교하면 잠시 혼란에 빠진다. 인간의 시각도 반드시 신뢰할 만한 것이 아니란 불길한 예감이 든다.

실제로 과학 기술의 발달에 따라 인간의 시각 범위는 확장되기도 하고, 가끔 환각과 실재 사이에서 착시로 헤매기도 한다. 현실에서는 존재할 수 없는 펜로즈의 육면체 삼각형과, 낮은 곳에서 높은 곳으로 흐르는 에셔의 그림은 우리의 시각을 조롱한다.

언젠가부터 시각의 불안한 우월적 지위를 밀어내는 감각이 등장했는데, 그것이 바로 촉각이다. 그냥 눈에 보이는 물체의 크기와 만져 보고 알게 되는 크기가 다르다는 주장이 나왔다. 따지고 보면 눈은 철저하게 촉각의 지시를 받는다는 것이다.

우리가 물체를 보고 보다 정확히 아는 이유는, 이미 촉각에 의한 경험의 도움 때문이다. 사물과의 거리, 사물과 사물 사이의 공간, 사물의 크기 등을 받아들이는 일이 근육감각을 포함하는 넓은 의미의 촉각에 귀속된다. 촉각을 중심으로 시각과 다른 감각이 서로 협력하여 인간은 자연을 비교적 정확히 파악할 수 있다.

그림에서 촉각을 회복한 예로 세잔의 정물화를 든다. 전형적인 인상파 화가들처럼 외부 광선을 묘사해서는 자연이 가진 생명 자체에 닿을 수 없다고 깨달은 세잔은 눈먼 사람처럼 정물을 그렸다. 마치 두 손으로 물체를 어루만지듯 소묘했다는 말이다.

어쨌든 우리는 아름다움 혹은 아름다움의 기준을 포기할 수는 없다. 가끔 아름다움을 경험하는데 없다고 할 순 없는 노릇 아니겠는가. 감각의 종합에 의하건 지적 판단의 협력에 의히건, 좋은 것과 나쁜 것을 구별해야 옳지 않겠는가. 사람들은 그것을 상식이라 믿었고, 꾸준히 노력해 왔다.

하지만 미술사의 전개 과정을 들여다보면 역시 혼란스럽고 실망스럽다. 아직까지 수많은 애호가들로부터 그 가치를 인정받아 소장 목록의 우선순위에 오르는 인상파 화가들의 그림이 하나의 예다.

아카데미가 주관하는 살롱의 심사 기준에 불만을 가진 화가들이 돈을 갹출하여 조합 형태의 회사를 설립했다. 단체의 이름을 '라 카퓌신'으로 하자는 드가의 제안은 기각되었고, '화가·조각가·판화가 등 예술가들의 유한회사'라는 고리타분한 이름으로 출발했다. 그들은 추첨으로 그림 걸 자리를 정하고, 1874년 자기들만의 전시회를 열었다. 아카데미는 철저히 무시했고, 관객들도 외면했다. 평론가들은 정직한 사람들을 속여 눈길을 끌기 위해 기존의 방식과 다르게 그렸다고 비난했다. 쥘 카스타냐리는 약간의 비웃음을 섞어 이렇게 썼다.

"그들은 풍경을 그리는 게 아니라, 풍경이 빚어내는 감각을 그린다는 의미에서 인상주의자들이다."

초기 인상파 화가들의 그림에 대해 그렇게 논란이 일었던 이유는 감각의 차이였을까, 아니면 제도적이고 정치적인 또 다른 이유 때문이었을까? 인상파들의 풍경화는 20세기에 들어서서도 대학에서 가르치는 데 논쟁적이었다.

봄날의 파리에서 인상파 전시회가 열리기 전인 1860년경, 독일에서는 키치라는 새로운 용어가 등장했다. 키치가 예술의 세계에서 전문용어처럼 사용되게 된 배경에도 미의 가치를 구분하려는 의도가 배어 있다. 원래 키치는 '긁어모으다'라는 뜻으로 사용되었는데, 점점 '낡은 가구를 주워 모아 새 가구를 만든다'는 의미로까지 구체화되었다. 그것은 다시 말하면 진품이 아닌 불량품이란 의미였다.

이제 키치를 단적으로 정의하면, 예술적 가치가 떨어지는 저급한 작품, 혹은 그럼에도 불구하고 예술작품인 체하는 것이다. 일정한 양식에 구애받지 않고 편안함을 충족시켜 주는 기능을 한다는 설명은 키치에 대한 가장 우호적인 표현이다. 진짜 예술작품과 키치적인 작품을 구별하기 위해 미술 사조의 역사를 더듬을 수도 있지만, 그 경계는 항상 오락가락하며 논쟁적이었고, 따라서 모호했다.

예술품은, 그 중에서도 그림은 어떤 효용이 있는가? 아름다움의 보편적 기준을 말하기 쉽지 않다면, 우리가 그림을 왜 선호하는지 생각해 보는 수밖에 없다. 우리의 일상생활에서 그림의 기능이 있을 테고, 그것이 그림의 가치를 결정할 수도 있다.

당연히 그림은 보기 위한 것이다. 허전한 벽의 한 면을 다른 사유의 공간으로 이어 주는 창처럼 장식하는 기능도 마찬가지다. 감상의 대상으로서 그림의 기능에 대한 척도는 아름다움이므로, 지금까지 더듬어 온 이야기가 모두 그에 관한 것이다. 장식은 주변의 분위기와 어울리는 조화의 정도가 조건이긴 하지만, 역시 보는 대상이다.

그림은 보기 위한 것일까, 소장하기 위한 것일까? 이 물음을 떠올리면 그림의 다른 기능은 저절로 드러난다. 재산 가치로서의 기능은 이제 현대미술계에서 독보적인 지위를 차지하고 말았다. 아름다움은 가격을 위한 변명에 지나지 않는다. 아름다운 그림은 순진한 애호가가 사 가겠지만, 유능한 딜러는 아름다움과 거리가 먼 작품을 아름답지 않다는 이유로 비싼 값에 거래되도록 하기에 이르렀다.

로버트 스미드슨의 〈나선형 방파제〉는 흙에다 소금과 해초를 섞어 바닷가에 만든 457.2미터의 길인데, 그것도 사진과 드로잉 형태로 팔려 나갔다. 모든 미술품은 상품이 되기를 열망하고 있으며, 경매장에 플라톤이나 칸트는 끼어들 여지가 없다. 뉴욕에서는 갤러리를 '화이트 큐브'라고 부르는데, 경매장으로 보내기 위한 포장용 상자라는 의미로 새겨 두면 되겠다.

현대의 양상은 거의 매일 새로운 상식을 요구하지만, 아예 과거로 돌아가 그림의 또 다른 기능 하나만 들자. 인간에게 어떤 기억은 치유의 기능을 하는데, 가끔 그림이 그 역할을 맡을 때가 있다.

중국 위진남북소 시대에 종병(宗炳)이란 인물이 있었다. 그는 계속 산야를 헤매고 강호에서 머물며 자신을 깨우치고 싶었으나, 나이가 들자 기력을 잃고 말았다. 그는 젊은 시절 돌아다녔던 산하를 그림으로 재현한 뒤 쳐다보며 그 느낌을 다시 가져 보고자 했다.

명나라의 문인화가 문징명 역시 자신의 젊음이 지나쳤던 자연을 다시 접하고 정신을 새롭게 가다듬기 위해 그림을 그렸다. 그 시절에는 그림을 항상 벽에 걸어 두지 않았다. 산수화를 두루마리로 말아 벽장에 보관했다가 필요할 때 펼쳐 놓고 감상하곤 했다. 이중환의 말처럼, 산수는 정신을 즐겁게 하고 감정을 화창하게 만든다고 믿었기 때문이다.

미국의 인류학자이자 소설가였던 카를로스 카스타네다는 멕시코 원주민의 원시적 삶에 심취했다. 멕시코의 깊은 골짜기로 들어가 수련 생활을 시작했는데, 어느 날 스승이 말했다.

"산야를 다니다 보면 언젠가 빛으로 가득한 풍경을 만나게 될 터인데, 그 광경은 당신에게 중요한 뜻이 될 것이오."

훗날 카스타네다는 험한 산 속에서 물줄기 같은 빛이 뻗치는 장면을 목격했다. 그 일이 있은 뒤로, 그는 어떠한 고난과 곤경을 맞닥뜨리더라도 그 순간을 떠올리며 위안으로 삼게 되었다.

절대적 아름다움이 있다면, 우리의 미학적 고민은 거의 사라질 것이다. 그때의 절대적 아름다움은 미의 세계에서 상식을 넘어선 최고 권위의 규범이 된다. 하지만 그런 절대적 개념은 아예 존재하지 않거나, 있더라도 우리가 발견할 수 없다.

그리하여 우리는 언제나 아름다움의 기준을 찾아 헤맨다. 전문가를 자처하는 사람들이 논쟁을 벌이고, 기웃거리던 다수의 사람들이 그럴 수도 있겠다며 수긍하는 수준이 상식이 된다. 그 상식으로 아름다움을 즐길 수 있는 시간은 의외로 짧다. 어제의 상식을 더듬는 동안 내일은 벌써 새로운 상식을 요구한다.

마지막으로 한 번만 더 칸트를 인용하면, 진정 아름다운 작품은 천재적 예술가에 의해 창조된다. 그때 천재는 기존의 규칙을 넘어서고, 넘어선 그것이 새로운 규칙이 된다.

천재를 포함한 화가들이 작품으로 제시한 규칙에 평범한 관객들은 상식의 일부로 공동감각을 감응하여 작동시킨다. 시각을 중심으로 한 공통감각도 부족하여, 촉각을 비롯한 피부감각과 근육에 의한 운동감각의 총체인 체성감각이 협력해야 한다. 필요하다면, 지적이고 이성적인 판단도 곁들여야 한다. 그리고 우리의 감각 밖에서 밀려드는 제도적이고 정치적인 예술 가치의 기준도 받아들여야 한다. 이런 복잡성이 오늘날 우리의 예술적 일상의 단면이다.

막 사랑에 빠진 한 쌍의 연인이 미술관에 들어섰다. 전시관의 동선은 처음 만나 산책했던 숲 속의 오솔길처럼 느껴졌다. 의욕적인 젊은 작가들의 손길이 그들의 감성을 어루만지는 듯했다.

남자는 작품을 훑다시피 발걸음을 빨리 움직였다. 홀연히 천재적 작품이 자신을 사로잡지 않는 한, 경향이나 취향을 살피는 정도로 충분하다는 생각이었다. 이 많은 작품 중에 충격적인 감동을 주는 것이라곤 단 한 점도 없으니, 작가 자신들은 오죽 답답할까. 반면에 여자는 침착하게 걸었다. 천재는 아니더라도 땀 흘린 작가는 적어도 훌륭하다고 믿었기에, 조금씩이라도 그들의 작품 앞에 머물러 경의를 표했다.

두 사람 사이의 거리가 조금씩 벌어졌다. 그들이 만든 간격의 공간에 과거와 현재, 아름다움과 고통, 번득이는 창작의 욕망과 사사로운 애정이 가득했다. 남자는 그 다음에 할 일을 계산하며 보이지 않는 시선으로 여자를 조금 끌어당겼다.

여자가 보기에 남자는 밉지 않을 정도로 성급했다. 앞서가는 시간의 초침을 진정시키려고, 여자는 가슴의 촉수를 뻗쳐 남자를 붙잡았다. 이윽고 그들은 인도의 중견작가가 쌓아 올린 양은 냄비의 탑 아래서 만났다. 수보드 굽타의 〈오케이 밀리〉였다. 삶의 고단한 흔적, 미래를 향한 쾌감의 궤적, 예기할 수 없는 평화와 죽음 따위가 여자와 남자 그리고 작가 사이에 흘렀다. 작가는 한 쌍의 고객을 쓰다듬었고, 연인은 간밤에 나누었던 서로의 손길을 느꼈다.

아름다움을 발견하고 즐기는 데는 분위기와 소통과 교감이 또 얼마나 중요한 역할을 하는지. 공간을 사이에 두고도 촉각은 움직인다는 사실을 이렇게 쉽게 경험할 수 있다니. 바버라 브라운이 "피부는 깊은 세계를 느끼는 방법을 배울 수 있는 열쇠"라고 말한 의미를 함께 깨우친다. 정치한 미학 이론도 섬세한 개인의 감성을 이길 수 없다.

사랑을 위한 교감과 소통의 말을 천착한 고종석이 책 제목을 《어루만지다》로 정한 것은 잘한 일이다. 표지 그림의 선택도 나쁘지 않다. 자신을 잘 어루만질 수 있어야, 상대방도 잘 어루만져 줄 수 있을 테니까.

15

이기고 지는 일은
다음다음의 문제

-스포츠의 상식

:: 아무리 실패하더라도, 그것이 낙인이 되지 않아 두려울 이유가 없는 사회는 정말 안전하고 편안한 삶의 터전일 것이다. 패자가 떳떳이 걸어 나갈 수 있고, 다음 경기에 의욕적으로 다시 나설 수 있는 공간을 마련할 수 있는 승자야 말로 진정한 승리자다.

"자기는 섹스를 하지 않으면서, 다른 사람이 하는 섹스를 구경하기 위해 매주 암스테르담에 가는 사람을 정상이라 할 수 있을까?"

누군가 이런 물음을 던졌다. 물론 질문한 사람 스스로 준비한 대답은 비정상이라는 것이다. 그럴듯한 전문용어 혹은 문화비평적 용어로 표현하면 관음증 환자라고 한다.

글쎄, 그런 취미를 가진 사람이라고 반드시 정신 질환자로 몰아붙이는 태도가 옳을까? 더군다나 예로 든 사람은 섹스를 하지 않는 사람이라고 하지 않았는가. 어쩌면 안 한다기보다는 못 하는 사람일 가능성이 높은데, 그런 사람일수록 포르노그래피를 즐기는 일이 오히려 당연하지 않을까? 보통 사람들이 그런 사람을 이해하는 게 정상이고, 그렇게 함으로써 암스테르담 사창가 극장을 찾는 사람도 어느덧 정상화되는 게 아닐까 싶다.

그런데 정작 이야기하고자 하는 대상은 첫머리에 기술한 관음증 환자가 아니다. 관음증 환자란 하나의 수사학적 비유였는데, 축구광을 그렇게 표현한 것이다. 매주 축구 경기장으로 달려가 악을 쓰는 짓은, 섹스를 하지도 못하면서 주말마다 시창기 공연장 무대 앞에 앉아 있는 것과 마찬가지로 비정상적 행동이란 의미다.

이런 의외의 주장을 한 사람은 소설가 장정일이다. 그가 쓴 신문의 서평에서 그런 기괴한 비유를 읽었다. 그런데 그것은 순수한 장정일 자신의 의견이 아니었다. 움베르토 에코가 어디엔가 쓴 내용을 피터 페리클레스 트리포나스라는 사람이 《움베르토 에코와 축구》라는 책에 인용하였고, 그 내용을 장정일이 다시 써 먹은 것이다. 에코, 트리포나스, 장정일 순으로 이어지는데, 축구에 대한 세 사람의 생각이 똑같다. 에코 삼총사인 것처럼.

자신의 신체를 사용하는 놀이는 하지 않으면서 스포츠 관람에만 넋을 빼는 사람은 관음증 환자와 같다. 축구장에서 정신 나간 듯 경기를 쳐다보며 즐거워하는 순간, 관객은 선수들에게 자기의 신체를 빼앗긴 것과 마찬가지다. 따라서 더 생생한 체험을 얻으려는 대리 충족의 욕망 때문에 야유와 욕설을 섞어 소리를 지른다. 경기장을 벗어나면 스포츠 잡담으로 소일한다. 장관의 정책을 논하는 대신 축구 감독을 평가하며, 국회 속기록을 검토하기보다 선수의 기록을 살핀다.

스포츠광들은 자기 몸을 놀리는 대신 선수들의 몸놀림을 구경할 뿐이다. 그런 짓은 개인의 건강과 육체를 향상시킨다는 스포츠의 정의나 목적에도 부합하지 않는다. 육체가 제거된 관음화된 스포츠는 구경꾼을 끝내 잡담가로 타락시킨다. 직업화된 스포츠 경기는 극히 개인적 활동에 불과한데, 잡담가들은 그것을 국력과 연관 지어 공적 화제인 것처럼 기만한다. 그리고 축구를 경멸하는 듯한 세 사람을 대표하여 장정일이 이렇게 권고한다.

"우리는 다른 사람의 '섹스'를 구경하기보다, 자신의 인생을 즐겨야 한다!"

지식인들 혹은 스스로 지식인이라고 생각하는 사람들에겐 간혹 스포츠를 하찮은 현상으로 보는 습성이 있다. 신체와 감각보다 이성을 우위에 두려는 계몽주의적 문화 사상에서 비롯한다고 볼 수 있다. 좋게 말하면 그렇지만, 유난히 스포츠를 경멸하는 투로 힐난하는 지식인들은 육체적이고 물질적인 것보다 정신적인 것을 높이 평가하려는 강박증을 갖고 있음에 틀림없다. 그리하여 스포츠 열기를 바람직하지 않은 어떤 증상으로 해석해야 한다는 의무감까지 짊어진다.

축구광을 관음증 환자로 규정한 세 사람의 주장이 스포츠 자체를 부정하는 것 같지는 않다. 구경만 하는 사람, 어쩌면 지나치게 극성인 광팬만 지적했다고 보아야 한다.

에코의 《디아리아 미니모 제2권》이란 책이 있다. 디아리오 미니모는 이탈리아어로 가장 짧은 일기란 뜻인데, 일상을 소재로 한 칼럼의 형식으로 보면 된다. 그것이 우리나라에서 《세상의 바보들에게 웃으면서 화내는 방법》이란 재미있는 제목으로 번역되었다.

그 칼럼집 안에 〈축구 이야기를 하지 않는 방법〉이란 글이 들어 있다. 에코는 분명히 "나는 축구를 싫어하지 않는다. 다만 축구팬을 싫어할 뿐이다."라고 말한다. 그것도 모든 축구팬들을 싫어하는 게 아니라, 에코 자신을 귀찮게 구는 팬들만 싫어한다. 광적인 팬들이 자기 집소피나 단골 술집, 축구장에서 난동을 부려도 나쁜 건 없다. 그저 택시를 탔는데 축구 관전평을 떠들어 대는 운전기사에게 시달리기 싫다는 말이다.

나도 경험한 적이 있다. 10년도 더 오래 전이었다. 이탈리아의 콜로디라는 아주 작은 마을을 찾아 떠났다. 그곳에 있는 '피노키오 공원'을 취재하는 일이 목적이었다. 《피노키오의 모험》을 쓴 카를로 라렌치니는 어머니의 고향인 그 아름다운 동네 이름을 따서 자신의 필명을 콜로디라고 하였다.

콜로디는 피렌체와 피사의 중간쯤에 있는 페스시아에서 가장 가까웠다. 하지만 페스시아에서 콜로디로 가려면 하루에 겨우 몇 차례 다니는 버스를 하염없이 기다리거나, 십 리가 넘는 길을 걸어야 했다. 그래서 부근의 조금 큰 도시 루카 역에서 내려 택시를 탔다.

택시 안은 크게 틀어 놓은 라디오 소리 때문에 아주 소란스러웠다. 축구 중계를 하고 있는 것 같았다. 늙수그레한 택시 기사는 나를 보자 신이 나서 이탈리아어로 따발총처럼 퍼부어 댔다. 빙그레 웃는 수밖에 없었다. 말이 통하지 않자 같은 말을 몇 차례 되풀이했다. 어디서 왔느냐고 묻는 것 같았다.

"코리아."

"꼬레아! 노드, 수드?"

그 정도는 금방 알아들을 수 있었다.

"사우스, 수드."

"두익, 두익!"

그의 입에서 놀라운 말이 튀어나왔다. 나는 에코와 달리 축구에 관심이 있었기 때문에 그 말의 의미를 금방 알아챘다. 내가 남한에서 왔다고 하자 조금 실망스러웠는지 몰라도, 그는 북한의 박두익 이름을 대며 반가워했다. 1966년 런던 월드컵 본선 조별 경기에서 이탈리아를 1대 0으로 눌러 탈락시킬 때 결승골을 넣은 박두익을 기억하고 있었다.

그때부터 그는 콜로디에 도착할 때까지 축구 이야기만 떠들었다. 간혹 알아들을 수 있는 팀이나 선수 이름이 나오면 나는 고개만 끄덕였다. 에코는 그런 극성스러움을 귀찮아했던 것이다. 그렇다고 축구팬들을 관음증 환자라고까지 몰아붙일 필요가 있었을까?

요란스런 스포츠팬을 비하하는 태도에도 여러 유형이 있다. 우선 운동 경기 자체를 하찮은 몸놀림 정도로 치부하는 입장이다. 사회적이고 문화적인 현상으로서 스포츠는 기껏해야 삶의 변두리 가치에 해당한다는 견해다. 이렇게 스포츠를 부정적으로 본다면, 스포츠에 몰입하는 사람까지 낮게 평가하는 것이 논리적으로는 맞다.

그런가 하면, 스포츠 자체는 긍정적으로 인정하면서 스포츠팬들의 태도만 비난하는 경우도 있다. 이런 비평가들은 다시 두 부류로 나눌 수 있다. 스포츠는 직접 하는 것이지 구경하면서 떠드는 게 아니라는 근본론이 첫 번째다. 그 다음은, 스포츠 구경꾼들의 과도한 열광만 비정상성으로 규정하는 현상론이다. 에코는 두 번째에 해당하는 것 같은데, 트리포나스와 장정일은 잘 모르겠다.

스포츠는 몸놀림의 하나다. 요즘엔 바둑을 두뇌 스포츠라고 하지만, 스포츠가 몸놀림이란 정의를 바꿔 놓진 못한다. 물론 단순한 몸놀림은 아니다. 정해진 규칙에 따르고, 일련의 과정에 예측성과 예측불가능성이 교차하는 상황이 전개되며, 몸동작을 통해 드러난 어떤 형태가 결말에 도달한다. 드라마 같은 면이 있다.

무용이나 연극도 스포츠와 유사한 성격을 많이 띠고 있다. 몸동작이 아주 중요한 비중을 차지하지만, 특정한 사상이나 감정을 표현하기 위한 수단이란 점에서 스포츠와 구별된다. 그렇다면 정원에서 화초를 가꾸려고 움직이는 소박한 노동이나, 담배 한 개비를 다 태우기 위해 작동하는 기능적이면서 미학적인 손가락의 놀림은 또 어떻게 다른가.

기분 전환을 위해 돌멩이를 던지는 행위와, 돌멩이를 더 멀리 던지기 위한 행위를 놓고 보자. 이것은 에코 같은 사람들도 즐겨 하는 분석 방법이지만, 꽤 유용하다. 그냥 돌을 던지는 일에는 순수한 즐거움이 따른다. 즐거움에는 정신적 해방감과 충족감이 있게 마련이다. 게다가 행위를 반복함으로써 신체 근육의 일부도 단련될 것이다.

돌을 더 멀리 던지는 일은 경쟁을 전제한다. 종전보다 나은 기록을 향한 자신과의 경쟁, 아니면 함께 겨루는 상대방과의 싸움이다. 경쟁에 나서는 행위에는 특별한 노력과 전략이 필요하다. 신체적 작용 외에 지적 작용이 개입하는 것이다.

이것을, 몸의 에너지를 그냥 낭비하느냐 체계적으로 낭비하느냐로 구분하려 드는 이론가들이 있다. 하지만 신체적 에너지를 낭비가 아닌 소비를 함으로써 얻는 효용에 크게 집착할 필요가 있을까 싶다. 행위자의 정신적 효용은 누구도 정확히 계량하지 못하므로, 어떤 동작이든 최소한의 가치는 지닌다고 봐야 하기 때문이다.

아곤과 아레테라는 낯선 옛 그리스어는 스포츠의 속성을 더 잘 드러내 보여 준다. 아곤은 경쟁을, 아레테는 탁월성을 의미한다. 스포츠는 경쟁이면서, 그 자체의 아름다움도 추구한다. 정해진 틀 안에서 기량과 기록의 극한까지 밀고 나아가는 집중의 과정은 또 다른 행위와 비교된다. 아곤과 아레테는 상호작용을 한다.

김연아가 단 0.01점의 차이로라도 아사다 마오를 제치는 일은 아곤에 해당한다. 승부에 관계없이 김연아가 최고의 경기를 펼쳐 종합점수 200점을 넘기는 일은 아레테에 속한다. 아곤만 따질 때에 아레테는 반드시 필요한 요소는 아니다. 졸전을 펼치더라도 이기기만 하면 되니까. 하지만 아레테는 아곤의 요소까지 포함한다. 탁월한 경기는 대개 승리를 동반하니까.

스포츠도 미적 대상임은 분명한데, 연극이나 무용 같은 예술 장르에 비해 문화적으로 저급한 평가를 받는 건 사실이다. 아마 누구나 쉽게 이해하고 접할 수 있는 스포츠의 개방성 때문인지 모른다. 그런가 하면 아레테 때문에 스포츠가 일상과 격리되는 느낌도 가질 수 있다. 고도로 전문화한 기량은 특별한 인간에게나 가능한 성취로 받아들여질 수밖에 없다.

어쨌든 주디스 버틀러의 표현이 시사하는 바가 크다. 스포츠와 스포츠맨을 아울러 의미 있는 육체들이라고 불렀다. 그 수사법에는 다른 의미도 슬쩍 포함되어 있다. 물질적 육체들이라는 것이다. 돈과 관련 짓지 않고서는 설명이 불가능한 현대 프로스포츠를 떠올리면 된다.

스포츠가 가치 있는 존재라면, 스포츠를 직접 하는 행위만 긍정적인가? 스포츠와 관객의 관계는 어떤가 살펴볼 차례다. 그런데 다른 모든 영역에도 직접 수행하는 자와 그 과정을 감상하거나 결과를 이용하는 소비자의 관계는 구분되어 있지 않은가. 스포츠와 뭐가 다를까?

학문이나 예술의 세계에서 학문 활동과 예술 활동은 그 자체로서의 의미보다 그것이 나타내고자 하는 내용이 핵심이다. 전문가의 활동을 통해 표현하고자 하는 사상이나 감정, 전달하려는 특정한 메시지가 따로 있다. 그렇기 때문에 나는 에코 삼총사에게, "책을 한 권도 써 보지 못한 사람이 주말마다 서점에 가서 책을 사는 행위도 지적 관음증 환자냐?"라고 유치하게 항변하는 일을 하지 않는다. 학문이나 예술은 애당초 전문가의 활동 과정이나 결과를 관객이나 소비자가 받아들이는 체계를 전제하고 있는 영역이다.

반면 스포츠는 다르게 여겨지는 모양이다. 고전적 의미에서 스포츠의 본질은 아곤과 아레테를 통한 건전한 신체의 유지에 있다. 그것은 건강한 생활에 유용한 인간 정신을 함양하는 데 필요한 조건이라고 믿었기 때문이다. 아무리 아곤의 성격이 스포츠 본성의 하나라 할지라도, 스포츠의 결과란 가장 단적으로 승패밖에 없다. 경기의 승패는 당사자들에게 영향을 미칠지 모르나, 구경꾼들에겐 무슨 상관이란 말인가. 승부에 돈을 걸지 않았다면 말이다.

이런 단순한 논리에서는 그렇다. 스포츠는 직접 행할 때 가치가 있는 것이지, 구경하는 일은 큰 의미가 없다. 더군다나 타인들이 수행하는 경기에 몰입하여 지나친 반응을 보이는 관전 태도는 정상적으로 받아들일 수 없다. 경기장 스탠드나 텔레비전 앞 소파에 앉아 자신의 신체를 선수들에게 투영하여 대리만족이나 즐기는 관음증이라는 것이다.

몸의 움직임이 의미가 있다면, 그 움직임을 보는 일도 당연히 의미가 있어야 하지 않을까? 스포츠의 아레테가 보는 행위를 정당화한다. 뛰어난 기량을 가진 선수가 펼치는 경이로운 플레이를 상상해 보자. 때로는 정지 화면처럼, 때로는 무엇으로도 재현할 수 없는 격정의 순간처럼 스치며 우리에게 아름다움을 보여 준다. 탁월한 아름다움은 보는 이의 심장을 뛰게 만든다. 그 플레이가 응원하는 팀에서 나오느냐 상대팀에서 나오느냐에 따라 신체와 심경의 변화는 다르게 나타난다. 그것도 반복되다 보면, 궁극에는 어느 팀이든 관계없이 스포츠 아레테의 미학에 빠져든다.

보통의 스포츠 관객은 돈을 건 도박꾼들과 달리 경기를 통해 재산의 증식 따위를 기대하지 않는다. 대신 불꽃 튀는 경기에 자신의 감정을 고스란히 투자한다. 바로 에너지의 투자다. 그렇게 함으로써 관객은 선수들과 에너지를 교감한다. 가끔 몸의 일체감을 경험하기도 한다.

그 과정에서 어찌 관객의 정신적이고도 육체적인 효과가 없다고 단정할 수 있겠는가. 선수와 관중은 서로 다른 방식으로 육체를 투자하여 경기에 몰입한다.

스포츠는 소통의 매개이기도 하다. 현대의 인간들에게 서로 교감하고 소통할 통로란 많을수록 나쁘진 않을 것이다. 생판 모르는 택시 기사가 에고나 니에게 축구 이야기를 건네는 수고로움 혹은 성가심도, 알고 보면 모두 소통의 시도다.

윔블던 테니스 경기 기간 중에 나는 태평하게 잠자기 힘들다. 새벽 서너 시쯤, 갑자기 둘째 꼬마가 방문을 열고 들어와 내 발을 툭툭 건드리며 깨우는 경우가 잦기 때문이다. "아빠, 나달이 이겼어, 나달!" 둘째 꼬마란 대학 2학년생에 대한 습관적 호칭에 불과하다. 성숙한 딸과 아버지 사이의 소통에도 스포츠가 기여하곤 한다.

스포츠의 저급성을 지적하는 사람들이 증거로 내세우는 것의 하나가 폭력이다. 스포츠의 폭력에도 두 가지가 있다. 선수들의 폭력과 관중들의 폭력이다. 축구나 농구 경기를 자세히 살펴보면 정당하지 못한 선수의 모습을 자주 발견할 수 있다. 현대 스포츠에서 수비는 반칙을 적절히 사용하지 않으면 거의 불가능한 것처럼 보일 때가 있다. 야구장의 홈플레이트와 투수 마운드 사이의 공간이 어느 순간 격투기장으로 돌변하는 경우도 드물지 않다.

세심한 이론가들은 이런 분석적 변명을 하기도 한다. 항상 그런 것은 아니지만, 선수의 공에 대한 통제력이 높은 농구의 경우 공격수와 수비수의 신체 접촉은 엄격히 금지된다. 하지만 상대적으로 공이나 퍽을 자유롭게 다루기 힘든 축구나 아이스하키는 다르다. 경기 중에 몸의 사용을 적극적으로 승인하고 있다. 육탄 돌격이 아예 규칙으로 허용되는가 하면, 반칙 행위 자체가 경기의 수단처럼 이용되는 경우가 허다하다.

반칙 행위는 페어플레이 정신에 어긋날 뿐더러, 그 자체가 경기를 추악하게 만든다는 비난은 어떤가. 여기에 대해서도 그럴듯한 변론이 준비되어 있다. 반칙은 경기를 중단시킬 뿐, 결코 반칙이 경기의 일부는 아니다. 그러니 반칙 때문에 경기가 추악해질 수는 없다. 궤변처럼 들릴지 모르나, 스포츠에서 반칙은 철저히 배격하고자 한다는 의미로 받아들이면 되겠다.

선수들의 반칙은 승리를 위한 것이다. 관중들의 폭력은, 역시 자기가 응원하는 팀의 승리를 위해 발동하는 것이다. 관중이 자신의 감정을 선수와 경기장에 과도하게 투자한 결과가 폭력으로 나타나기도 한다.

1964년 5월 페루 리마에서 아르헨티나와 페루의 올림픽 축구 예선 경기가 벌어졌다. 종료 2분 전에 페루가 골을 성공시켰으나 주심은 인정하지 않았다. 관중의 소란이 시작되더니, 급기야 폭동으로 난장판이 됐다. 그 사고로 318명이 사망하고 500명이 부상당했다.

1985년 5월에도 참사가 있었다. 그해 유럽 챔피언스리그 축구 결승에서는 잉글랜드의 리버풀과 이탈리아의 유벤투스가 맞붙었다. 장소는 벨기에 브뤼셀에 있는 낡은 경기장 헤이젤이었다. 양쪽의 극심한 충돌을 피하기 위해 제삼국을 경기 장소로 정한 결과였다. 관중석에도 잉글랜드와 이탈리아 응원석 사이에 중립 지역을 설치해 두었다. 하지만 중립 지역에 이탈리아 응원단이 몰려들었고, 철창 사이로 잉글랜드 응원단과 시비가 붙었다. 급기야 철망으로 만든 벽이 무너졌고, 아수라장 속에서 39명이 사망하고 250명이 부상으로 실려 갔다.

폭력으로 얼룩진 경기 앞에서 할 말이 없는 건 사실이다. 나도 언젠가 '지나친 건 모두 전쟁이다'라는 제목으로 월드컵의 과도한 열기를 경계하는 글을 쓴 적도 있다. 하지만 집착이니 욕망, 그로 인한 폭력은 스포츠에만 있는 게 아니지 않는가.

스포츠는 비록 고대 그리스 시대부터 성행한 것이지만, 역사가 연속적이고 분명하게 이어온 것은 아니다. 형식이나 내용에 단절과 변화가 많았다. 아무래도 근대 스포츠는 18세기에서 19세기 초에 이르는 기간 동안 일어났던 독일의 계몽사상 영향을 받았을 것이다.

요한 요아힘 빙켈만이나 프리드리히 횔덜린의 지성으로 대표되는 독일의 사상과 이상을 영국이 받아들였다. 그 속에는 체육의 필요성도 들어 있었다. 세계주의자로서 영국 신사를 양성하기 위한 교육에 고대 그리스의 육체 문화를 재발견하고 활용하려는 계획을 포함시켰다.

거기서 탄생한 것이 옥스퍼드와 케임브리지의 조정 경기였다. 1829년에 시작한 양교의 정기전은 수십 년 동안 계속됐다. 근대의 스포츠 정신이란 그런 제도 속에서 비로소 만들어진 것이었다. 상대팀에 대한 존중심과 경기에 대한 공정함을 지니고 자기팀에 헌신한다는 정신 말이다.

프랑스의 피에르 쿠베르탱도 그 산뜻하고 참신한 제도에 동감했다. 옥스퍼드와 케임브리지의 조정 경기에 다른 나라 팀도 합류하게 하고, 경기 종목도 늘리고 싶었다. 그러나 영국의 완고한 국가주의에 의해 거절당했다. 그리하여 고안해 낸 육체의 축제가 올림픽이었다.

스포츠를 대학과 국가에서 제도적으로 관리하기 시작하자 협회라는 게 생겼다. 경기 종목마다 협회를 중심으로 규칙을 정비하고 통일하는 작업은 당연히 최우선 과제였다. 그 과정에서 가죽으로 만든 공을 손으로 만져도 되는 럭비와 발만 허용되는 축구 경기의 분화가 일어났다. 온 세계가 떠들썩한 관심을 보이는 축구 경기의 규칙이 확립된 건 이제 겨우 100년이 조금 넘었을 뿐이다.

규칙은 경기의 진행을 위해 필요한 것이다. 그런데 그 이면에는 다른 의미도 담겨 있다. 규칙은 육체를 사용하는 경기에 반드시 수반되기 마련인 폭력을 억제하는 효과를 지니고 있다. 규칙 속에는 잠재적 폭력이 가두어져 있다고 보면 된다.

스포츠를 평가절하 하고자 노력하는 사람들은 경기 규칙의 존재도 역이용한다. 페어플레이를 위해 만들어 놓은 것이 규칙이고 규칙을 따르는 일이 스포츠 정신이라면, 심판은 왜 두냐고 묻기도 한다.

정치인이나 지식인들에게 기대하기 힘든 직업과 인생의 페어플레이를 유난히 운동선수들이나 관중들에게만 요구하는 까닭은 무엇일까? 자기 영역 내부의 규칙을 준수하는 일에 한정하여, 스포츠계보다 나은 곳이 있으면 나와 보라고 소리쳐 보라. 아마도 나서는 사람이 거의 없을 것이다. 순위를 매긴다면, 규칙 지키기 분야에서 정치는 꼴찌를 면하기 어려울 것이다.

정치가 인간 생활의 모든 측면에 영향을 끼치는 특성을 생정치적 (biopolitical)이라고 표현한다. 흔히 대중을 정치적 관심사에서 떼어놓기 위해 스포츠를 이용하는 행위를 생정치적 음모라고 한다. 그 표현에는 비열한 독재적 정치권력에 대한 비난이 들어 있는 것으로 안다. 하지만 그 비난은 스포츠를 즐기는 대중의 어리석은 맹목성에 대한 비하를 전제하고 있기도 하다. 경기장을 제 발로 찾는 사람들이 필요한 때에 민주주의의 광장에도 먼저 나설 터인데 말이다.

정치가 스포츠보다 더 지성직이라거나, 더 세련됐다거나, 삶의 질적 향상에 더 기여한다는 점에 대한 명확한 사례나 근거는 전혀 없다. 그렇다면 정치를 스포츠보다 항상 우위에 두고 논의하는 생정치적 음모란 것도 설득력이 떨어질 수밖에 없다.

스포츠로 하여금 스포츠에 대한 오해와 부당한 편견으로부터 벗어나게 하는 길이 있다면, 가장 중요한 하나는 폭력으로부터 가능한 완전히 벗어나는 방식일 것이다. 스포츠에서 크고 작은 폭력은 승부에 대한 집착에서 비롯한다. 엄마와 어린 아들이 소풍 가서 하는 배드민턴, 연인끼리 겨루는 해변의 달리기, 프로선수들의 시합이라 할지라도 올스타전 같은 데서는 승부욕은 몰라도 집착은 찾아볼 수 없다. 오히려 상대방에 대한 배려만 있을 뿐이다.

모든 스포츠도 그 경지에 이른다면 아무도 헐뜯으려 덤비지 못할 것이다. 그렇다고 재미가 없으면 그것도 곤란하다. 그러니 가장 이상적 형태의 스포츠는 이렇다고 할 수 있다. 경기 중에는 집중한다. 목표는 당연히 승리다. 좀 더 정확하고 고상하게 표현한다면, 아레테를 통한 아곤의 성취다. 그러나 더 중요한 순간은 경기가 종료되고 난 뒤다. 승패는 그것으로 그만이다. 어떤 승리의 영광도 영원한 것이 아니다. 경기 중에는 승부를 위해 기량을 발휘하고, 마침과 동시에 승패를 떠날 수 있어야 한다.

경기 중에는 페어플레이를 해야 한다. 선수나 관중이나 모두 마찬가지다. 스포츠에 관심이 없거나, 스포츠를 경멸하는 사람들을 위해서라도 페어플레이는 반드시 필요하다.

페어플레이의 전형을 미국 테니스심판협회에서 기초한 〈심판 없는 경기의 선수윤리규정〉에서 발견할 수 있다. 테니스 규칙에는 몇 가지가 있다. 기본 규칙은 선수와 심판이 모두 알고 있어야 할 내용이다. 관중도 이해하고 있으면 경기를 더 흥미롭게 즐길 수 있다.

그런데 주심이고 선심이고 아무 심판도 없이 경기할 때를 위한 규칙도 만들어 놓고 있다. 동네 코트에서 벌어지는 친구들끼리의 맥주 내기 시합을 배려한 규정은 아니다. 공식 테니스 시합에서도 심판이 없는 경우가 있다. 해마다 서울 장충테니스코트에서 여는 장호배 고교 테니스 대회도 심판 없이 치른다. 선수들의 스포츠 정신 함양을 위해서다.

심판 없는 테니스 경기도 일반 테니스 규칙에 따라 판정하고 득점하는 건 당연하다. 다만 심판이 없다는 사정에 맞게 특별한 규칙 몇 가지를 두고 있을 뿐이다. 요약하면 이렇다.

첫째, 선수들 스스로 판정한다.

둘째, 공이 떨어진 코트의 선수가 '아웃' 또는 '폴트'를 큰 소리로 외쳐야 한다.

셋째, 판단과 콜은 머뭇거리지 말고 즉시 해야 한다.

넷째, 애매한 경우에는 항상 상대방에게 유리하게 판정한다.

이 정도면 테니스를 모르는 사람도 이해할 수 있을 정도로 분명할 것이다. 무슨 설명이 더 필요하겠는가. 모든 스포츠의 경기를 이 윤리 규정의 정신에 따라 진행한다면, 탁월한 기량이 돋보이지 않는 평범한 경기조차 아름다움을 내뿜을 것이다.

경기가 끝난 뒤에는 승자와 패자로 나뉜다. 경기장은 승자의 환호와 성취감으로 가득 찬다. 하지만 눈여겨보면 패자의 비장미 같은 것도 서려 있다. 그것들이 서로 어울려 스포츠 미학의 세계를 구성한다.

하지만 정작 중요한 것은 패자를 위한 공간을 배려하는 정신이다. 이런 정신은 경쟁은 물론 심지어 전쟁에서조차 필요한 요소다. 스포츠 나 다른 경쟁을 폭력으로 나아가지 않게 한다. 그런가 하면 전쟁까지도 평화에 기여하게 한다. 평화를 위한 전쟁이란 말은 이 정신을 전제 할 때 가능하다.

승부에 집착하면 경기에서의 승리뿐만 아니라, 경기 후에도 상대로 하여금 일어설 수 없게 만들려고 애쓰게 된다. 압도적인 기량 차이로, 도저히 뒤집을 수 없는 점수의 격차로, 다시는 상대방이 덤빌 수 없게 만드는 데서 쾌감을 얻는다. 그런 습성이야말로 사디즘이다.

상대방을 이길 때 상대방으로 하여금 굴욕적으로 꼼짝 못하게 하는 데서 쾌감을 느끼는 병적 증후군을 도처에서 볼 수 있다. 잔인한 행위 가 간혹 그렇듯이 멋지게 보이는 순간도 있을지 모른다.

하지만 그런 태도를 버리지 못하면 진짜 승자가 될 수 없다. 언젠가 자기보다 나은 상대를 만나면 똑같이 당할 수밖에 없기 때문이다. 상대를 이기는 것에 만족하지 않고, 상대를 제거하는 데 목표를 두고 있는 듯한 태도를 가진 스포츠맨들이 이루어 낼 수 있는 결과는 무엇이겠는가. 스포츠의 일부를 파괴하여 스스로 소멸하게 할 뿐이다.

정치에서도 마찬가지다. 정쟁에서 상대방을 제압하기 위해 신랄한 언어폭력을 마구 행사하는 정치인이 얼마나 많은가. 상대방의 약점을 물고 늘어져 치명적 인격 모독을 하고자 덤벼든다. 그런 살벌한 정치 폭력은 항상 오고 가게 마련이다. 그러니 정치는 스포츠 경기장보다 더 난장판이다.

실제 전쟁에서도 교훈을 얻을 수 있다. 노기 마레스케는 일본 메이지 시대의 군인이었다. 한국계란 설도 있는데, 천황이 사망하자 뒤따라 자결한 기이한 충성심의 무관으로 일본 극우파들이 숭앙하는 인물이다. 그럼에도 그는 의미 있는 일화의 주인공이기도 하다.

노기는 러일전쟁 때 사령관으로 지휘했다. 뤼순 함락 작전에 나서 13만 병력 중 5만 9천 명을 잃었는데, 그때 노기의 두 아들도 함께 전사했다. 막대한 희생을 대가로 러시아 지휘관 스테셀의 항복을 받아 냈다.

하지만 노기는 전쟁에 패한 적장의 자존심을 건드리지 않고 공손한 자세를 유지했다. 패장이 회담장에 들어설 때 무장해제를 하지 않도록 하였으며, 러시아군의 용맹을 칭송하는 말도 빠뜨리지 않았다. 스테셀이 러시아로 돌아가 군사 재판에서 사형 선고를 받자, 노기가 나서서 구명 운동을 벌이기도 하였다. 이것이 진정한 승자의 태도이다.

《뉴욕타임스》 기자를 지낸 적이 있는 에릭 와이너가 아이슬란드를 여행하고 난 뒤의 느낌을 이렇게 말하였다. "아이슬란드는 실패가 낙인이 되지 않는 사회다." 아무리 실패하더라도 언제든 다시 시작할 수 있는 사회라는 의미다. 실패가 그다지 두려울 이유가 없는 사회라면, 정말 안전하고 편안한 삶의 터전이 아니고 무엇이겠는가.

패자가 떳떳이 걸어 나갈 수 있고, 또 다음 경기에 의욕적으로 다시 나설 수 있는 경기장을 만들어야 한다. 패자를 위한 그린 니그리운 공간을 마련할 수 있는 승자야 말로 진정한 승리자다.

에코는 자신이 싫어하는 축구 이야기로 성가시게 구는 사람들에게 "이제 그만 하쇼"라는 심정으로 짧은 글을 썼다. 타고난 재능과 위트를 살려 가급적 재미있게 표현하려다 보니, 그의 풍자와 비유가 둔감한 사람에게 이해하기 어려웠을 수도 있다. 반면에 그 날카로움과 해학에 열광하는 팬도 있었을 테고. 그러다 보니 한두 편을 더 쓰게 되었다. 유사한 표현의 되풀이는 명성이 자자한 글쟁이에겐 금물이라, 다소 지나친 과장도 감행했으리라. 그것이 관음증 환자론이 아닐까 한다.

에코를 숭앙한 사람 중에 트리포나스가 나서 주석을 단 긴 글 한 편을 썼다. 분량이 200자 원고지 160매 정도이니, 축구 문화에 대한 비평적 에세이다. 그래도 잘 엮어서 《움베르토 에코와 축구》라는 작은 문고판 한 권이 되었다.

그 다음에 장정일이 나서서, 축구로 대표되는 스포츠 열광을 관음증으로 힐난하는 삼총사를 구성하였다. 에코에서 트리포나스를 거쳐 장정일에 이르기까지, 스포츠를 조롱하는 태도는 점점 심화되었다. 그것도 지성의 이름으로.

에코 삼총사의 관음증 환자론은 진심이 아닐 터이다. 그들 스스로 스포츠에 재능이 없고 싫어한다고 스포츠팬들을 관음증 환자로 몰아 붙일 터무니없는 시도를 하지 않을 테니까. 정말 그랬다간, 그들도 지식 관음증의 질병에 전염되고 말 것이 분명하니까. 나도 에코 삼총사의 진의를 호의적으로 해석한다. 그래야 다른 형태의 복수를 당하지 않을 것이다.

관음증이 무슨 말인지 들어보지도 못했던 어린 시절, 우리는 축구에 미쳐 있었다. 축구 선수가 되는 게 꿈이었고, 시간만 나면 공을 찼다. 운동장에서 축구를 하다가, 담임선생님이 "애들아, 시험 치러 들어와!"라고 소리쳐야 교실로 뛰어 들어갔다.

그 미완의 프로 시절에 이름도 하나씩 따로 가져다 썼다. 펠레였던 최상관, 요한 크루이프였던 곽희열이나 나도 결국엔 축구 선수가 되는 데 실패했다. 대신 축구 규칙은 그다지 쓸모가 없는 법률가의 세계에서 여전히 함께 살고 있다. 인생을 흘깃 흘깃 엿보는 관음증만 습관으로 지니면서. 그런 가운데 문득 깨닫는 바도 있다. 법률 지식이란 생활의 수단에 지나지 않는 것, 지난날의 축구에 대한 열정은 삶을 사랑하는 방식의 하나였다는 것.

이제 옛날의 조지 베스트가 그 시절의 펠레와 크루이프에게 안부 인사 삼아 한마디 한다. 전쟁을 피하고 평화를 기원하는 마음으로. 기실 우리가 아닌 다른 사람들에게 전하는 말로. 조지훈이 만든 〈친선의 노래〉라는 가사 중 마지막 구절이다.

"이기고 지는 것은 다음다음 문제다."

4장

상식을 뒤엎을 줄 아는 상식

16

증명하려는 게 아니라
말하기 위하여

—역사의 상식

:: 어떤 과정을 거쳐 우리는 지금의 우리가 되었고, 왜 지금의 우리처럼 생각하고 행동하는가? 역사를 읽는 일도 논하는 일도 우리의 과거를 이해하기 위한 노력이다. 역사를 이해하는 데 필요한 것은 흥분보다는 평범한 상식이다.

코페르니쿠스는 1473년 폴란드에서 태어난 천문학자다. 말년에 그는 《천체의 회전에 대하여》란 작은 책자 한 권을 발표하여 세상을 완전히 뒤집어 놓았다.

그 이전의 세계는 지구가 중심이었다. 태양과 달을 비롯한 수많은 별들이 지구 주위를 돌고 있었다. 그런데 코페르니쿠스가 지동설을 주장한 이후로 인간의 세계관은 정반대로 바뀌고 말았다. 태양이 세상의 중심에 고정되어 있고, 지구와 다른 별들은 그 둘레를 돌아야 했다.

이 정도의 표현은 과학적 지식의 전달이 아니라 누구나 상식으로 알고 있는 역사적 사실의 기술이다. 역사는 단순한 옛이야기가 아니라 과거의 삶에 대한 기록이다. 과거에 저절로 일어난 사건이라기보다 우리 선대가 경험한 일의 기술이므로 비교적 있었던 그대로 쓸 수 있을 것이다. 있었던 그대로란 무슨 말인가 하면, 특별한 꾸밈이나 거짓 없는 상태란 의미다. 어쩌다 착각이나 실수로 표현을 그르칠 경우를 제외하고는 그대로 믿어도 좋은 것이 정설로 인정된 역사다. 그것이 역사에 대한 일반적인 상식이다.

이런 이야기가 그다지 이상하게 들릴 리는 없다. 어찌 그렇지 않겠는가. 객관의 세계를 향해 치열하게 자신의 주장을 던지는 예술도 아니다. 소설처럼 허구는 더욱 아니다. 내일을 추측하고 점치는 일기예보나 미래 전망도 아니다. 어떻게 흘러갈지 도무지 알 수 없는 지금의 상황도 아니다. 어제 이전에 우리의 등 뒤에서 펼쳐진 지난 일들을, 적당한 시간 간격을 두고 살펴본 다음에 쓰는 것이 역사다. 그러니 다른 것보다는 사실로 믿는 일이 그리 어리석어 보이지는 않는다.

의심의 여지가 없다고 여기는 코페르니쿠스의 이야기로 다시 넘어가 보자. 첫머리에 쓴 코페르니쿠스에 관한 몇 줄의 글은 권위 있는 역사가도 아니요, 미려한 문장가도 아닌 필자가 적당히 요약한 것이다. 그렇지만 글의 내용에 유달리 의문이 가지는 않는다. 웬만한 사람이면 상식으로 알고 있는 역사적 사실의 한 토막을 묘사했기 때문이다.

이야기를 시작한 김에 조금 더 깊이 들어가 보자. 코페르니쿠스는 토룬이라는 작은 마을에서 자랐는데, 크라카우에서 대학을 마친 다음 이탈리아의 볼로냐와 파도바에 가서 공부를 계속했다.

스물네 살 때부터 서른이 될 때까지 이탈리아에 머무는 동안, 그는 사모스 출신의 아리스타르코스가 이미 기원전 300년경에 지동설을 주장한 문헌을 읽었다. 무려 1,800년 전 고대 그리스 천문학자의 통찰은 진지한 코페르니쿠스에게 감명을 주었을 것이다.

폴란드로 돌아온 코페르니쿠스는 태양이 움직이는 게 아니라 지구가 돈다는 그 충격적 견해에 사로잡혀 있었음에 틀림없다. 조금씩 자신의 생각을 정리하여 이론화하다가 《천체의 회전에 대하여》를 완성한 것은 그의 생애 거의 마지막에 다다랐을 즈음이었다.

1540년에 원고를 출판업자에게 넘겼고, 인쇄된 책이 그의 손에 들어온 것은 그로부터 3년 뒤 사망하기 바로 전날이었다. 세계의 사고방식을 중세의 틀에서 근대의 패러다임으로 바꾸어 놓은 코페르니쿠스의 역사적 저서는 초고와 완성본에 중요한 차이가 하나 있다. 처음에는 그 아이디어가 아리스타르코스로부터 얻은 것임을 밝혔다. 그런데 어떻게 된 영문인지 책이 인쇄되기 직전 아리스타르코스라는 이름을 지워 버렸다.

아리스타르코스가 지금으로부터 무려 2,300년 전에 지동설을 주장했다는 사실은 아르키메데스와 플루타르코스를 통해 전해 내려오고 있다. 백과사전은 물론이고 조금 자세한 우리 국어사전에도 그런 사실은 기재되어 있다.

그렇다면 코페르니쿠스는 왜 초고에 들어 있던 아리스타르코스의 이름을 슬그머니 숨겨 버렸을까? 명예욕 때문이었을까? 그것은 지금까지 수수께끼로 남아 있다.

대과학자를 의심하자면 얼마간의 실마리를 더 찾아낼 수도 있다. 과학사가들이 추적한 결과에 의하면, 코페르니쿠스가 관측에 사용한 기구들은 당시 수준에 비해 너무 엉성한 것들이었다. 얼마든지 더 좋은 기계들이 있었고 경제적으로도 능력이 있었는데 왜 그랬는지 의아스럽다. 그가 하늘의 별들을 관찰했다는 일부 장소도 사실과 다르다고 밝혔다. 체코에서 태어나 독일에서 활동한 천체물리학자 루돌프 키펜한은, 코페르니쿠스는 직접 관찰하지 않고 고대 그리스 천문학자들의 측정 결과를 그대로 받아들였다고 말할 정도였다.

인류의 역사에 가장 큰 영향을 미친 인물을 몇 명 꼽으라면 언제나 빠지지 않는 사람이 코페르니쿠스다. 그런 인물을 자기 소유로 하고 싶은 욕심은 인지상정인 모양이다. 앞서 코페르니쿠스는 폴란드 사람이라고 했다. 인명사전에도 그렇게 적혀 있다. 그런데 한때 폴란드와 독일은 서로 자기 나라의 인물이라고 우겼다.

폴란드에서는 이름도 폴란드식으로 '미코와이 코페르니크(Micolaj Kopernik)'라고 불렀다. 독일에서는 물론 달랐다. 프로이센 방언에 따라 '니클라스 코페르니크(Niklas Koppernigk)'라고 표기했다. 지금 영어권에서는 라틴어식 이름으로 'Nicolaus Copernicus'라고 쓴다. 우리는 니콜라우스 코페르니쿠스라고 하지만, 북한 사전에는 니꼴라스 꼬뻬르니끄라 등재되어 있다.

실제로 조사해 봐도 복잡하다. 코페르니쿠스라는 이름은 폴란드어로 'koper', 즉 음식의 향료로 쓰이는 서양자초에서 나온 것이라는 설이 있는가 하면, 구리를 뜻하는 라틴어 'cuprum'이 어원이라는 추측도 있다. 무엇보다도 당시에는 맞춤법이 정확하게 확립되어 있지 않아 코페르니크 가문의 어원을 따지는 일이 쉽지 않다고 한다.

인종적 측면에서 봐도 사정이 달라질 것은 없다. 코페르니쿠스의 선조들은 애당초 게르만족과 슬라브족의 경계 지역에서 살았다. 폴란드의 피와 독일의 피가 처음부터 섞인 것이다.

어린 시절의 코페르니쿠스는 독일어로 말했지만, 생애 대부분은 라틴어를 사용했다. 성인이 된 뒤의 정치적 성향이나 태도도 모호했다. 독일 기사단에 대항하여 폴란드 왕 편에 섰다가, 폴란드 왕에 마주서서 독일의 주교를 지지하기도 했다. 그러면서 그의 문화적 배경은 그리스와 로마였다.

브리태니커에 의하면, 코페르니쿠스는 1473년 2월 19일 지금의 바르샤바와 베를린 중간쯤의 토룬이란 곳에서 태어났다. 다른 건 몰라도 그의 출생 일시는 비교적 역사적 사실에 가깝지 않을까? 혹시라도 옛날 사람들이었던 만큼 출생신고가 잘못되었을 수도 있겠지만, 공식 기록에 그렇게 남아 있다면 그의 출생일로 믿어야 한다.

이때 역사적 사실에 가깝다는 것은 무슨 의미일까? 객관적으로 1473년 2월 19일이라는 날이 존재할까, 혹은 존재했을까? 결코 뚱딴지같은 소리가 아니다. 지금 사용하고 있는 서력기원의 달력에 따른 날짜 계산법에 익숙해져 있는 우리 관념으로 인식할 수 있는 그날은 존재할 수도, 존재하지 않을 수도 있다.

코페르니쿠스가 살았던 시절, 서양에서 사용하던 역법은 율리우스력이었다. 그러다가 1582년 교황 그레고리우스 13세가 역법을 개혁했다. 4년마다 윤일을 두되, 100으로 나누어지는 해는 제외하지만 400으로 나누어지는 해는 예외적으로 윤년으로 했다.

그런 식으로 조정하면 실제 천체의 운행과 계절에 맞는 날짜가 된다는 결론이었다. 새 역법에 따른 달력의 이름은 그레고리력이었다. 그러다 보니 당장 그해까지 틀린 날짜를 한꺼번에 바로잡아야 했다. 교황의 권위와 힘으로 1582년 10월 4일 다음 날은 5일이 아니라 15일이 되었다. 열흘을 역사에서 없애 버린 것이다.

그레고리력은 만들어진 그 다음 해 이탈리아 도시국가 주변 가톨릭 국가에서 사용되기 시작했다. 새 역법의 전파는 역사의 흐름만큼이나 유장하여 영국에서는 1752년, 일본에서는 1873년, 조선은 1896년에 받아들였다. 중국과 소련은 1923년에 채택한 그리스보다는 빨랐지만 모두 20세기에 들어서서야 새 역법에 따랐다.

그 사이에 수백 년 동안 율리우스력과 그레고리력은 공존했다. 물론 지금도 동방정교회는 율리우스력을 그대로 쓰고 있고, 이슬람 국가는 우리 달력의 체계와는 전혀 다른 이슬람력을 원칙으로 하고 있다. 1896년 그리스의 아테네에서 개최된 제1회 근대 올림픽에서 피에르 드 쿠베르탱은 율리우스 달력을 보고 초청장을 만들었고, 미국 선수단은 그레고리 달력에 따라 움직였다.

지구가 움직인다는 주장에는 전혀 의심의 여지가 없는가? 지금으로서는 누구나 그것을 진리라고 믿는다. 하지만 언젠가 그것조차 뒤집어질 날이 올지 모른다. 지구의 관점에서, 혹은 태양계에서 그 가설은 진실일 수 있지만 만약 관찰의 시점을 태양계를 벗어난 더 넓은 우주로 옮기면 달라질지 누가 알겠는가? 태양계 정도의 우주가 어쩌면 천억 개는 존재할지도 모르는데, 그나마도 계속 확장되거나 늘어날지도 모르는데 말이다.

여기서 처음으로 돌아가 보자. 뭔가 이상하다. 코페르니쿠스에 관한 세세한 정보들이 거짓이 아니라면, 우리가 알고 있던 상식도 사실과 너무 다르다. 출생이나 혈통이나 자란 지역에 얽힌 사연은 그렇다 치자. 핵심에 해당하는 사실조차 모호하다. 인류 역사에서 지동설을 처음 주장한 사람은 코페르니쿠스가 아니란 말인가? 그렇다면 교과서는, 혹은 백과사전은?

역사는 과거의 기록이라고 했다. 과거에 일어났던 일을 가능한 사실 그대로 기록한 것이다. 사료가 잘못되었다거나 실수가 개재되었다거나 하는 일이 없는 한 널리 알려진 역사적 사실은 거의 진실로 받아들인다. 그것이 상식이다. 그러므로 역사의 기술은 사실에 맞게 해야 한다. 상식에 어긋나서는 곤란하니까. 그렇다면 어떻게 하면 사실에 맞게 역사를 쓸 수 있을까? 요즘에야 공문서든 사문서든 많은 기록이 남지만 수백 년, 수천 년 전의 일들에 관한 기록은 빈약하다.

그래도 당시의 사정을 확인할 수 있는 자료들에 기대어 역사를 쓸 수밖에 없다. 그 자료들을 사료라고 한다. 관공서에 남아 있는 서류, 개인의 편지나 일기, 책이나 신문 같은 간행물은 기본이다. 그나마 지금 사용하지 않는 문자는 해독의 과정을 거쳐야 한다.

기록할 글자가 없던 시절의 모습은 동굴 벽에 그려 놓은 기호나 그림, 땅 속에서 발굴한 그릇이나 뼈 따위를 맞추어 가며 상상할 수밖에 없다. 사료에 따라 기술의 정확성이 달라진다. 사료 자체의 신빙성이 문제될 때도 많은 건 물론이다. 사료도 인간의 기록이므로.

그렇지 않다 하더라도 궁금한 게 있다. 요즘처럼 눈부시게 발달한 과학 기술에 힘입어 우리 일상의 모든 것을 녹화해 둔다고 하자. 아주 객관적인 사료가 될 것이다. 하지만 훗날 지금의 역사를 쓸 때, 엄청난 자료 중에서 무엇을 선택해서 어떻게 쓴단 말인가?

그뿐만이 아니다. 사실 아무리 뛰어난 기기를 사용한다 하더라도, 현재 우리의 움직임을 낱낱이 필름화하는 일 자체가 불가능하다. 지금 이 글을 쓰고 있는 내 모습을 앞쪽에서 촬영한 것과 옆쪽에서 촬영한 화면이 다를 수 있다. 만년필을 사용하는지 볼펜을 쥐고 있는지, 그 색깔은 무엇인지 알 수 있을까?

남자배구 결승전에서 현대의 박철우가 강하게 친 공이 삼성 블로커 고희진의 손을 맞고 나갔느냐 그냥 나갔느냐, 비디오 판독을 시도해도 카메라의 각도에 따라 눈에 보이는 진실은 얼마든지 다를 수 있다.

도대체 역사는 왜 쓰는가? 이것이 앞서 제기한 몇 가지의 의문을 해결해 줄 것이다. 과거는 우리의 현재와 미래를 위해 필요하다. 우리의 현재와 미래에 의미가 있는 과거의 기록이 역사로서의 가치가 있다. 과거에 일어난 일을 되새겨 이해하는 일이 어떤 식으로든 우리의 오늘과 내일에 미치는 영향이 있어야 한다.

누군가 불의의 사고로 사망했다고 하자. 그 사람의 죽음은 그의 가족에게는 큰 슬픔이고 충격이다. 그의 죽음이 가족사의 한 페이지를 장식할 수는 있다. 그러나 우리 모두에게 의미 있는 사건은 아니다. 세상의 그토록 많은 죽음이 모두 공통의 역사가 될 수는 없다. 하지만 한 사람이 부당한 국가권력의 횡포에 의해 목숨을 잃었다면 사정은 달라진다. 그의 죽음은 사회공동체 시민들의 의분을 불러일으킬 것이므로 의미가 생긴다.

황제의 발걸음이라고 항상 역사가 되는 것은 아니며, 시골 무지렁이의 한숨이라고 언제나 역사 바깥에 있는 것도 아니다. 결국 역사란 누가 쓰느냐에 달려 있다. 쓰는 사람의 세계관과 가치관과 경험이나 능력이 내용과 방향을 결정한다. 무엇을 선택하여 어떻게 쓸 것인가가 정해지는 것이다. 다음으로 역사가가 기술한 내용의 영향력에 따라 우리의 과거는 비로소 어떤 정형화된 형태를 갖추게 된다. 그리고 가끔 전혀 엉뚱한 모습으로 바뀌기도 한다.

무엇보다 중요한 것이 또 하나 있다. 필요에 따라 무엇인가 쓰기로 했다면, 그 대상과 관련된 과거의 사실을 세밀화 그리듯 자세하고 정확히 묘사하면 되는가? 그게 아니다. 역시 필요에 따라 일정한 방향을 가지고 써야 역사가 된다. 우리 삶이 현재와 미래에 의미를 갖기 위해서는 쓰는 일과 동시에 평가가 필요하기 때문이다.

2008년 여름이 끝나갈 무렵이었다. 북악산 입구의 커피숍에 들렀다. 테이블 맞은편에는 서양사학자 주경철 교수가 앉아 있었다. 화제는 그 여름을 전후해 100일을 달구었던 촛불 집회로 옮겨 갔다. 이야기 끝에 그는 지나는 말투처럼 하면서도 빠뜨릴 수 없다는 듯 자신이 들은 정보 하나를 끄집어냈다.

전경으로 현장에 출동했던 조카에게 들은 바에 의하면, 시위 참가자 중 일부가 전경 버스에 불을 질렀다고 했다. 촛불 집회를 섣불리 가볍게 평가할 그가 아니었음에도, 다소 충격적인 이야기였다며 우려를 표시했다. 나는 서울구치소로 갔다. 전경 버스에 불을 지른 혐의로 구속돼 있는 피의자를 접견했다. 뜻밖의 방문자를 맞은 그가 흥분하여 이야기를 늘어놓기 시작했다.

시골 농업학교를 졸업하고 농기구 제작회사에서 몇 년 일했다. 서울로 와서 다시 대학을 다녔고, 부천에 있는 공장에 근무하다 실직하고 말았다. 다른 일자리를 찾아 여기저기 기웃거리고 있는데 촛불 집회가 시작되었다. 자연스럽게 광화문은 그의 출근지가 되었다. 아는 사람이라곤 아무도 없었지만 단독 참가자로 군중 속에 묻혀 지냈다. 행렬이나 집회에 나설 때를 제외하곤 비각 부근에 자리를 잡았다. 부천행 버스를 타던 곳이어서 비교적 익숙한 자리였다.

집회는 장기화되었고, 격정의 감정도 누그러져 시간이 지날수록 왠지 시들해졌다. 바로 그 즈음 어느 늦은 밤이었다. 사람들이 모여 타다 남은 양초를 한곳에 모아 녹여 꽤 그럴듯한 모닥불을 만들었다. 양초 모닥불 뒤편으로 전경 버스가 배경처럼 서 있었다.

그때 그에게 불현듯 어떤 생각이 떠올랐다. 사흘 뒤, 준비해 온 공구를 가지고 전경 버스 아래로 기어 들어갔다. 보통 승용차에는 없는 버스 기름 탱크의 볼트를 빼내면 기름을 흘러내리게 할 수 있으리라 믿었다. 졸졸 흘러내린 휘발유가 양초 모닥불에 닿는 순간, 가느다란 휘발유 줄기가 도화선이 되어 버스에 불이 붙을 수도 있지 않을까 생각했다. 하지만 공구가 맞지 않아 볼트를 돌리는 데 실패했다. 화가 난 그는 주변의 종잇조각 몇 장을 모아 버스 곁에서 라이터로 불을 붙이다가 체포되고 말았다.

"왜 버스에 불을 붙이려 했나요?"

"오래되니까 집회가 지지부진해서 재미가 없었어요. 불을 붙이면 뭔가 활력소가 될 것 같았어요."

그를 체포한 사람은 경찰이 아니었다. 촛불 집회를 이끌던 연대회의 간부들이었다. 며칠 후 조계사로 가서 피신 중이던 참여연대 박원석 국장을 만난 김에 그 사건에 관해서도 물었다.

그는 웬 낯선 사내가 종이를 모아 버스 아래서 불을 붙이려고 하는 것을 보았다. 종이 부스러기로 버스를 태울 수야 없겠지만, 행동이 수상했다. 촛불 집회의 성격에 흠집을 낼 의도로 잠입한 프락치가 아닐까 의심했다. 박원석과 진중권은 그 사내에게 이것저것 물어보고는 결국 직접 그 사내를 경찰에 넘겼다.

훗날 누군가가 그해 여름의 촛불 집회를 역사의 한 장면으로 기술한다면 어떻게 표현할까? 시민 참여의 경이적인 규모와 새로운 양상의 가능성을 보여 준 민주주의의 거대한 군무로 평가할 수 있겠다. 아니면 극좌 성향의 단체들이 선동한 무질서하면서도 폭력적인 소란으로 규정하고 싶은 사람도 있을 것이다.

전자의 입장에서는 전경 버스를 태우려 시도했던 일이 아주 사소한 해프닝으로 언급할 가치조차 없을 것이다. 하지만 후자의 입장에서는 폭력 시위의 뚜렷한 증거로 그 사건을 들이댈 것이다. 누가 어떤 자료를 남기며, 사가가 어느 자료를 선택하느냐에 따라 역사의 내용은 완전히 달라진다.

불과 얼마 전 우리 눈앞에서 벌어진 일도 보기에 따라 이토록 상반된 모습으로 나타날 수 있다. 그래서 보통 역사는 신문기사와 달리 일정한 시간이 흐른 뒤에 기술의 대상으로 삼는다. 가능한 정확한 평가를 할 수 있도록 충분한 시간을 가진다는 의미가 담겨 있다.

간혹 정치가들은 그 시간의 간격을 아전인수로 해석하며 역사의 심판을 위한 기간이라고 한다. 하지만 며칠 전에 일어난 사건도 정확히 파악하여 묘사하기 어려운데, 한참 시간이 흐른 뒤에 어떻게 제대로 기록할 수 있을까? 그것도 제한된 사료를 바탕으로, 쓰는 사람의 해석과 평가를 덧붙이는데 말이다. 미국 작가 마이클 그루버는 장편소설 《바람과 그림자의 책》에서 이렇게 말했다.

역사에는 세 종류가 있다고 했다. 첫 번째는 실제로 벌어졌던 진실로, 이는 영원히 알 수 없다. 두 번째는 대부분의 사람들이 진실이라고 생각하는 것으로, 꾸준한 노력으로 복구할 수 있다. 세 번째는 권력을 지닌 사람들이 후세의 사람들에게 진실이라고 믿게 만들려는 것으로, 그게 책에 실린 역사의 90퍼센트이다.

소설가의 주장이어서 허구처럼 들릴 수도 있겠다. 그러면 이런 한마디는 어떤가?

역사적 사실은 그것이 관련 전문가들에 의해 인정받았을 때 사실이 되는 것이다.

프랑스 릴대학의 올리비에 뒤물랭이 《마르크 블로크》에서 한 말이다. 역사는 그 시대의 목격자가 아니라 권력자에 의해 확정될 수 있다는 전문가의 진술이다. 권력자는 전문가를 다룰 수 있거나 자기 말을 듣는 전문가에게 기회를 줄 테니까.

역사책에 나오는 내용이 그렇다면, 학교에서 사용하는 역사 교과서는 어떨지 짐작이 간다. 노무현 정부에서 이명박 정부로 정권이 교체된 뒤에 역사학계에서는 무슨 일이 일어났는가?

2008년 3월, 한국 근현대사의 대안 교과서라는 게 나왔다. 이어서 기존의 교과서가 역사적 사실을 왜곡한 좌편향적 기술로 채워져 있다는 주장이 계속됐다. 가장 높은 채택률을 자랑하던 교과서의 출판사가 압력에 못 이겨 필자들에게 수정을 요구했다가 거절당했다.

보수단체가 일어나 전국 학교에 그들의 역사관을 심기 위한 강사를 파견해 특강을 하는 진기한 사태가 벌어졌다. 권력의 이동이 일부 역사가들의 행동 시기에 영향을 미쳤을 것이다. 가까운 과거를 향한 이해할 수 없는 현재의 역사가 얼마나 비상식적일 수 있는지 보여 준다.

역사학계는 한때 스스로 인문학이 아니라 과학을 한다고 여겼다. 정확한 사료를 토대로 정확하게 기술하겠다는 의지가 담겼을 것이다. 하지만 인간은 과거를 중계방송 하듯 그대로 옮기거나 고스란히 재현할 수 없다. 할 수 있다 하더라도, 그런 일은 불필요하다. 마르크 블로크가 역사가와 검사의 직업을 동일시해서는 안 된다고 하지 않았던가.

게다가 인간은 필요에 따라 역사를 해석하여 기록한다. 해석과 평가의 시점은 언제나 현재다. 역사는 유물로 보관하기 위해서가 아니라 현재와 미래에 유용하다고 판단되어 쓰는 것이다. 벨기에의 역사가 앙리 피렌이 블로크에게 들려준 말을 엿들어 보자.

"만일 내가 골동품상이었다면, 내 눈에는 옛 물건들만 보였을 것이네. 하지만 난 역사가가 아닌가. 내가 현재의 삶을 사랑하는 것도 그 때문이지."

그리고 훗날 블로크의 대답은 이것이었다.

"현재에 관심을 기울이지 않으면 절대로 과거를 이해할 수 없다."

명석하고 저명한 역사학자들의 진심과 열정이 담긴 멋진 표현이 가끔 현실에선 엉뚱하게 구체화되기도 한다. 독일의 보수적 역사학자 에른스트 놀테는 프랑크푸르트 신문에 엄청난 논쟁을 촉발하는 글을 실었다. 히틀러가 저지른 범죄는 인류 역사에서 전례가 없는 유일한 사건이 아니라는 주장이었다.

과거 다른 민족들 사이에서도 있었고 앞으로도 일어날 가능성이 있는 사건이므로, 아우슈비츠의 만행에 굳이 독일적 의미를 둘 필요가 없다는 것이었다. 놀테를 지지한 역사가 클라우스 힐데브란트도 거들었다. 그는 나치 독일의 범죄는 히틀러 개인의 책임이므로, 독일은 그 범죄의 굴레에서 벗어나 정상화된 과거를 되찾아야 한다는 논리를 폈다. 보수주의 역사가들에게 나치 시절은 독일 역사의 일부가 아니라, 독일 역사 속의 악몽 같은 존재라는 말이다.

이런 어처구니없는 시도를 신나치주의자들은 흔히 정상적 대응이라 부른다. 나치 시대와 현재 사이에 놓여 있는 시간적 거리를 통해, 지금의 독일 국민은 죄의식과 책임감에서 벗어나야 정상적 시선과 평가를 회복한다는 의미다. 과거를 바라보는 현재의 시점을 강조한 나머지 왜곡에 이른 사례다.

역사의 모호함과 어려움을 이용하여 아예 과거 자체를 부정하는 사태도 벌어진다. 나치의 유대인 대학살, 홀로코스트라 불리는 끔찍한 참극은 실제로 일어난 사건이 아니라는 주장이 제기됐다. 가스실도 없었고, 가스실에서 사람들을 죽이지도 않았다고 한다. 대량학살은 한 건도 없었으며, 모든 것은 사후에 조작됐다는 충격적 발언이 지금도 계속되고 있다.

홀로코스트 부정론은 단순히 과격한 신나치주의자나 정신착란증 환자들이 외치는 게 아니다. 비록 비주류로 분류되고 있지만, 데이비드 어빙이나 마크 웨버 같은 역사가들이 주역이다. 1978년에는 윌리스 카르토가 주축이 되어 역사비평연구소라는 단체까지 설립했다. 분노한 사람들의 공격을 당하자, 지금은 미국 캘리포니아 어바인에 사무실을 두고 간판도 떼어 버렸다. 그들은 이렇게 말했다.

"가스실이 있다면 보여 달라. 아니면 나를 그곳에 데려가 달라."

홀로코스트 부정론의 역사와 근거, 그리고 그에 대한 반론은 적어도 여기서는 되풀이할 필요가 없다. 다만, 그들에 대한 대응이 합리적인가 혹은 상식적인가에 대해서만 잠깐 살펴보자.

1992년 5월 어빙은 독일 청중 앞에서 아우슈비츠의 가스실은 전쟁이 끝난 뒤에 만들어진 가짜라고 했다. 바로 다음 달 로마에서 체포된 어빙은 뮌헨으로 끌려가 기소됐다. 독일법의 죄명은 죽은 자에 대한 기억훼손죄였다. 유죄가 인정되어 벌금형이 선고됐다.

어떤 경우든 표현의 자유가 보장돼야 한다고 주장하는 캐나다 보수 단체에서 수여하는 조지 오웰상 수상자로 어빙이 선정됐다. 그러나 어빙은 캐나다에 입국하려다 공항에서 추방당하고 말았다.

몇 년 뒤, 어빙은 미국의 데보라 립스태트를 명예훼손으로 고소했다. 립스태트가 저서를 통해 역사가로서 어빙 자신의 정통성을 파괴했다는 것이 이유였다. 2000년 1월에 시작한 그 재판에서 판사는 어빙이 역사적 증거를 왜곡하고 조작했다고 판단하여 립스태트에게 무죄를 선고했다.

역사적 사실을 보통 사람들이 전혀 예상하지 못한 방향으로 끌고 나아가며 시선을 끌려는 사람들이 있다. 2008년 초 서울고등법원 법정에서 검사와 피고인이 주고받은 문답은 방청객들을 어리둥절하게 만들었다. 김완섭이란 사람은 자신이 쓴 《새 친일파를 위한 변명》이란 책에서 유관순을 이렇게 묘사했다.

유관순은 당시 대부분의 남자보다 체격이 좋아서 키가 최소한 172센티미터가 넘었던 것으로 알려지고 있다. 법정에서도 어린 나이에 걸맞지 않게 난동을 부린 것을 보면 유관순은 상당히 폭력적인 여학생이었음을 알 수 있으며, 그가 주도한 시위라는 것도 결코 평화적인 것이 아니었음을 미루어 짐작할 수 있다.

그 재판을 지켜본 사람들은 흥미진진했을 것이다. 피고인은 "김구는 명성황후의 원수를 갚는다면서 무고한 일본인을 살해한 뒤 중국으로 도피한 조선왕조의 충견이다"라고도 했다. 인터넷 토론방에서는 이런 글도 올렸다.

"김좌진은 옛날 조선시대로 치면 딱 산적 두목인데 어떻게 해서 독립군으로 둔갑했는지 참, 한국사는 오묘한 마술을 부리고 있군요."

한국사 인물들에 대해 자기 나름대로의 소신을 펴던 작가는 명예훼손으로 법정에 섰다. 지방법원에서 유죄를 선고받은 그는 항소했고, 벌금 750만 원이 너무 가볍다고 해서 검사도 항소했다. 서울고등법원은 역시 유죄를 인정하면서 벌금을 그대로 유지했다. 다만 김좌진의 광복단이 독립운동자금을 마련하는 과정에서 강제로 남의 재물을 빼앗은 사실을 인정하여, 김좌진에 대한 명예훼손 혐의는 무죄라고 했다.

이런 역사적 확신범들에게 형벌로써 위협하는 것이 적당한 방법일까? 명예훼손으로는 부족하니 특별법을 만들어 역사의 유언비어를 막아 보자는 노력도 있었다. 프랑스 리옹대학 교수였던 로베르 포리송은 수많은 글로 홀로코스트를 부인하다가 파비우스게소법에 의해 처벌받았다. 파비우스게소법은 인권을 유린한 일정한 범죄에 대한 이의 제기 자체를 처벌한다는 내용을 담고 있었다. 그 법은 포리송을 법정에 세우기 위해 만든 것이기도 했다. 1925년 미국 테네시 주가 공립학교에서 진화론을 가르치면 처벌하는 법을 만든 사태와 유사하게 평가할 수 있을까?

누구든지 자신의 신념이나 의견을 표현할 수 있다. 양심이나 사상처럼 내면에 형성된 자아의 일부를 드러내려는 욕구는 인간의 본성이다.

그것을 보호하기 위한 장치가 표현의 자유다. 자기와 생각이 다르다는 이유로 비난할 수는 있어도 처벌하는 것은 곤란하다는 생각이 깔려 있다. 그래서 국가보안법을 악법이라고 하는 것이다. 하지만 상식에 크게 벗어나는 이야기를 떠들고 다니는 행위도 허용해야 하는가? 미친 소리를 그냥 내버려 두어야 옳은가? 그렇게 하는 것이 상식에 맞는 태도인가?

신나치주의자로, 대표적인 홀로코스트 부정론자인 에른스트 췬델은 허위사실 유포로 두 차례나 재판을 받았다. 하지만 1992년 캐나다 대법원은 췬델을 기소한 법이 위헌이라고 판결했다.

노엄 촘스키는 한때 무엇이든 자기 생각대로 부정할 수 있다며 포리송의 자유를 옹호하는 글을 썼다. 그 때문에 촘스키는 정치적으로 논란의 대상이 되기도 했고, 순진하다는 비난도 받았다.

어떤 것이든 생각을 만들어 내는 인간 정신이 억압되어서는 안 된다. 누구나 수긍할 수 있는 원칙이다. 그런데 세상의 모든 영역에는 개별의 법칙이 있다. 역사를 쓰는 일에도 그 장르만의 규칙이 있다. 사료를 선택하고 어떤 방식으로 이용하되, 결과가 허위가 되지 않도록 증거를 들어야 한다. 합리적이어야 한다는 말이다. 홀로코스트를 부정 혹은 부인하는 역사 기술은 관행과 규칙을 지키지 않았다고 평가할 수 있다.

극단적으로 왜곡된 정보에 의한 사실 주장이 표현의 자유를 제한할 정도로 위험한가? 기분 나쁜 것은 사실이지만, 구체적 위험의 정도를 가늠하는 일은 쉽지 않다. 그래도 홀로코스트 부인론에 대해서는 이런 접근이 가능하다. 역사 중에서는 이해가 아니라 기억을 위한 것이 있다. 그 기억은 상처를 치유하는 데 유용하다. 집단학살 같은 반인권적 범죄는 과거와 미래의 모든 인간들에게 상처가 된다.

역사의 상처는 증언과 기억에 의해 어느 정도 완화될 수 있다. 반대로 망각은 범죄의 반복을 돕는다. 그러므로 참혹한 과거의 망각을 의도한 사실 왜곡 행위는 가만히 내버려 둘 수 없는 경우도 있다. 아날학파를 창설한 뤼시엥 페브르는 이렇게 말했다.

"인간은 과거를 기억하지 않습니다. 인간은 항상 과거를 구성합니다."

이 산뜻한 표현이 앞에서 말한 과거의 기억과 모순되는 것은 아니다. 북극 빙하가 까마득히 먼 옛날의 매머드를 냉동 상태로 보존하듯 인간은 기억 속에 과거를 담아 놓고 있지 않다는 말이다.

역사적 증언을 위한 기억이란, 현재에 필요한 상태로 재구성한 과거를 기억하는 것이다. 그러한 과거는 구체적 사실이면서, 한편으론 추상화되기도 한다. 그 사건의 해석상 의미가 더 중요하다는 말이다. 과거를 왜곡하려는 인간들은 역사의 추상성에서 파생하는 약점을 물고 늘어져 과장한다. 나치 수용소에서는 유대인을 죽여 비누를 만들었다는 소문이 있었다. 실험한 결과 어느 비누 조각에서도 인간의 지방이 발견되지 않았다. 홀로코스트 부정론자들은 이렇게 외친다.

"비누가 가짜이므로, 안네 프랑크의 일기도 허위다."

홀로코스트는 인간성을 말살하는 집단적 광기의 범죄로 기록돼 있는 역사다. 따라서 비누가 진짜건 가짜건 큰 문제가 될 수 없다. 페브르는 또 이렇게 말했다.

"외따로 떨어진 인간이 추상이라면, 집단 속의 인간은 현실입니다."

역사 속의 인간은 집단 속을 드나든다. 역사적 인물의 의미는 집단 속에서 나타난다. 페브르의 말을 더 들어 보자.

"역사란 개인과 집단의 작품입니다. 더 정확히 말하면, 역사적 인물은 집단 속에서, 집단에 의해 전개됩니다. 개인은 한때 거기서 나오지만, 다시 집단에게 새로운 길들을 보여 줍니다."

개인이 아닌 역사적 인물도 추상화된다. 재구성된 과거 속 인물은 구체적 사실을 바탕으로 한 추상성 때문에 현재의 우리에게 의미가 있다.

중국과 고려에서 역경은 대단한 작업이었다. 붓다의 팔만사천 법문이 팔리어와 산스크리트어로 옮겨졌고, 그것을 다시 중국에서 한문으로 번역했다. 가능한 경전 한 구절이라도 빠뜨리지 않고 집대성하려 했다. 그리고 영구 보존하기 위해 목판에 새겼다.

중국 북송의 대장경은 고려대장경에 비하면 초라하여 언급할 가치가 없다. 고려 현종 2년이었던 1011년, 거란의 침입을 불교의 힘으로 물리쳐 보고자 대장경 제작을 결정했다. 나무를 구해 나르고, 소금물에 담가 준비하고, 경전을 기획하여 정리한 뒤, 목판에 정교하게 새겼다. 대역사는 무려 76년 동안 계속되었다. 그러고도 모자라 1092년 승려 의천의 주도로 속장경도 만들었다.

엄청난 가치를 지닌 목판대장경에 대한 평가도 사람마다 다르다. 당시 우리 정신문화와 과학 기술의 집대성으로 여기는 의견이 보통이긴 하지만, 외적의 침입을 미신으로 막기 위해 백성의 고혈을 수탈한 결과가 엄청난 업적으로 바뀌었다는 비판도 있다.

지금 우리에겐 초조대장경도, 속장경도 없다. 처음 만든 대장경은 몽고 침입 때 불탔고, 속장경은 어디로 사라졌는지 아무도 모른다. 해인사의 팔만대장경만 있을 뿐이다. 세 번째 만들어 재조대장경이라 부르기도 하는 팔만대장경의 공식 명칭은 고려대장도감각판이다. 몽고의 거듭된 침입으로 전란의 아수라장 속에서 16년이란 단기간 동안 완성한 것이 팔만대장경이다.

기술 면에서는 물론 내용 면에서도 가장 완벽하다. 당시 세계 불교의 전부가 팔만 개가 넘는 목판 속에 새겨졌다. 그 놀라운 결과는 어쩌면 불교 자체보다 더 위대해서 감히 노동력의 수탈이라는 비난을 입에 올릴 수조차 없다.

불교가 쇠하고 유교의 정신이 부흥하기 시작한 조선 왕조에서도 대장경은 가치를 인정받았다. 필요한 부분의 목판을 인쇄하여 간행하는 인출 작업이 수시로 진행되었다. 그런데 조선시대 대장경의 인출은 일본의 요청에 의한 것이 가장 많았다. 1389년부터 1509년 사이에 83회나 요청한 기록이 남아 있다.

일본의 종교열과 학구열은 급기야 1423년 대장경 자체에 이르렀다. 보아하니 조선은 대장경에 큰 관심도 없는 것 같은데, 아예 일본에 넘겨 달라는 요구였다. 세종은 귀찮기도 하여 팔만대장경을 일본에 줘 버릴 결심을 했던 모양이다. 실록에 의하면 유신들의 간곡한 반대로 세종이 마음을 바꾸었다고 한다. 그러면서 결심을 번복한 이유를 이렇게 언급했다.

"경전은 아깝지 않지만, 그것을 주고 나면 그 뒤의 대일 교섭에서 이롭지 못할 터이다."

시인 김정환은 세종의 이유가 천박하기 짝이 없다고 평가했다.

같은 해 기록에 이런 이야기도 남아 있다. 고위 관리의 부인이 다른 관리와 간통하자 사건의 처리를 세종이 직접 지시했다. 여자는 사흘 동안 저자거리에 세워 창피를 준 다음 참형에 처한 반면, 함께 간통한 관리는 공신의 후손이란 이유로 귀양을 보내는 데 그쳤다.

세종의 숨겨진 일화가 역사적 사실이긴 하지만, 세종의 역사적 의미를 뒤집지는 못한다. 명군 세종은 세종대왕으로 이미지화되어 있기 때문이다. 그 이미지는 권력의 영향도 받았겠지만, 적정한 시간 동안 전문가와 국민이 합의한 결과라고 할 수 있다. 사소하지 않은 실수나 인간적 결함을 용케 발견해 낸다 하더라도, 그 흠으로 역사적 인물의 추상성을 무력화할 수 없다는 것을 알 수 있다.

역사적 사건이나 인물의 추상성은 우리가 필요하여 만든 과거의 이미지다. 그것은 진실도 아니고 허상도 아니다. 역사적 해석과 이해의 결과다. 모든 것이 적당히 섞여 있을 것이다. 세상에서 일어나는 일은 명암과 경계가 분명하지 않기 때문이다. 오직 하나의 가치와 직선적 성격으로 만들어진 인간은 인조인간을 제외하고 없을 테니까.

가끔 현재의 사람들은 역사의 추상성을 오해하고 그것을 허물어뜨리는 일이 역사적 소명인 양 행동한다. 홀로코스트 부정론자들이 그런 것은 당연하다. 몇 가지 구체적 사실을 놀라운 증거인 것처럼 내세우며, 일본군 위안부의 비극성을 무시하고 식민지 근대화론을 구축하려는 시도도 그와 비슷한 유형이다.

엘로이즈는 열여섯, 많아야 열일곱 살의 맑고 아름다운 소녀였다. 게다가 라틴어와 그리스어까지 익힌 뛰어난 재원이었다. 그에 비하여 아벨라르는 22년 연상이었으니, 사십대를 목전에 두고 있는 중년의 학자였다.

외모로만 본다면야 엘로이즈 앞에서는 볼품없는 아벨라르였지만, 그는 기욤과 안셀무스의 제자로 존경받는 당대 최고의 신학자이자 철학자였다. 그들이 만난 것은 대략 1116년, 아니면 1117년쯤인데 엘로이즈의 숙부 필베르의 부탁 때문이었다.

아벨라르는 엘로이즈의 가정교사가 되었다. 두 사람은 곧 열애에 빠졌고, 아이까지 낳았다. 하지만 두 연인의 불꽃이 타오른 높이만큼 필베르의 분노도 거셌다. 필베르는 밤중에 자객들을 보내 아벨라르의 성기를 제거해 버렸다.

칼의 폭력으로 두 사람의 사랑은 찢어지고 말았다. 한 사람은 수도원으로, 또 한 사람은 수녀원으로 들어갔다. 클뤼니 수도원에 머물던 아벨라르는 로마 여행길에 나섰다가 63세를 일기로 숨을 거두었다. 아르장퇴유 수녀원에서 원장까지 지낸 엘로이즈는 20년을 더 살고 생을 마감했다. 그리고 그들이 헤어진 때로부터 200년이 지난 뒤 파리의 페르라셰즈 묘지에 함께 묻혔다.

그토록 유명한 중세의 사랑 이야기가 알려지게 된 것은 그들이 남긴 편지 때문이다. 아벨라르는 장문의 편지 한 통을 썼다. 아벨라르의 처지를 비통해 하는 친구를 위로하는 내용이었다.

사건의 경위를 소상히 밝힌 편지가 우연히도 수녀원의 엘로이즈에게 전해졌다. 엘로이즈는 즉시 아벨라르에게 격정의 편지를 띄웠다. 몇 차례에 걸쳐 세기의 연인들 사이에 답신이 오갔다. 17년에 걸쳐 주고받은 편지는 아벨라르가 정체불명의 친구에게 보낸 첫 번째 편지를 포함하여 겨우 여덟 통이 남아 있는데, 그것이 그들 이야기의 실체이자 근거다. 훗날 다른 필사본으로 세 통의 편지가 추가되었다.

후세 사람들은 편지로 전하는 아벨라르와 엘로이즈의 순애보에 흥분했다. 슬프고 아름답고 애틋하기 그지없는 그들의 이야기는 차차 전설이 되었다. 중세에 펼쳐진 불멸의 사랑은 많은 사람들을 감동의 도가니로 몰아넣었다.

장 자크 루소는 1761년 두 사람을 모델로 쥘리와 생 프뢰를 주인공으로 한 장편 서간체 소설 《신 엘로이즈》를 발표하여 인기를 끌었다. 동서양의 철학자와 문학가들은 엘로이즈와 아벨라르의 편지를 분석과 가공의 텍스트로 삼았다.

격정의 감정을 다루는 대부분의 작업은 아벨라르와 엘로이즈의 이야기를 사실로 전제한 것이다. 그런데 그들의 사랑과 편지가 그대로 믿을 수 있는가에 대한 의문이 제기됐다. 편지는 모두 원본이 아닌 필사본이었다. 원본이 있었다 하더라도 필사본은 모두 150년 뒤에 만들어진 것이었다.

엘로이즈는 편지에 "제게는 아내보다는 늘 애인이라는 호칭이 훨씬 달콤했어요"라고 썼다. 사람들은 최초의 자유연애론이라 떠들었지만, 12세기 수녀원장의 글이라기엔 너무 파격적이었다. 하지만 흥미를 부추길 만한 매혹적인 표현이 계속됐다.

"아우구스투스 황제의 황후가 되기보다 오히려 당신의 창녀가 되겠어요."

아벨라르의 문장도 만만치 않았다.

"더군다나 그곳에는 따로 몸 둘 으슥한 곳이 없었기 때문에 바로 식당 한쪽 구석에서 그 짓을 하지 않았소! 정말이지 당신도 잊지 못하리다마는, 당시의 그 파렴치한 행위가 동정녀 마리아를 봉헌하는 가장 존엄한 곳에서 이루어졌으니 말이오."

침착한 분석가들은 감정에 치우친 두 사람의 편지는 모두 한 사람이 쓴 것이라고 판정하기에 이르렀다. 그 진위는 알 수 없다. 역사적 사실인 것처럼 기록된 중세의 사랑은 역시 추상적 의미로 우리에게 남아 있다.

역사의 추상성은 왜곡이나 와전의 단계를 넘어서 전설을 요구하기도 한다. 우리의 시대적 요청에 따라 단군 신화가 만들어져 교과서에 게재된 것처럼, 사실 여부 자체가 불투명해도 아벨라르와 엘로이즈의 사랑은 여전히 남겨 두는 게 필요한 일일까? 그만큼 그들의 신분과 상황, 그리고 편지의 내용은 매력적이었다. 엘로이즈의 편지엔 이런 구절도 있다.

"우리들이 함께 맛본 저 사랑의 쾌락은 제게는 다시없이 달콤했던 추억이며, 저는 결코 그것을 후회하지 않아요."

어떤 과정을 거쳐 우리는 지금의 우리가 되었고, 왜 지금의 우리처럼 생각하고 행동하는가? 영국의 역사가 이사야 벌린이 《비코와 헤르 더》에서 제기한 이 한마디가 역사의 필요성을 가르쳐 준다.

역사가는 과거를 추적하여 기술한다. 과거는 흔적을 남기기 때문에 그 일이 가능하다. 그렇지만 역사는 과거를 있었던 그대로 뒤돌아보게 하는 투명한 창이 아니다. 역사는 과거의 실황을 현재에 중계하거나 증명하는 수단이 아니다. 블로크가 말하지 않았던가. 역사가는 판단하기보다는 이해하려고 노력하는 사람이라고.

과거의 이해는 가능한가? 이탈리아의 조반니 바티스타 비코는 가능하다는 쪽이었다. 인간에게는 이해할 수 없는 지식과 이해할 수 있는 지식이 있다. 인간이 직접 만든 것은 이해가 가능하다. 비코는 그것을 '원인에 의한 지식'이라 불렀다.

돌이나 나무나 동물에게도 인식 가능한 과거는 있지만, 역사는 없다. 역사 인식은 단순히 과거 사건에 대한 인식이 아니기 때문이다. 역사는 이해하는 것인데, 역사를 인간이 재구성했기 때문에 이해하는 일이 가능하다. 우리는 돌이나 나무나 동물의 역사를 결코 이해할 수 없다. 그렇지만 인간의 과거나 수학은 인간이 만들었기 때문에 이해할 수 있다.

지동설을 최초로 생각하고 발표한 사람이 코페르니쿠스가 아니더라도, 또는 맞더라도, 우리는 그 의미를 이해할 수 있다. 코페르니쿠스 이전에 태양이 아니라 지구가 움직인다고 생각한 사람이 얼마나 많았는지 우리로서는 알 수 없다. 아리스타르코스가 먼저 생각을 정리하여 글로 남겼다 하더라도, 코페르니쿠스에 의해 그것이 시대의 전환을 알리는 사상으로 변모한 사실을 무시할 수는 없다. 그렇다고 지동설이 코페르니쿠스 때 완성된 것도 아니다. 그것은 훗날 갈릴레오와 케플러의 과학적 정신과 기능에 의해 완결되었다. 그래도 코페르니쿠스의 추상성은 크게 흔들리지 않는다.

역사를 읽는 것은 과거를 이해하기 위해서다. 역사를 논하는 일도 우리의 과거를 이해하기 위한 노력이다. 역사를 이해하는 데도 관행과 규칙이 존재한다. 그 정도의 역사를 이해하는 데 필요한 것은 흥분보다는 상식이 아닐까, 하는 생각이 든다.

17

일상적 거짓과
소설적 진실

−거짓말의 상식

:: 인간은 할 수 없는 일은 없다고 생각하는 존재다. 상상할 수 있는 일은 꼭 실현할
수 있다고 믿는다. 거짓말을 탐지하는 일도 가능하다고 전제하고 기술 개발에 골몰
한 결과, 거짓말 탐지기라는 또 하나의 거짓말을 만들어 냈다.

늘 보는 얼굴들이 모이는 자리라도 첫인사를 나눌 사람이 두엇만 보이면 곧잘 벌이는 행사가 있다. 5분 자기소개라는 술자리의 통과의례다. 그런 고색창연한 의전을 즐기던 임선배는 자기가 먼저 시범을 보이곤 했다.

  "저는 일찍이 전라북도 고창에서 빈농의 손자로 태어나……."

  바로 그 순간, 누가 손을 들고 끼어들었다.

  "왜 손잡니까? 아버지는 안 계셨어요?"

  "아닙니다. 아버지 때 와서 집안 형편이 폈습니다."

  이런 말재주는 거짓말이어도 아무에게 해를 끼치지 않는다. 오히려 모두에게 순간의 즐거움을 선사한다. 거짓말도 아니고 농담도 아니다.

위트라고 해야 적절하다.

힌두스탄 유니레버는 뭄바이에 본사를 두고 있는 인도 최대의 생활
필수품 제조회사다. 라이프부이와 럭스로 대표되는 비누는 인도 시장
의 65퍼센트를 차지한다. 회사에서는 비누 판매와 함께 위생 교육도
한다. 건강을 지키기 위해 손을 씻는 습관을 가져야 한다는 의식을 깨
우쳐 주는 게 주된 목적이다. 그래야 비누를 팔 테니까.

위생 교육을 맡은 전문가를 보건정책관(Health Development Officer)
이라고 부른다. 그들은 파란 유니폼을 입는데, 의사처럼 보이기 위해
서다. 그들의 직함을 공무원을 의미하는 '오피서'로 한 이유도 권위
를 가지게 하려는 의도에서였다.

언뜻 생각하면 대기업에서 가난한 시골 사람들에게 비누를 팔아 먹
기 위해 속임수를 쓰는 것으로 여길 수도 있지만, 자세히 들여다보면
사정이 판이하게 다르다. 수많은 인도인들은 굶주림과 질병에 시달리
고 있다. 한 해에 설사병으로 죽는 아이들이 66만 명에 이른다. 손을
잘 씻지 않기 때문이다.

심지어 시골에서는 비누가 어디에 사용하는 물건인지 모르는 사람
도 많다. 매스컴이 보편화되어 있지 않고, 문맹률도 높다. 그러니 일일
이 사람들을 직접 찾아 나서야 한다.

사람들을 모아 놓고 빨간 비누를 보여 준다. 아이들 손에 형광물질
을 바르고 그냥 물로 씻은 다음 암실에 손을 넣게 한다. 손이 반짝거린
다. 다시 비누로 손을 씻은 뒤와 비교해 보게 한다. 반짝거리던 것이
말끔히 사라진 것을 보고 아이들이 놀란다.

힌두스탄 유니레버는 자기들 방식대로 기업의 사회적 책임을 수행하는 프로그램을 만들었다. 그것이 바로 전문교육을 받은 보건정책관들을 통한 낙후된 지역민들의 위생 교육이다. 물건을 만들어 팔아 이익을 남기는 기업이 그 대가로 사회 기여를 위한 책임을 이행할 때, 그 기업을 사회적 기업이라 한다. 기업은 물건만 만드는 게 아니라 사회적 가치를 만들어 낸다는 의식이 밑바탕에 깔려 있다.

그렇다면 어떤가. 의사처럼 보이려고 파란 옷을 입고, 권위 있어 보이게 하려고 명함에 '오피서'라고 기재하는 행위가 결코 나쁘게 보이지 않는다. 그것도 거짓말이라면, 사회적 기업의 가능성을 믿는 젊은이들의 모임인 넥스터스가 말한 대로 아름다운 거짓말이다.

2009년 4월 27일, 미국 부시 행정부에서 국무장관을 지낸 콘돌리자 라이스가 스탠퍼드대학의 한 학생과 나눈 대화를 보자. 무엇이 거짓말이고 참말인지에 대해 시사하는 바가 크다. 짧지만 격렬하게 오간 몇 마디에 설명이 더 필요할 것 같지는 않다.

"우리가 관타나모 수용소에서 고문한 건 맞잖아요."

"학생이 틀렸어요. 우린 아무도 고문하지 않았다니까."

"이런 행동을 계속한다면 미국이 어떻게 민주주의의 등불이 될 수 있겠어요."

"이라크 아부 그라이브 수용소 일은 분명 잘못됐어요. 하지만 관타나모에서 한 신문 방식은 합법적이었어요. 이 나라를 안전하게 만들기 위한 조치였어요."

"제2차 세계대전 때 독일 나치가 미국인 50만 명을 죽였어요. 그때도 우리는 전범들을 고문하지 않았어요."

"독일은 미국 본토를 공격하진 않았어요. 그리고 이번에도 우리는 고문한 적이 없다니까요!"

"분명히 관타나모에서 고문을 했어요."

"아뇨! 학생이 틀렸어요! 확실히 학생이 틀렸어요! 우린 아무도 고문하지 않았어요!"

상식이 건전한 사회를 위해 필요한 요소라면, 거짓말은 상식에 반하는 것이다. 인간의 관계는 서로 신뢰하는 데서 출발한다. 나는 상대방에게 참말을 하고, 상대방도 나에게 솔직하게 말할 것이라고 기대한다. 그것이 원칙처럼 상정돼 있기 때문에 상식이라 부를 수 있다.

거짓말은 사실과 다르게 꾸며서 하는 말이다. 거짓말은 그 자체로 비상식적인 것처럼 느껴진다. 거짓말이 믿음을 전제하고 있는 인간관계에 슬며시 끼어드는 순간 질서는 흔들리기 시작한다. 거짓말은 잘못 믿은 사람에게 불의의 손해를 끼친다. 거짓말에 대비해 상대를 의심하고, 속지 않기 위해 거짓말로 맞받고, 거짓말이 거짓말을 낳는다.

중국의 은나라가 시작된 시기는 대략 기원전 1600년경으로 잡는다. 은나라는 한동안 전설 속의 나라였다. 말만 있었지 믿게 할 수 있는 물증이 없었다. 그러다 나타난 것이 갑골문이었다. 은나라 유적지에서 문자가 새겨진 갑골이 무려 10만 편이나 쏟아져 나왔다.

갑골문은 단번에 환상의 나라를 실재했던 왕조로 찬란히 등장시켰다. 은나라 사람들은 술도 엄청나게 마셨지만, 1년이 365.25일이라고 밝혀 놓기도 했다. 모두 갑골편이 일려 준 정보들이다. 갑골은 귀갑수골(龜甲獸骨)의 약자다. 거북의 껍질과 짐승의 뼈라는 말이다. 갑골문이란 갑골에 나타난 문양이나 글자를 말한다.

은나라 사람들은 많은 일을 점괘에 의존했다. 국사처럼 중요한 일일수록 더욱 그러했을 터이다. 왕의 치통이 언제쯤 멎을 것인가? 점치는 일을 전문으로 하는 정인(貞人)은 갑골편을 불에 태웠다. 단단한 갑골이 터지면서 생긴 금의 모양을 보고 점괘를 읽었다.

점괘는 구두로 설명할 경우도 있었지만, 대체로 갑골편에 손으로 써 놓았다. 이런 경위로 갑골편에 쓰인 글씨와 갈라진 금 따위를 통틀어 복사(卜辭)라 한다. 갑골편으로는 거의 대부분 소 어깨뼈를 사용했고, 후기에 간혹 거북의 껍질이 등장했다. 거북 껍질도 등 부분은 아주 드물었고, 대개 배 부분이었다.

갑골문을 처음 발견한 사람은 1857년 장쑤성에서 태어난 유철운이다. 일찍이 서양 학문에 관심을 보였던 유철운이 청나라 관리였던 왕의영의 집에 식객으로 지내던 시절이 있었다. 왕의영은 말라리아에 걸려 고생하고 있었는데, 키니네가 없던 그 시절 특효약으로 통하던 것은 용골이었다. 용골은 땅 속에서 나온 오래된 짐승의 뼈를 간 것이다.

하루는 유철운이 아직 갈지 않은 용골 조각을 살펴보고 있는데, 거기서 옛 글씨를 읽게 되었다. 그렇지 않아도 은허에서 나온 청동기나 비석의 글자를 연구하던 그의 눈에 같은 계통의 문자는 금방 띄었다. 금석문에 밝은 왕의영에게 보여 주며 함께 연구하기로 했다. 1899년이었다.

약으로 쓰던 용골은 깨끗하고 흠집이 적을수록 상품으로 쳤다. 약재상에서는 가끔 용골에 새겨진 희미한 글자를 긁고 문질러 지우는 일도 있었다. 유철운과 왕의영이 관심을 가지고 북경의 약방을 뒤지며 용골을 사 모으기 시작했다. 그들은 글자가 많은 것을 찾았다.

마침 비슷한 시기에 갑골문의 가치를 알아챈 후베이성의 순무사 단방 역시 용골에 새겨진 글자 수대로 돈을 쳐서 수집하고 있었다. 그러자 거래계의 판도가 달라지고 말았다. 이제는 깨끗한 용골에도 가짜로 글씨를 써 넣는 사태가 발생했다.

인간은 필요한 것을 찾아내기도 하지만 만들어 내기도 한다. 만들어 내면서 거짓말도 함께 만든다. 그래야 수요자들이 믿기 때문이다. 바로 가짜다. 거짓말이 섞여야 제작이 가능한 가짜 물건은 오로지 위조자의 작품이라고 하기에는 곤란한 점이 있다. 특정한 재화에 대한 비정상적인 관심과 수요가 기여하는 부분도 크기 때문이다.

용골의 예에서 보듯, 원하는 사람만 있으면 언제든 원하는 제품을 만들어 내는 게 인간의 거짓말과 능력이다. 가짜의 역사는 인류의 역사와 거의 일치할 것이다. 사례를 유형화하여 나열하기가 불가능할 정도다.

유물과 관련한 가짜 사건만 해도 얼마나 많고 다양한가. 20세기 초 유럽인들이 타클라마칸 사막의 출토품 수집에 혈안이 되어 있을 때 이슬람 아훈이 나타났다. 그는 유럽인들이 원하는 고문서를 생산했다. 처음에는 원본 목판을 놓고 정교하게 글씨를 모사했다. 그러다가 읽지도 못하는 서양인들이 경쟁적으로 열을 올리자 아예 글자도 마음대로 만들어 양산해 버렸다.

가짜에 속지 않기 위해 전문가란 사람들이 자기들만의 영역과 권위를 구축했다. 보통 사람들은 속여도 전문가는 어림없다는 자신만만함이 간판이다. 그렇다면 전문가를 속일 수 있는 거짓말이라면 모든 사람을 속일 수 있다는 말이 된다. 거짓말의 전문가들은 제도적 전문가를 얼마든지 골탕 먹이곤 한다.

독일 뷔르츠부르크대학의 교수였던 베링거는 1726년 그럴싸한 책을 한 권 냈다. 뷔르츠부르크 일대에서 발굴한 화석에 관한 도판과 해설을 담은 저서였다. 거기엔 석화된 꽃들과 개구리, 그리고 파리를 잡으려는 거미의 사진도 들어 있었다.

베링거는 의기양양한 필치로 지적 경쟁 상대들을 반격하고 비난하는 전문적 식견을 도판의 해설로 달았다. 책은 널리 읽혔고, 찬사를 받았다. 그리고 사실 하나가 밝혀졌다. 그 멋진 화석은 교수의 취향을 간파한 학생들이 배운 대로 정교하게 만든 가짜였다. 교수가 틀림없이 삽질을 하리라고 예상되는 곳에 슬쩍 묻어 두었던 것이다.

《그리스 미술 모방론》으로 명성을 굳힌 독일의 고전학자 요한 요아힘 빙켈만은 또 어떤가? 의문의 죽음을 당하긴 했지만, 생전의 그는 세계 최고의 심미안을 가진 고상한 전문가로 대우받았다. 그의 날카로운 미학적 감식안은 아무도 침범할 수 없는 높은 곳에 위치한 듯했다.

위대한 빙켈만을 가볍게 거꾸러뜨린 인물은 카사노바였다. 카사노바는 자신이 직접 그린 그림 세 점을 들고 가 폼페이의 벽에서 뜯어낸 것이라고 했다. 빙켈만은 그대로 믿었다. 그리고 자신의《고대 미술

사》에 카사노바가 꾸며 낸 발굴 과정까지 상세히 기술했다. 그는 이렇게 썼다.

나는 이 인물의 얼굴에 비길 만한 어떠한 아름다운 얼굴도 알지 못한다. 그 아름다운 얼굴은 마치 전체 인생이 긴 입맞춤의 연속이라는 듯 감각적 기쁨을 주는 본능이다.

빙켈만은 카사노바의 가짜 그림을 일찍이 어디서도 발견된 적이 없는 작품이라고 주장했다. 카사노바의 거짓말이 빙켈만의 거짓말을 낳았다. 하지만 빙켈만의 말은, 그와 카사노바 외에 그 그림을 본 사람이 아무도 없었으므로 틀린 주장은 아니었다.

거짓말 하나로 세계를 떠들썩하게 만든 사건은 많다. 전문가를 감쪽같이 속여 인류의 역사를 바꿔 놓으려 했던 희대의 사기극 하나가 필트다운에서 벌어졌다. 영국 남부 서식스 주 루웨스 부근에 있는 작은 마을의 이름이 필트다운이다.

1908년 필트다운의 공유지에서 무엇인가 출토되었다. 그리고 4년 뒤, 그 품목에 구색을 갖추려는 듯 오래된 화석 따위가 보강되었다. 1912년 12월 18일 런던의 피커딜리에서 고대 유물 발굴 결과가 발표되었다. 주인공은 대영박물관의 고생물학자이자 지질학 분야 관리자였던 아서 스미스 우드워드 경이었다. 그리고 바로 옆의 또 한 사람은 변호사이자 아마추어 고고학자인 찰스 도슨이었다. 그는 대학 졸업장은 없었지만, 열여섯 살 때부터 사무실에서 견습 생활을 시작하여 신체와 정신을 단련한 입지전적 인물이었다. 그들이 신비한 웃음과 함께 내민 놀라운 물건은 인간의 두개골이었다.

필트다운 두개골의 가장 두드러진 특징은 턱뼈에 있었다. 뇌는 인간의 것이 분명한데, 턱뼈는 원숭이 쪽에 더 가까웠다. 핵심은 거기 있었다. 진화론에 따라 원숭이에서 인간으로 옮겨 가는 과정에 있는 존재였던 것이다.

종전까지 화석이라곤 인간 아니면 원숭이밖에 없었다. 유인원에서 인간으로 진화했다면, 그 과정을 보여 주는 중간 증거물이 있어야 논리적이지 않겠는가? 놀랍게도 필트다운의 두개골이 그 최초의 증거가 되었다. 적당히 마모된 어금니와 송곳니까지 발견되어, 궁극적으로 가장 오래된 인간 조상의 두개골이란 사실에 대해 더 이상 의심할 수 없게 만들었다. 이로써 완벽한 인간과 원숭이의 매개가 탄생했고, 그 증명을 자랑스럽게도 영국 땅에서 해낸 것이다.

1953년, 청천벽력과 같은 선고가 있었다. 오랫동안 조사를 벌인 결과 필트다운 두개골은 가짜라고 최종 확인한 것이다. 인간의 두개골에 오랑우탄의 턱뼈를 가져다 붙인 것으로 드러났다. 위조자는 턱뼈의 관절 부분을 교묘히 끊어 버려 해부학적으로 두개골의 아랫부분임을 확인할 가능성을 애당초 제거했던 것이다. 치아는 적당히 줄로 갈아 인간의 것처럼 만들었다.

희대의 사기극이 밝혀졌지만 정작 범인은 누군지 아무도 몰랐다. 변호사 도슨이 가장 유력했지만 확인할 길이 없었다. 연대측정법의 발달로 두개골은 겨우 600년, 턱뼈는 500년 남짓 된 것으로 추정되었다.

13세기경의 뼛조각을 무려 수백만 년 전의 것으로 둔갑시켜 고고학과 자연과학 전문가들을 모조리 속여 버린 필트다운 사건은 그렇게 종결되었다.

평범한 사람들은 과학적 결론을 진리의 한 부분으로 이해한다. 하지만 과학이 밝혔다는 내용은 또 얼마나 자주 뒤집히는가? 과학의 이론이란 사실을 설명하기 위한 수단이다. 우리 삶 주변에서 일어나는 사실과 이론이 과학이라는 테두리 안에서 관계를 맺는 방식에도 항상 거짓이 끼어드는 것이다.

인간의 과학적 지식이 얼마나 틀리기 쉬운가를 보여 주는 사건은 많다. 로버트 앤드류스 밀리컨은 1923년 미국인으로서는 두 번째로 노벨 물리학상을 받은 과학자였다. 밀리컨이 과학사에서 이름을 남기게 된 업적의 하나는 기름방울 실험이었다. 그 실험은 전하의 최소 단위를 찾아내는 것이 목적이었다.

세상 만물에는 전기적 에너지가 포함돼 있다. 우리의 신체는 물론이고 딱딱한 나무로 만들어진 책상도 마찬가지다. 모든 물질의 최소 단위의 하나가 원자라는 것쯤은 상식이다. 원자는 다시 양성자와 중성자 그리고 전자로 나눌 수 있다. 양성자는 양전기를, 전자는 음전기를 띠고 있다. 그러니 모든 물질은 전기적 성질을 지니고 있는 것이다.

전하란 전기적 성질의 근원이라고 알면 된다. 세상에는 양전하와 음전하의 두 종류가 존재한다. 물체가 띠고 있는 전기를 전하라고 하니, 비전문가들은 그냥 전하를 전기와 같은 것으로 이해해도 무방하다. 아무튼 전하의 크기를 전하량이라 하고, 전하량을 표시하는 단위는 쿨롱이다.

원자 속에 들어 있는 전자의 전하량은 몇 쿨롱이나 될까? 대략 1.6×10^{-19} 쿨롱이라고 한다. 너무 미미한 전하량이어서 골치가 아플 정도다. 그런데 물리학자들 사이에서 전하량의 최소단위가 존재하는지가 큰 관심사가 된 적이 있다.

세상에 존재하는 전하량 중에 가장 작은 단위가 1이라고 하자. 그렇다면 그 밖의 전하량은 1이 두 개 이상 모인 것이다. 둘이 모이면 2가 되고, 다섯이 모이면 5가 된다. 그런데 모든 전하량이 최소단위의 정수배라면 전하량은 1, 2, 15, 196처럼 항상 정수로 표시할 수 있다. 그렇지 않고 전하량이 제멋대로의 크기를 가질 수 있다면 1, 1.3, 1.005 등 1과 2 사이에도 무한대로 다양한 크기의 전하량이 존재할 수 있다.

과연 전하량은 항상 규칙적인 정수배의 크기로 존재하는가? 밀리컨은 그렇게 믿었다. 아니면 전하량은 최소단위가 있다 하더라도 얼마든지 임의의 크기를 가질 수 있는가? 펠릭스 에덴하르트 같은 사람은 그렇다고 생각했다. 그런데 밀리컨이 이겼다. 바로 기름방울 실험으로 자신의 주장을 증명하는 데 성공했기 때문이다.

아주 작은 기름방울에 전기를 띠게 한 다음, 그 기름방울을 잘 만든 실험상자 속에 뿜어 넣는다. 기름방울은 상자 속에서 아래로 가라앉기 시작할 것이다. 그런데 상자의 위아래에 적당한 전기를 걸어 주면, 전기를 띤 기름방울이 위로도 아래로도 움직이지 않고 무중력 상태로 정지하는 순간이 있다. 바로 그때 실험상자에 걸린 전기를 통해 기름방울이 띠고 있는 전하량이 얼마인지 계산해 낸다.

기름방울의 크기와, 거기에 거는 전하량을 다양하게 바꿔 가며 실험한 결과 놀랍게도 어떤 특정한 값의 정수배라는 것을 알게 됐다. 밀리컨이 실험에 사용한 기름방울은 58개였는데, 그 전하량이 어떤 수의 정수배로만 나타난 것이다. 그 어떤 값이 전하량의 최소단위인가는 밝히지 못했지만, 전하량이 규칙적으로 존재한다는 중요한 사실을 증명한 것이다. 1909년의 일이었다.

하지만 더 놀라운 사실이 슬슬 드러났다. 밀리컨은 58개가 아니라 적어도 그보다 두 배 이상의 기름방울로 실험을 했다. 실험 결과 측정한 전하량이 정수배에 해당하지 않으면 버리고, 정수배에 맞는 것만 데이터로 삼았다.

측정한 값에는 특정 값의 2분의 1과 3분의 1에 해당하는 것도 있었는데, 자신의 의도에 맞지 않는다고 없애 버린 것이다. 밀리컨의 실험 결과 조작 의혹은 1978년 미국의 과학사학자 제럴드 홀턴이 밀리컨의 논문과 실험 노트를 분석한 끝에 제기했다.

밀리컨은 정직하지 못했고, 그의 기름방울 실험 결과는 조작됐다는 게 정설처럼 되어 있다. 그런데도 불구하고 밀리컨은 여전히 존경받는 물리학자로 남아 있고, 노벨상 역시 취소되지 않았다. 물론 앨런 프랭클린 같은 과학사가는 홀턴과 달리 밀리컨을 옹호했다. 밀리컨이 버린 데이터는 상자 내부의 실험 조건에 이상이 생겨 애당초 잘못된 값이라는 주장이었다.

밀리컨이 조작한 게 사실이라면, 과학자로서의 윤리를 지키지 못했다는 비난 외에 더 안타까운 지적도 가능하다. 당시에 원자 속의 전자는 더 이상 쪼개질 수 없는 알갱이라 믿었다. 하지만 전하량 값이 특정 값의 분수로 나타나는 현상을 잘 분석했으면, 원자보다 훨씬 작은 미립자 쿼크를 더 일찍 발견할 수도 있었다는 것이다.

조작설에도 불구하고, 인간의 과학 세계에서는 자연계의 전하량이 전자 전하량의 정수배로 존재한다고 믿게 되었다. 왜 그래야 하는지, 반드시 그런 것인지 알지도 못하면서 지금도 대체로 그렇게 믿고 있다. 반증으로 밀리컨의 실험 결과가 완벽하게 뒤집힐 때까지는 아마도 그럴 것이다. 최근의 동향을 보면, 그 시기가 거의 다가온 것 같다.

어떤 것이 정확한 사실인지 우리는 잘 모른다. 천하의 진리인 것처럼 여기던 믿음이 하루아침에 깨지는 수가 있다. 과학의 세계는 흔히 그렇다. 진실 혹은 사실이 아닌 것을 거짓 또는 허구라고 한다. 우리는 항상 실재하는 세상에 굳건히 두 발을 디디고 살고 있는 것 같지만, 그것이야말로 착각이다. 인간은 실재와 허구가 뒤섞인 세계 속에 살고 있다.

전문 영역이라는 형식의 담장 안에서 벌어지는 거짓의 향연은 즉각적으로 우리 생활에 영향을 미치지는 않는다. 알려지지 않으면 거의 없었던 일과 같고, 알려지더라도 때론 도저히 이해할 수가 없어 관심을 끌지도 못한다. 그런데 정가에서 일어나는 사건은 항상 우리 곁의 일처럼 느껴진다. 그리 중요하지도 않은 정치가들의 움직임까지 언론이 떠들어 대기 때문이기도 하다.

모든 게 제대로 돌아간다면 정치가 이루어지는 사회를 정가, 그 주인공이 되어 정치 행위를 하는 사람을 정치가라 불러야 한다. 주변을 둘러보면 그렇게 불러 주는 사람들이 몇이나 될까? 대개는 정치판, 정치꾼이라고 비아냥거린다. 정가를 향한 혐오와 정치가에 대한 불신이 그렇게 표현되는 것이다. 아마도 정치가들이 유달리 거짓말을 잘하기 때문인지도 모른다.

정가에서 일어나는 정치가의 거짓말은 시민들을 고통스럽게 한다. 관찰하는 데 민감한 작가들이 정치가들을 평하는 태도만 봐도 알 수 있다. 정치가가 공공장소에서 하는 말과 개인의 생활과는 판이하게 다르다. 서머싯 몸이 그렇게 말하지 않았더라도 누구나 아는 사실이다.

알베르 카뮈도 비망록에 이렇게 썼다. "항상 똑같은 거짓말을 똑같은 말로 하는 사람이 정치가다." "오죽했으면 정치가란 시냇물이 없는데도 다리를 놓겠다고 공약하는 따위의 인간이라고 했겠는가?" 이것은 정치가였던 흐루시초프가 스스로를 향해 내뱉은 말이다.

대한민국 정부가 수립되기 직전의 상황으로 돌아가 보자. 첫걸음부터 거짓의 역사가 시작되고 있었다. 광복 이후 남쪽은 미 군정청이 지배하고 있다가 조선인 기관에 행정권을 이양하고 남조선 과도정부라 불렀다. 새 국가를 건설하기 위한 준비 작업은 헌법안 기초에서 시작됐다. 당시 주요 정치 세력으로는 남조선 과도정부, 이승만이 이끌던 독립촉성국민회, 김성수 등이 포진한 국내 최대의 정치결집체 한국민주당이었다. 3대 정치 세력은 모두 일치하여 보성전문 법률학부 교수로 있던 유진오에게 헌법 초안을 남겼다.

유진오가 구상한 정부 형태는 양원제의 내각책임제였다. 그것이 국회헌법기초위원회를 거치면서 단원제의 내각책임제로 채택되었다. 내각책임제에는 대부분의 사람들이 찬성했다. 이승만도 아무 이의를 제기하지 않았다. 허정 의원만 명시적으로 대통령중심제의 소신을 피력했으나, 유진오의 설명을 듣고 내각제로 돌아섰다. 그때까지는 아무 문제가 없어 보였다.

내각제에서 가장 유력한 대통령 후보는 이승만이었다. 김구와 김규식은 애당초 1948년 5월 10일의 총선거를 반대했기에 정치적 입지가 약했다. 국내파 정치인들은 해외 독립운동파에 비해 국민적 신망을 얻지 못하고 있었으니 내각제 정부에서 상징적 인물이 될 대통령 후보는 이승만뿐이었다. 유력한 후보가 아니라, 유일한 후보였다.

최초의 헌법은 6월 초순에 국회 본회의에 회부될 예정이었지만 조금씩 지체됐다. 결정적으로 이승만이 태도를 바꾼 탓도 있었다. 헌법 초안의 2회독 때 이승만이 난데없이 내각제에 반대하는 연설을 하더니, 며칠이 지나 국회부의장 신익희를 대동하고 국회에 나타났다. 그때는 이미 헌법 초안의 심의를 거의 마친 때였다.

이승만은 다시 강도를 높여 내각책임제를 비판했다. 대통령제로 하지 않고 내각제 헌법안을 통과시킨다면, 자신은 어떤 공직에도 취임하지 않고 국민운동이나 하겠다고 엄포를 놓았다. 그리고 뒤도 돌아보지 않고 퇴장했다.

그날 밤 윤길중, 허정, 그리고 유진오 세 사람이 이승만을 찾아가 설득했다. 최초의 대통령으로 내정된 인물이 헌법을 거부하고 나섰으니 위급한 상황이었다. 유진오는 이렇게 설명했다. '미국식 대통령제를 시행해도 큰 문제가 없는 나라는 오직 미국뿐이다. 그 밖의 대통령제 국가를 보면 항상 정부와 국회가 대립하여 정국이 불안하다. 그러다가 쿠데타가 일어나는 사례가 빈번하다.' 진지한 설명이었지만, 마이동풍이었다. 아무도 이승만의 욕심과 고집을 꺾을 수 없었다.

정치적 여론과 정파의 합의에도 불구하고 이승만은 왜 태도를 바꾸었을까? 처음부터 대통령제를 주장하지 않았다가 나중에 돌변한 까닭을 아무도 이해할 수 없었다. 명예로운 상징으로서의 대통령보다 모든 권한을 지닌 강력한 대통령이 되고 싶었기 때문일 것이다.

처음에는 동의하는 척하다 막판에 가서 헌법을 거부하는 태도나, 자기 개인의 주장만 관철시키려 했던 행태가 모두 거짓말 유형에서 벗어나지 않는다. 결국 그의 정치적 말로는 혁명과 군사 쿠데타에 묻혔다.

박정희도 처음부터 거짓말로 일관했다. 참말은 간혹 양념처럼 섞였을 뿐이다. 1961년 5월 16일 쿠데타에 성공한 박정희 소장의 혁명 공약의 거짓말은 너무나 유명하다.

"우리의 과업이 성취되면 참신하고도 양심적인 정치인에게 언제든지 정권을 이양하고 우리들 본연의 임무에 복귀할 준비를 갖춘다."

가만히 따져 보면 박정희의 말은 거짓이 아닐 수도 있다. 양심적인 정치인이란 거의 없으므로 군인으로 돌아가지 않고 정권을 움켜쥐었다고 하면 할 말이 없다. 그렇지만 계속된 그의 거짓말 습관을 보면, 그는 처음부터 거짓말의 의도를 가지고 있었다고 할 수밖에 없다.

1963년 2월 최고회의 의장이던 박정희는 여전히 민정에는 참여하지 않겠다고 하고는 그해 가을 윤보선을 누르고 대통령이 됐다. 1971

년 대선을 앞두고는 "나에게 마지막 기회가 될 이번 선거에서 다시 뽑아 준다면 조국 근대화를 매듭짓고 유능한 후계자를 육성하겠다"고 목에 힘을 주었다.

그 카랑카랑한 목소리가 귓전에서 사라지기도 전에 유신과 계엄을 선포하고 국회까지 해산했다. 끝이 보이지 않던 장기 집권과 거짓말을 중단시킨 것은 총탄이었다.

히틀러의 거짓말도 유명하다. 그의 어록과 행동의 이면은 거짓 일지나 다름없다. 가장 대표적인 예는, 영국 수상 체임벌린을 바보로 만들어 버린 1938년 9월 15일의 회담이다. 오스트리아를 침공한 히틀러는 유럽을 상대로 전쟁을 개시하지 않을 것이라고 선언했다. 대신 체코슬로바키아의 수데텐 지방을 합병하는 데 동의하라고 했다.

독일인이 많은 지방이므로 투표를 통해 합병하겠다는 계획이었다. 일주일 뒤에는 더 넓은 지역을 요구했다. 영국 정부가 거기에 협력하면 히틀러는 전쟁을 벌이지 않을 것이며, 따라서 유럽의 평화는 유지되리라는 전망까지 제시했다. 체임벌린은 의회를 설득하며 이렇게 말했다.

"히틀러는 적어도 함께 협상해 온 존경하는 인물을 의도적으로 속이지는 않을 것입니다. 나는 히틀러가 나를 존경하고 있다고 확신합니다."

게다가 체코슬로바키아에도 안심하고 군대를 동원하지 말라고 충고했다. 체임벌린은 깨끗하게 속아 넘어갔다. 그때 이미 히틀러는 군대를 동원하여 체코슬로바키아를 공격할 준비를 마무리하고 있었다.

정치가들의 거짓말은 이상하게 여겨지지 않는다. 정직하겠다고 맹세하면서 동시에 거짓말을 하는 정치가가 노련해 보이기까지 한다. 국제 외교에서도 거짓말은 당연시되고 있다. 자국의 이익을 해칠 경우에 한하여 거짓말이 문제될 뿐이다. 그것이 불문율처럼 되어 있다.

1962년 10월 14일, 케네디 대통령은 백악관에서 소련 외무장관 안드레이 그로미코와 회담했다. 소련이 미국의 코앞인 쿠바에 미사일을 배치할지도 모른다는 우려 때문이었다. 회담이 열리기 전 소련 대통령 흐루시초프는, 결코 그런 일은 없을 것이라고 진지하게 약속했다. 그로미코는 그 사실을 케네디에게 거듭 확인시켜 주고자 애를 썼다. 케네디는 태연한 표정을 지었다. 회담이 끝나고 나자 그로미코의 얼굴에 환한 웃음이 번졌다.

그날 백악관 회담에서는 두 가지의 큰 거짓말이 팽팽한 긴장 속에서 맞서고 있었다. 회담 전에 미국은 전략정찰기가 찍은 사진을 확보하고 있었다. 소련은 이미 쿠바에 공격 미사일을 배치한 뒤였다. 케네디는 그 사진을 보고 분개했지만, 전략상 전혀 눈치 채지 못하고 있는 것처럼 행동하기로 했다. 그로미코는 미사일 배치를 하는 일은 결코 없을 것이라고 기를 썼다.

그로미코의 거짓말은 적극적인 속임수가 명백하다. 그렇다면 케네디는? 그는 알고 있는 사실을 은폐하여 상대방이 모르게 하기 위해 노력했다. 소극적 거짓말이다. 회담 도중 사진을 내밀고 호통을 치며 따지고 싶었지만 꾹 참았다. 효과적인 사후조치를 감행할 수 있게 하려는 전략이었다.

거짓말을 없애기 위한 노력도 꾸준히 진행돼 오고 있다. 거짓말을 없애는 일은 거의 불가능에 가까울 테고, 줄이거나 예방하기 위해 인간들 나름대로 고심했다는 편이 옳겠다. 가장 핵심은 상대방의 말이 거짓말인지 아닌지 판단하는 일이다.

인간은 할 수 없는 일은 없다고 생각하는 존재다. 상상할 수 있는 일은 실현할 수 있다고 믿는다. 따라서 거짓말을 탐지하는 일도 가능하다고 전제하고 기술 개발에 골몰한다.

거짓말 탐지는 일기예보나 경제 전망, 혹은 점성술과는 다르다. 말하는 사람의 입술, 눈빛, 얼굴 근육의 움직임, 호흡이나 손가락 등의 몸놀림으로 분석하여 판단한다. 거짓말은 반드시 어떤 흔적을 남길 것이기 때문에 확인이 가능하다는 논리다.

거짓말 탐지기라고 하여 범죄 수사의 보조용품으로 사용하는 기계가 있다. 거짓말 탐지에 가장 많이 사용하는 장치가 폴리그래프다. 거짓말을 하는 사람은 정서적으로 불안하거나 다른 상태가 된다. 그 상태는 어떠한 생리적 변화를 수반할 것이다. 이런 인과관계와 논리를 전제한 뒤에 말하는 사람의 맥박, 혈압, 땀, 호흡 따위를 측정하는 방법이다.

생리적 변화와 거짓말 사이에 명확한 인과관계나 과학적 법칙이라도 존재하는가? 폴리그래프를 사용하면 다른 방식보다 훨씬 높은 비율로 거짓말을 밝혀낼 수 있는가? 모두 없다고 대답하면 정답이다. 생리적 변화는 다른 원인에 기인할 수 있다. 반사회적 인물이나 정신 질환을 앓고 있는 사람, 또는 아주 능숙한 거짓말쟁이는 폴리그래프를 속일 수도 있다.

1978년 스페인의 톨레도에서 버즈 페이라는 사내가 살인강도 용의자로 체포됐다. 확실한 증거는 없었다. 검사는 페이에게 제안했다. 폴리그래프를 사용하여 통과하면 풀어 준다. 그러나 거짓말 반응이 나오면 그 결과를 증거로 사용하는 데 미리 동의하라.

페이는 승낙하고 폴리그래프 조사에 응했다. 결과는 거짓말 반응이었다. 나중에 한 번 더 검사를 했는데, 결과는 마찬가지였다. 페이는 법정에서 무기징역형을 선고 받았다. 교도소에 들어가 2년쯤 살고 있을 때 그 사건의 진범이 체포되었다. 폴리그래프도 거짓말을 한다.

근년에는 다른 방식의 거짓말 탐지 기술이 연구되고 있다. 말하는 사람의 태도나 생리적 변화와는 관계없이, 아예 그의 뇌 속을 뒤져 거짓의 증거를 찾아낸다는 것이다. 소위 뇌 지문 감식이다. 자기공명영상(MRI)으로 뇌의 여러 부위를 관찰하는 방법과, 질문에 대한 반응 속도로 거짓말과 참말을 구분하려는 시도도 있다.

획기적인 거짓말 탐지기가 발명된다면 무슨 일이 일어날까? 뇌 지문을 정확히 읽는 기술이 고안된다면 헌법에서 묵비권을 지워 버려야 할 것이다. 피의자가 입을 꾹 다물고 있어도, 최첨단 감식기가 뇌 속에서 필요한 진술을 모조리 찾아낼 테니.

흥미진진하게 기대해 볼 만한 일일지 모르지만, 지금의 결론은 이것이다. 폴리그래프는 거짓말을 탐지하는 능력을 가진 기계가 아니다. 거짓말을 할 것이라고 예상되는 사람에게 겁을 주는 수단일 뿐이다. 거짓말 탐지기 자체가 또 하나의 거짓말이 되는 것이다.

연인들끼리 서로 사랑의 감정을 나누면서 고통스러워하는 게 인간 사회다. 이는 꽤 독특한 현상인데, 대개는 거짓말 때문이다. 거짓말이 사랑의 파도에 잠입하여 불신의 거품을 만든다. 사랑은 맹목적이어서 이성적이지 못하다. 반면 거짓말은 치밀해야 성공할 수 있으므로, 감성에 의존하는 사랑의 영역에서는 통하지 않을 것 같다.

그런데 왜 사랑이 거짓말 때문에 괴로워해야 하는가? 사랑을 앞에서 이끄는 것은 뜨거운 감성이지만, 사랑을 구체적으로 수행하는 데는 정교한 계산의 이성이 관여한다. 어떤 분석적 고찰에 따르면, 사랑에 빠진 사람들이야말로 거짓말을 밥 먹듯 한다는 것이다. 상대방의 환심을 사기 위해, 자기가 파 놓은 사랑의 함정에 상대방이 빠지도록 하기 위해.

상대방이 좋아하지 않을 것 같은 자신의 과거는 숨긴다. 상대방에 대한 호감을 드러내는 표현은 가리지 않고 한다. 상대방의 감정을 상하게 할 수 있는 말은 진실이라 하더라도 외면한다.

사랑을 위한 과장은 얼마든지 허용된다고 믿어도 좋다. 누가 가르쳐 주지 않아도 아는 이런 원칙 아래서, 사랑을 시작한 사람은 끊임없이 거짓말을 한다. 사랑은 고도의 지능적 게임이다. 그 게임을 이끄는 능력을 짝짓기 지능이라고 하여 MI(Mating Intelligence)라 표기한다. MI에는 사랑의 성공을 위해 불사하는 교묘한 거짓말의 능력도 포함돼 있다.

사랑의 밀실에는 거짓말도 많지만, 그만큼 오해도 많다. 사랑의 과정에서 더러 거짓말을 참말로 믿어도 상처나 손실이 거의 없다. 거꾸로 참말을 거짓으로 오해하면 고통이 따르기도 한다.

사랑의 거짓말에 함유된 독성의 정도는 결과로 계량하는 게 편하다. 사랑이 성공했다면, 그 과정에서 소비된 거짓말은 전부 입 안의 초콜릿처럼 녹아 버린 뒤일 터이다. 실패하고 말았다면, 그 원인이 된 거짓말은 아무는 데 긴 시간이 소요되는 상처로 남기 쉽다.

한 가지 문제에 관심을 집중하다 보면 세상과 삶의 복잡성을 잠시 잊어버리는 습관이 인간의 약점이다. 현상이든 사물이든, 하나의 대상이 정해지면 먼저 긍정적 혹은 부정적 평가를 시도한다. 다음엔 그 효과를 극대화하는 게 공동체나 인류의 이익을 위한 최선이라 생각한다. 평가 결과가 긍정적이면 장려하고, 부정적이면 소멸시키는 방향으로.

거짓말은 나쁜 것으로 미리 판단한다. 상대방의 말을 듣고 난 뒤에 거짓말이라고 알게 되면 더 나쁜 결과로 인식한다. 거짓말은 항상 부정적이다. 따라서 거짓말을 해서는 안 되며, 거짓말의 결과는 응징해야 한다는 상식적 도덕률을 일반화하기도 한다.

이 세상에서 거짓말을 완전히 추방할 수 있다면 맑은 세상이 될까? 거짓말이 아예 존재하지 않도록 하는 일은 좀 차원이 다른 문제다. 인간의 관념이나 행동 양식, 그리고 언어 체계까지 뒤바뀔지 모른다.

거짓말은 항상 즉석에서 드러나도록 한다면 어떨까? 피노키오의 세계처럼, 거짓말을 하면 코가 길어지거나 다리가 짧아진다고 한다면? 그러면 오직 참말만 통용되는 건강한 사회가 되기보다는 코가 상대의 눈을 찌르고 구두가 반바지 속에 파묻혀 어기적거리며 걷는 기이한 모습의 인간 세상이 정상화될 것이다.

거짓말을 혐오스러워하면서도 결코 거짓말할 수 없는 곳에서 살기를 거부하는 존재가 바로 인간이다. 내가 무언가에 대해 말을 한마디 했다. 무슨 내용이든 말 그 자체로는 거짓도 참도 아니다. 말하는 사람이 누구인가? 그 말을 듣도록 의도된 사람은 누구인가? 한두 명의 특정인인가, 불특정 다수인가? 말할 때의 환경은 어떠했으며, 사정의 전후 맥락 속에서 말의 의미는 어떻게 해석할 수 있는가? 말하는 순간 화자의 의도는 무엇이었으며, 억양이나 톤은 어땠는가? 말은 대체로 의도한 대로 표현되었는가, 아니면 실수라도 개재되었는가?

거짓말이란 처음부터 독립하여 존재하지 않는다. 이 모든 것들을 종합하여 판단한 결과의 하나일 뿐이다. 거짓말은 애당초 실체가 모호한 존재라고 해야 옳을지 모른다. 사실과 다르다거나, 자신의 경험에 대한 기억, 혹은 인식과 다르게 하는 말을 거짓말이라고 한다면 세상 말들의 상당 부분은 거짓말이다. 말의 의미를 해석하기에 따라서는 허공을 떠도는 거의 모든 말이 거짓말이다. 따라서 거짓말을 없애려는 노력은 인간의 언어를 마비시키려는 기획이나 다름없게 된다.

그래서 거짓말의 형태와 종류를 다양하게 분류하는 시도가 시작된 모양이다. 미국 캘리포니아 의과대학의 폴 애크먼은 전형적인 거짓말을 이렇게 정의한다. 상대방이 속아 주겠다고 의사를 밝히지 않고, 내가 하는 말이 사실과 다르다는 점을 미리 알리지 않은 채 의도적으로 속이는 말이 거짓말이라고.

이것도 좀 복잡하다. 간단히 이렇게 하면 어떤가? 없어야 할 거짓말은 악의적 거짓말이다. 그 말을 믿은 결과가 어느 쪽에 큰 상처나 손해로 나타나는 거짓말을 경계하면 된다.

그리 나쁘지 않은 거짓말에는 고유의 효용이 있다. 거짓말은 작은 기적을 일으키기도 한다. 되지 말아야 할 일이 되는 듯한 착각을 일으키게 만든다. 거짓말의 기적이 우리 인간과 세상 사이의 관계에서 드러나는 빈틈을 착각과 관용으로 메워 준다.

세계의 여러 면이 그렇듯, 미시적으로 따지면 모든 말이 거짓말이다. 다행히 우리의 삶은 그 규모보다는 크고 관용적이다. 미세한 오류나 거짓에 영향을 받지 않고 그런대로 질서를 유지하며 살아갈 수 있다.

로버트 카파가 스페인 내전에서 찍었다는 쓰러지는 병사의 사진이나, 제2차 세계대전 때 이오지마의 스리바치 산에 성조기를 게양하는 장면을 담은 조 로젠탈의 사진이 연출된 것이라는 사실이 밝혀졌다. 그 순간엔 분노할 수 있지만, 우리의 삶은 의연하다. 조작된 사진이 실제 상황은 아니더라도, 당시 전장의 한 장면을 도리어 더 잘 보여 준다. 그리고 그 사진들로 인해 전쟁의 의미가 달리 해석되지도 않았다.

영화나 연극은 사실이 아닌 내용을 실감나게 보여 준다. 그럼에도 불구하고 관객인 우리는 속지 않고 즐긴다. 간혹 감정이입이 지나쳐 사악한 드라마의 주인공을 처단하려는 의도로 텔레비전을 발로 걷어차는 사람도 있지만 말이다. 현실의 낭만적 거짓과 허구의 소설적 진실 속에서 살아간다고 불안해 할 것까지는 없다.

18

누가 정의를
말하는가
—정의의 상식

:: 재산의 일부를 헐어 타인을 위해 내놓는 행위가 당연히 해야 할 사회적 의무라는
점을 깨달으면 된다. 그래야만 우리는 경쟁을 계속 유지할 수 있고, 아이들에게도
열심히 하라고 격려할 수 있다. 바로 그것이 정의의 상식이다.

카렐 차페크는 우리나라에선 그리 널리 알려진 인물이 아니지만, 1890년에 태어난 체코의 작가다. 프라하와 파리, 그리고 베를린에서 공부한 철학 지식을 바탕으로 쉰을 채 넘기지 못한 생애 동안 매력적인 작품들을 썼다.

어쩌면 그는 문학 독자들보다 공학도들에게 더 유명할지 모르겠다. 로봇을 처음으로 만들어 낸 사람이기 때문이다. 물론 차페크가 제작한 최초의 로봇은 쇳조각이 아니라 그의 상상력을 바탕으로 하여 문자로 구성한 것이었다.

요즘의 지하철처럼, 어느 날 숨 막히는 전차 안에서 무표정한 얼굴을 하고 일터로 가는 사람들을 바라보았다. 순간 그들이 인간이 아니라 일하는 기계처럼 느껴졌다. 육체적이고 정신적인 노동을 하되 감정은 없는 기계 인간을 떠올렸다. 거기서 탄생한 작품이 〈로섬의 만능 로봇〉이라는 희곡이었다. 보통 'RUR(Rossum's Universal Robots)'이라 한다. 로섬은 로봇을 발명한 박사의 이름이다. 여기서 로봇은 강제 노동을 뜻하는 체코어 'robota'에서 'a'를 떼어 버리고 새로 만들어 낸 말이다. 하지만 차페크의 문학적 묘미는 로봇이 아니라 인간의 이야기에 있다. 물론 로봇을 만들어 낸 것도 인간의 이야기를 하기 위해서였지만 말이다.

그는 사람들이 살아가는 모습 뒤에 깔려 있는 운명이나 필연 따위의 교묘한 법칙, 혹은 장난을 통해 무언가를 밝히고 싶었다. 아니 밝히고 싶다기보다는 말하고 싶었다. 그래서 아주 짧고, 재미있고, 서글프고, 의혹 가득한 희망과 절망의 이야기를 썼다. 그것이 바로 〈오른쪽 호주머니에서 나온 이야기〉와 〈왼쪽 호주머니에서 나온 이야기〉이다. 양쪽 호주머니에서 삶의 조각을 끄집어내듯 쓴 작품엔 인간의 진실과 정의를 더듬어 찾아볼 의도가 담겨 있다. 〈오른쪽 호주머니에서 나온 이야기〉에 들어 있는 '우체국에서 생긴 사건'의 시작 부분에 아주 인상적인 표현이 있다.

정의를 이야기할 때, 왜 영화는 눈에 붕대를 맨 여자나 고추 따위를 다는 저울을 보여 주는지 모를 일이다.

누구나 정의에 관심이 있고, 정의가 실현되기를 원한다. 진실과 정의 중에서 굳이 하나만 선택하라면 모르긴 몰라도 정의 쪽이 압도적일 것이다. 진실이란 것도 정의의 한 부분이라고 생각하니까.

하지만 모든 사람이 정의를 원하는 건 아닐 것이다. 어젯밤 살인을 저지른 범죄자가 있다고 하자. 그는 진실이 드러나기를, 그리하여 정의 하나가 이루어지기를 바랄까? 당연히 바라지 않을 것이다. 살인자가 정의를 원하지 않을 것이란 말은 아주 상식적으로 들린다. 논리적으로 따져 보면 그럴 것 같다는 의미다.

현실 세계에서는 살인자도 정의를 원한다. 그가 어떤 사연 때문에 지난 밤 살인을 범했는지 몰라도, 다음 날 일상으로 돌아가서 다른 사람들 앞에서는 정의가 실현되어야 한다고 외치는 법이다. 범행이 발각되어 체포당하지 않기를 초조하게 기대하면서. 실제로 인간의 위선적 이상과는 달리 신이 나타나 인간사의 정의에 시시콜콜 간섭하지 않는다는 걸 경험으로 알고 있기 때문이다. 범죄자 같은 유형의 인간은, 정의가 실현되지 않을 것을 믿기 때문에 정의가 실현되어야 한다고 외친다.

선량한 사람들, 그리고 선량하지는 않더라도 평범한 사람들은 정의가 이루어지리라는 한 가닥 희망 때문에 정의가 실현되어야 한다고 말한다. 결국 모든 사람은 정의를 원한다. 간절함의 정도는 다를지라도, 적어도 사회 속에서 다른 사람들을 향해서는 정의를 긍정한다. 그러한 태도를 인간의 체면으로 삼는다.

왜 우리는 그다지도 정의를 좋아하고 열망하는가? 거기에는 대체로 두 가지 이유가 있을 것이다. 우선 정의가 실현되면 나 자신의 이익을 위해 유리하다고 판단하기 때문이다. 세상이 아무리 복잡하고 제멋대로 돌아간다 하더라도, 정의만 찾아와 준다면 적어도 정당한 나의 몫은 내 차지가 될 것이란 믿음을 갖는 까닭이다.

거기서 조금만 더 욕심을 부리면, 나의 능력과 노력 이상의 행운은 있을지라도 손해를 보지는 않을 것이란 계산도 깔려 있다. 자신의 순간적인 나태나 소홀, 혹은 짓궂은 운명과 같은 불운이 나타나 곤경에 빠뜨릴지라도, 어느 정도 견디면서 일어설 수 있게 부축해 주는 존재가 정의가 아닐까 하는 강렬한 염원이 담겨 있다.

또 다른 이유 하나는, 비교적 근사한 것이다. 사회 공동체에 대한 배려에서 나오는 희망이다. 정의가 있다면, 그것은 분명히 내가 속한 사회 공동체를 긍정적 방향으로 이끌어 줄 것이라는 기대에서 비롯한다. 물론 사회가 안정적이고 풍요로우면 나에게도 조금은 도움이 되리라는 기대도 전혀 배제할 수 없다. 내가 속한 사회의 건강한 발전이 다른 사회의 발전에 기여하고, 그것이 다시 우리 사회를 거쳐 나에게 좋은 결과로 돌아올 것이라는 최소한의 계산법이 있을 수도 있다.

하지만 그런 이해관계는 부차적인 것이고, 설사 개인적인 이익은커녕 손해를 좀 보는 한이 있더라도 사회나 국가를 위해 도움이 되는 방향이라면 그쪽을 택할 수 있다는 정신 같은 게 누구에게나 조금씩 있다. 그러한 최소한의 자기희생적 또는 이타적 사회성이나 공공성의 발로에서 정의를 요구하기도 한다.

그렇다면 가장 중요한 나머지 문제는 오직 하나다. 무엇이 정의인가? 혹은 정의가 어디에 있는가? 정의는 거의 모든 사람들이 지지하는 덕목이고, 그 이전에 이미 '옳은 것'을 정의라는 이름으로 못 박고 있으니 정의를 실현시키기만 하면 된다.

그런데 막상 무엇이 정의인지 잘 알 수가 없다. 정의가 어디에 숨어 있는지 찾을 수도 없다. 그러다 보니 정의란 게 정말 있기나 한 것인지 의심하게 된다. 정의는 유토피아처럼 인간들의 관념과 말로 만들어 낸 것이지 실제로 존재하는 것은 아니란 생각이 든다. 정의가 있다면 세상이 이렇게 돌아갈 리 없을 테니까.

희망적인 이야기부터 먼저 해보자. 사람들에게 정의가 있다는 믿음을 심어 주기 위해 만들어 낸 것 중의 하나가 상징이다. 잡다한 설명 없이 '이것이 바로 정의다'라고 보여 주는 것이 상징이다. 정의의 상징도 시대와 나라에 따라 형태가 다양하고 가짓수도 많다. 그 중에서도 대표적 상징이 정의의 여신상이다.

여신의 이름은 테미스, 또는 유스티치아라 해도 좋고 티케라 불러도 무방하다. 누가 만들었든 정의의 여신상은 한눈에 알아볼 수 있다. 눈은 가리고, 오른손에는 칼을 왼손에는 천평칭을 들고 있다. 눈가리개가 거추장스런 경우에라도 유스티치아는 반드시 두 눈을 감고 있다.

상징의 의미는 대체로 이렇다. 눈을 가린 이유는 심판의 대상을 보지 않겠다는 의지의 표현이다. 선입견에 따른 편견을 갖지 않는다는 의미다. 저울은 형평을 나타내는 것으로, 양쪽 접시에 옳고 그름 혹은 원고와 피고의 양심을 올려놓을 수도 있다. 요즘이라면 양심보다는 증거가 더 나을 수도 있겠고. 마지막으로 칼은 집행을 뜻한다. 심판의 결과를 집행하지 못한다면 법이란 아무 쓸모없이 되고 말 것이기 때문이다.

상징의 힘은 대단한 것이어서, 정말 그대로 따라 한 법률가도 있었다. 제임스 허킨스 페크라는 사람은 1823년에 미국 미주리 주 세인트 루이스 지방법원 판사로 임명되었는데, 14년 동안 재직하면서 언제나 눈을 가리고 재판을 했다. 법정으로 들어설 때는 누군가 부축해야 했고, 제출된 서류는 모조리 서기가 큰 소리로 낭독했다.

처음부터 정의의 여신이 눈을 가렸던 건 아니다. 저울과 칼을 지참한 여신이 눈을 부릅뜨고 있는 경우도 아주 많다. 고대 그리스의 테미스상은 눈을 가리지 않았을 뿐 아니라 저울이나 칼도 지니지 않았다.

그 밖에 15세기에서 16세기에 걸쳐 그려진 유럽의 그림에는 눈을 뜨고 있는 정의의 여신상이 더 많았다. 독일 하이델베르크의 알테 다리 위의 여신상은 법전 위에 저울을 내려놓고 비스듬히 앉아 있는데, 두 눈을 뜨고 있는 모습이 매우 아름답다. 마치 멋진 자연의 풍광도 정의에 부합하는 모습이라고 알려 주기라도 하듯이.

눈을 가리거나 감은 정의의 여신상은 오히려 근년에 가까울수록 더 많은 것 같다. 상징성을 높이기 위해 의도적으로 정의의 여신 모습을 그렇게 정형화하려고 노력한 결과인지도 모른다. 라파엘로가 1520년경에 바티칸 교황청에 그린 눈 감은 유스티치아상은 가장 익숙한 그림 중 하나다.

그렇다면 눈을 가린 최초의 여신상은 어느 것일까? 지금까지 알려진 바로는 1494년 스위스의 바젤에서 출간된 《바보 배》라는 책의 삽화가 가장 오래된 것이다. 1458년 슈트라스부르크에서 태어난 제바스

티안 브란트는 바젤대학의 법학교수였는데, 인문학자로서 사회 비판에도 적극적이었다. 그는 세상의 모든 몽매함을 마음껏 조롱하는 심경으로 이 책을 썼다. 인생은 어차피 항해인데, 어리석음의 풍랑이 몰아치는 바다 위에서 배를 타고 있는 인간들은 모두 바보들이다. 바보들이 손에 쥔 것은 오직 무지와 미망, 그리고 죄악의 승선권이다.

《바보 배》에 실린 102개의 이야기는 하나하나 세상에 대한 신랄한 풍자다. 그리고 각 이야기에는 목판 그림이 곁들여져 있다. 목판화는 알브레히트 뒤러의 작품으로 추정하고 있다. 그 중 71번째 이야기의 제목은 '시비 걸고 소송 거는 바보'인데, 바로 거기에 눈을 가린 정의의 여신이 등장한다. 칼과 저울을 든 여신이 앉아 있고, 바로 뒤에 고깔을 쓴 바보가 헝겊으로 여신의 눈을 싸매고 있다. 마치 법정에 나서기 직전의 페크 판사처럼, 심판을 앞두고 준비하는 모습이다. 지금의 상식으로 그림만 보면 그렇다.

"나는 내 앞에 선 당사자들의 얼굴이 아름답건 추하건, 표정이 어둡건 밝건, 피부색이 검건 하얗건 구애받지 않고, 오직 주장만 듣고 진실을 가려내리라."

과연 그럴까?《바보 배》제71장의 서두에 이렇게 씌어 있다.

어린아이들처럼 싸움질을 일삼고, 진실의 눈을 가리는 사람은 노상 욕바가지를 들어먹어도 싸네.

뭔가 조금 이상하지 않은가? 편견을 가지지 않기 위해서가 아니라,

진실을 제대로 보지 못하게 하기 위해 눈을 가린다는 말로 들린다. 본문 내용을 읽어 보면 사태가 드러날 것이다.

브란트는 분쟁이 발생하면 서로 양보하고 협의하여 해결할 노력은 하지 않고, 무작정 소송만 하는 세태를 비웃고 있다. 사사건건 송사만 일삼는 짓은 결국 재판관의 헛된 권위를 높여 주고 변호사의 호주머니만 채워 준다는 말이다. 마지막 부분을 보면 의미가 더욱 분명해진다.

섣불리 소송 걸었다가 뜯기는 것이 송사에 이기고 나서 받을 것보다 더 많으니, 사건을 얼른 마무리하지 않고 오래 끄는 일은 진리의 눈에 가리개를 씌우는 짓과 같다네.

법정에 가 봤더니 정의는 없고 법률만 있더라는 말이 있듯이, 현실 세계에서 속인들이 벌이는 소송에서 진실이나 정의를 찾을 수 없다는 의미다. 다시 말하면, 매사에 자기의 이익만 계산하고 남을 헐뜯는 바보들이 소송을 제기하고, 거기에 응해 허위와 위선으로 전문용어를 구사하는 언변만 갖춘 법률가들이 행하는 재판이란, 정의를 실현하기는 커녕 정의를 발견하려는 여신의 눈을 가리는 행위나 마찬가지라는 한탄이다.

구스타프 라드부르흐의 연구 결과에 따르더라도 중세 이전에 정의의 여신은 저울 없이 칼만 들었고, 《바보 배》의 삽화 전에는 눈을 가리지 않았다고 한다. 그렇다면 뭔가 실마리가 잡힌다. 정의의 여신은 애당초 눈을 감을 의사가 없었다. 어리석은 인간들이 자신의 이익을 위해 싸우면서 여신의 눈을 가렸고, 그때부터 눈을 가린 여신상이 점점 익숙해졌다.

그러다 보니 언제 누군가 선의로 여신이 눈을 가린 이유를 설명하기 좋게 만들어 냈다. 선입견에 의한 편견을 가지지 않기 위해서라고. 어쩌면 최초로 그렇게 해석한 사람도 브란트나 뒤러처럼 냉소적인 농담을 한 것인지도 모른다. 어쨌든 눈을 감은 채로 정의를 볼 수는 없다.

옳고 그름이든, 정의든, 진실이든, 눈을 부릅뜨면 볼 수 있을까? 정의란 게 있기만 하다면야 열심히 찾아 헤매면 언젠가 맞닥뜨릴 텐데. 우리 주변에서는 도대체 무엇이 정의일까? 정의가 이루어지는 광경을 본 사람은 있는가? 우리 삶이나 사회가 정의롭다고 느끼는 사람은 얼마나 될까. 정의라는 게 없는 건 아닐까?

정의는 무엇일까? 어쩌면 이것이 가장 중요한 문제일지도 모른다. 정의가 실현될 수 있느냐 없느냐, 어떻게 하면 정의를 이룰 수 있느냐보다 정의가 무엇인지 먼저 알아야 한다. 사람들 간에 정의에 대한 생각조차 너무 많이 다르기 때문이다. 정의도 모르면서 정의를 외칠 수는 없는 노릇이다.

우리에게 필요한 정의를 확인하는 데 거창한 이론은 불필요하다. 철학자나 법학자의 정의론은 오히려 정의를 이해하는 데 방해가 되기도 한다. 그러니 현학적인 논리는 가급적 배제하고, 일상의 언어로 정의를 더듬어 볼 필요가 있다.

쉽고 짧게 표현하면, '마땅히 그러해야 할 것'이 정의다. 당연히 어떤 것이 마땅한 것이냐가 문제다. 보통은 도리, 혹은 인과율에 따르는 현상을 말하기도 한다.

옳은 일은 행해져야 하고 그른 일은 금지돼야 한다, 좋은 행위는 칭찬받고 나쁜 행위는 벌을 받아야 한다는 식으로 나타낼 수 있다. 많이 노력한 사람에게는 많이, 적게 노력한 사람에게는 적게도 마찬가지다. 그것은 분배의 정의다. 살아가는 데 필요한 것에 정확한 순서를 매길 수는 없겠지만, 정의의 내용 중에서 분배가 가장 중요하게 꼽히기도 한다.

그런데 이런 식으로 따지는 일도 학자들이 정의를 논의하는 방식과 유사하다. 그러니 바로 이렇게 물어보자. 인간이 인간답게 살아야 하는 것만큼 마땅한 일이 또 어디 있겠는가? 지구의 인간들은 얼마나 인간답게 살고 있는가? 아리스토텔레스도, 한스 켈젠도, 존 롤스도 아무 소용없다. 우리 주변을 둘러보면 족하다.

지금 지구에 살고 있는 사람의 수는 대략 65억이 조금 넘을 것이다. 그 많은 사람들 중에 거의 절반에 육박하는 30억 가까운 사람들이 하루 2달러 이하의 생활비로 내일 먹을 것을 걱정하고 있다면 쉽게 믿지 못할 것이다. 그보다 더 못한, 하루 1달러 이하의 비용으로 살아가는 사람은 12억 명 정도다. 세계은행은 그들을 지칭하여 BOP(Bottom of Pyramid)라 한다. 소득분포도에서 피라미드의 제일 아래쪽이란 의미다.

매일 굶어 죽는 사람은 2만 5천 명이고, 10세 미만의 아이는 5초에 한 명꼴로 아사하고 있다. 세계 인구의 7분의 1에 달하는 8억 5천만 명 이상이 심각한 영양실조 상태에 있는데, 그 중 3천만 명 정도는 부유한 나라 미국에 거주하고 있다. 영양 결핍으로 실명하는 사람만 매년 7백만 명이 넘는다.

이제 비교적 널리 알려지기 시작한 이 통계는 2000년에서 2005년 정도를 기준으로 작성된 것으로, 엄연한 사실이다. 언젠가부터 우리는 풍요로움 속에 갇혀 있는 줄 알았는데, 굶주림 때문에 고통 받는 사람들이 이렇게 많은 것이다.

그 자체도 믿기 어렵지만, 빈곤과 굶주림의 구조는 더 이해하기 힘들다. 세계식량기구(FAO)는 1984년에, 지구의 인구가 120억이 되어도 모두 충분히 먹고 살 수 있다고 발표했다.

결코 허풍이나 과장이 아니다. 계산상 지금의 곡물 생산량만으로도 지구의 모든 사람들에게 매일 3,500칼로리씩 공급할 수 있다. 미국이 잠재적으로 보유하고 있는 생산량으로 전 세계 사람들이 먹을 수 있으며, 프랑스에서 생산하는 곡물만으로 유럽 전체 사람들이 살 수 있다.

먹을 양식이 부족해서 두세 명 중 한 명이 굶는 게 아니다. 영양실조에 걸린 5세 이하 아이들의 78퍼센트가 식량이 남아도는 국가에 살고 있다. 미국 어린이의 8.5퍼센트가 굶고 있고, 20.1퍼센트가 굶주림의 위협 앞에 놓여 있다는 통계도 나왔다. 이런 현상의 원인을 간단히 설명하자면, 뒤틀리기 시작한 농업정책, 대기업의 맹목성, 민주주의의 왜곡 등으로 요약할 수밖에 없겠다.

먹는 양에 큰 차이가 있다 보니 생명의 길이도 많이 다르다. 살기 편한 곳에선 평균수명이 8,90세를 넘는다고 하는데, 시에라리온은 겨우 38세다. 최빈국으로 분류되는 국가에서 다섯 살 이전에 사망하는 비율이 20퍼센트라면 넉넉한 나라에선 1퍼센트 미만이다. 지구별에서 숨 쉰다고 해서 모두 같은 인간이 아니다.

씹을 것은커녕 마실 물조차 부족한 곳도 많다. 에티오피아에 살던 세 아이의 엄마 세마 케디르의 비극은 상징적이다. 케디르는 이틀에 한 번꼴로 20킬로미터를 걸어 우물물을 길어 와야 했다. 그러다가 어느 날 쓰러져 물 항아리를 깨뜨리고 말았다. 집에는 물통 하나 살 돈조차 없었다. 케디르는 그 자리에서 스스로 목숨을 끊어 물 항아리 파편의 일부가 되었다.

물 부족으로 사망하는 사람의 수는 매년 1,200만 명 정도다. 세계 인구의 6분의 1에 해당하는 11억 이상의 사람들은 깨끗한 물을 사용하지 못하고 있다. 뿌옇거나 누렇게 오염된 물을 그대로 마신다. 해마다 설사병으로 죽는 어린아이가 220만 명에 달하는데, 설사 환자의 40퍼센트 가량은 손을 깨끗이 씻을 수 없었다. 현재 지구 위에서 제대로 된 화장실 없이 사는 사람이 무려 40퍼센트에 이른다. 조금도 과장된 통계가 아니다.

우리는 원하기만 하면 휘황찬란한 밤을 마음껏 즐길 수 있다. 그러나 다른 구석에선 하루에 겨우 한두 시간 불을 밝히거나, 아예 전기 없이 살아간다. 우리의 눈길이 쉽게 닿지 않는 후미진 마을의 엄마들은 아이들이 조악한 저녁밥을 먹으면서 벌레를 함께 씹지 않게 불빛이 밝았으면 하고 바란다. 토머스 에디슨이 전구를 발명한 지 130년이 지난 지구촌의 모습이 이렇다. 밝고 어두움의 대조가 이토록 극명하다.

다시 머릿속에 현실의 한 장면을 떠올려 보자. 1985년 에티오피아

아고르다드 난민 캠프는 먹을 것을 찾아 떠돌던 2만 5천 명이 임시로 수용된 장소였다. 마침 약간의 식량과 의약품이 도착했다. 젊은 간호사는 어른과 아이 구분 없이 제대로 서지도 못하는 난민들을 살펴 가며 선별 작업을 시작했다. 구호품이 턱없이 부족했기 때문에 살아날 가능성이 있는 사람을 골라 약품과 양식을 배급할 수밖에 없었다.

영화의 한 장면도 아니고, 어느 특별한 시기에 특정한 장소에서 벌어진 일시적 현상도 아니다. 누구든 관심만 가지면 도처에서 찾아볼 수 있는 광경이다.

물론 극빈자들은 그들끼리 모여 사는 경우가 많지만, 우리 가까이에도 있다. 큰 도시의 한쪽 구석에는 빈민가라는 동네가 있다. 그래야 잘 먹은 사람들이 버린 음식 찌꺼기로라도 굶주린 창자를 채울 수 있으니까. 필리핀에서는 빈민들을 '파야스타'라 부르는데, 그들은 쓰레기통을 뒤져 상한 음식을 주워 먹는 탓에 기생충으로 사망하는 일이 빈번하게 일어난다.

페루의 바리아다스, 칠레의 포블라시오네스 칼람파스, 그리고 브라질의 파벨라스도 파야스타와 같은 빈민들이 사는 지역이다. 그 특별한 장소에서 태어나는 사람은 출생신고도 하지 않으며 당연히 학교에도 가지 않는다. 거기서는 제대로 된 경제생활은 존재하지 않을 뿐더러, 즉각적 삶의 대응 방식만 남아 있다. 고개 들어 쳐다보면 바로 보이는 곳에 거주하는 보통 사람들은 그런 모습을 무질서와 범죄로 평가한다. 페르난도 메이렐레스가 만든 영화 〈시티 오브 갓(City of God)〉이 바로 브라질의 파벨라스 이야기다.

신의 도시란, 신이 저주한 도시라는 의미를 담고 있다. 빈민촌의 반대편에는 부촌이 따로 자리 잡고 있다. 보통 사람들은 무질서와 혼란이 두려워 빈민가에 들어가지 못하듯이, 철통같은 보안 시스템에 막혀 부자촌에도 진입하지 못한다. 한쪽은 범죄의 소굴이고, 다른 쪽은 범죄를 격리하려 애쓴다. 물론 범죄의 기준도 서로 다르다.

수많은 사람들이 매일 굶어 죽어 가는 사이에 세계 옥수수 생산량의 25퍼센트를 포함해 곡물 50만 톤을 소가 먹어 치운다. 넉넉한 사람들은 고기를 과다 섭취하여 영양 과잉으로 비만과 성인병에 걸려 사망한다. 이것이 인생이다.

가난이 부유함 바로 옆에 있기 때문에 고통은 증가한다. 절대적 빈곤에 상대적 박탈감까지 더해지면 분노와 증오심이 솟구친다. 요즘은 개인이 국가보다 더 부유한 시대다. 최고 부자 200명의 재산은 세계 인구 41퍼센트의 1년 총수입과 맞먹는다.

그들은 CCTV와 견고한 방범 초소 안쪽에서 세상을 내다본다. 가난한 사람들의 생존을 위한 극한 상황을 제대로 이해할 도리가 없다. 그들에게는 오직 법, 규칙, 상식, 사유재산제도와 자유, 그리고 프라이버시만이 중요할 뿐이다. 바로 그런 구조와 사정 때문에 부자들은 빈자를 귀찮게 여기고, 심지어 사회적 부정의로 간주하는 경향까지 있다.

세상이 이러한데도 정의가 있다고 말하겠는가? 어찌하여 굶주림과 빈곤이 정의에 반하는 것이 되어야 하는가. 빈곤 퇴치 구호를 빈곤한 자를 없애야 한다는 말로 이해하는 사람들이 있기 때문이다. 정의에 대한 심각한 오해가 퍼져 있다.

정의를 잘못 이해하는 원인은 민주주의, 자유, 사유재산제도, 경쟁에 대한 그릇된 인식 때문이다. 서양의 근대 인권 사상이 싹틀 때부터 그랬듯이, 현대인의 권리 중심에는 사유재산권이 자리 잡고 있다.

합법적으로 재산을 축적하는 행위는 정당하고 결코 비난받지 않는다. 부는 깨끗한 것이라는 전제가 모두를 안심시켜 준다. 부를 축적하는 노력은 자유경쟁 시장에서 이루어진다. 경쟁에서 이기면 부를 움켜쥘 수 있고, 거듭 이기면 부를 축적할 수 있다. 그리하여 경쟁은 매혹적이고, 환상적인 게임이 된다.

여기서 그냥 지나쳐서는 안 될 중요한 부분이 있다. 첫째, 합법적인 경쟁에서 자신의 능력으로 이기기만 한다면 부는 무한으로 축적할 수 있는가? 또 자신이 축적한 재산은 완전히 자기 소유이며 마음대로 처분할 수 있는가? 이 두 가지 물음에 대한 대답이 너무 명백한 나머지 질문 자체가 생소하게 느껴질지 모르겠다. 어떤 이는 질문하는 사람의 사상을 의심할 수도 있겠다. 모두들 질문으로 던진 두 가지는 바로 민주주의가 보장하는 사유재산제도의 핵심이라고 믿고 있을 테니까.

하지만 사회의 근원적인 불행의 씨앗이 그러한 믿음에 있다고 생각해 보면 어떨까? 내가 재산을 가지고 있다는 사실은 오직 다른 사람과 비교했을 때 가치를 지닐 뿐이다. 만약 모든 사람이 똑같이 백만 원씩 가지고 있다면, 그 돈은 큰 의미가 없다. 못 가진 사람이 있을 때 가진 사람의 재화가 가치를 발휘한다. 못 가진 사람이 없다면, 가진 사람도 없는 것이나 마찬가지다.

경쟁에서 쟁취한 승리는 자신의 능력과 노력이 두드러진 효과를 나타냈기 때문이다. 그래서 승리가 정당화된다. 여기엔 아무런 의문의 여지가 없어 보인다. 하지만 그렇지 않다는 사실을 깨달아야 한다.

경쟁에서 이긴 결과는 항상 자신의 노력과 능력 때문만은 아니다. 진 사람이 있기 때문에 이기는 일이 가능하다. 만약 모든 사람의 재능이 동일하고 똑같이 성실하다면, 그 경쟁의 결과는 어떻게 되겠는가? 순전히 운에 의해 순위가 결정되거나, 아니면 끝없는 무한 경쟁이 되고 말 것이다.

타고난 재능이나 노력 때문에 그 결과가 완전히 자기 것이 될 수도 없다. 경쟁자들이 패했기 때문에 그런 결과가 발생할 수 있었다는 사실도 무시할 수 없기 때문이다. 경쟁에서 뒤진 사람의 무능이나 나태함조차도, 그것이 이긴 사람의 영예나 쾌감에 기여하는 바는 있게 마련이다. 이것은 결코 역설이나 궤변이 아니다.

공부도 다를 바 없다. 많은 사람들이 선망하는 대학의 정원이 100명이라 하자. 어느 해 그 대학에 합격한 학생은 자신의 지적 수준이 우러러볼 만한 데 이르렀기 때문이 아니라, 전체 응시생 중에서 100위 안에 들었기 때문에 행운을 차지할 수 있었다. 바꿔 말하면, 자기보다 시험 성적이 나쁜 사람들이 있었기 때문에 합격선을 넘을 수 있었다는 것이다.

모든 경쟁에서는 지는 사람 때문에 이기는 사람이 생긴다. 그러므로 이긴 사람은 자신이 경쟁에서 이긴 대가로 차지한 유리한 지위나 결과를 두고 진 사람에 대해 부채감을 느껴야 옳다. 그래서 이긴 결과물은 완전히 자기 것이 아니라고 깨달아야 하며, 그 중 일부는 내놓아야 마땅하다.

그렇다면 도대체 경쟁에서 얻은 몇 퍼센트가 자기 것이며, 몇 퍼센트를 내놓아야 한다는 말인가? 물론 그 비율은 자율적으로, 그리고 사회적 합의에 따라 정해질 수밖에 없다. 간디처럼 뛰어나게 도덕적인 인간은, 당장의 욕구 때문에 자기에게 필요한 것보다 더 많은 것을 소유하는 일은 그만큼 남의 몫을 훔치는 행위와 동일하게 평가했다.

보통의 사람들에게, 그것도 경쟁의 승리자에게 그렇게 과도한 요구를 하는 일은 무망하다. 단지 경쟁을 통해 얻은 이익이 모두 자기 것이 아니라는 사실만 알면 된다. 자기 소유 재산의 일부를 헐어 다른 사람을 위해 내놓는 행위가 순전히 자발적 자비심이나 동정심에 기대는 것이 아니라 당연히 해야 할 사회적 의무라는 점을 깨달으면 된다. 그래야만 우리가 경쟁을 계속 유지할 수 있고, 아이들에게도 열심히 하라고 격려할 수 있다. 바로 그것이 정의의 상식이다.

〈마태복음〉 20장에, 예수가 천국을 비유하면서 "하늘나라는 자기 포도밭에서 일할 일꾼을 고용하려고 이른 아침에 집을 나선 어느 농장 주인과 같다"는 말이 나온다.

이른 아침에 만난 일꾼을 포도밭으로 보내면서 하루 품삯을 1데나리우스로 정했다. 아홉 시쯤 장터로 가다 보니 서서 빈둥거리는 사람들이 있기에 그들도 포도밭으로 보냈다. 포도밭 주인은 정오와 오후세 시경에도 그렇게 했다. 오후 다섯 시가 다 돼서도 거리에서 서성대는 사람들을 만났다.

"당신들은 왜 종일 하는 일 없이 이렇게 지내는 거요?"

"아무도 우리에게 일을 시켜 주지 않아서요."

주인은 그들도 포도밭으로 가게 했다. 해가 저물 무렵 일이 끝났다. 맨 나중에 온 일꾼들부터 품삯을 지급하는데, 일한 시간에 관계없이 모두 1데나리우스씩이었다. 아침 일찍부터 일을 시작한 일꾼이 항의하자 주인은 이렇게 말했다.

"당신은 1데나리우스를 받기로 약속했으니, 당신의 몫이나 받아 가시오. 나중에 온 이 사람에게도 당신에게 준 돈과 똑같이 주는 게 내 뜻이오."

포도밭 주인의 입을 빌려 예수가 말하려는 것은 무엇일까? 경제학, 또는 사회학적 의미로 이해하자면 노동권이 생존권으로 이행되어야 하는 이유를 암시한다. 누구든지 노동의 권리가 있다. 그리고 노동에 대한 보수는 생존할 수 있는 정도여야 한다. 일을 적게 한 사람에게라도 생계를 위한 최소한의 임금은 일률적으로 지급해야 옳다는 말이다.

새벽부터 시작해 뜨거운 태양 아래서 하루 종일 일한 사람과 끝날 즈음 도착하여 겨우 한두 시간 일한 사람에게 같은 임금을 지급하는 일은 어찌 보면 불공평하고 부당하다. 마찬가지로 일자리를 늦게 구해 한두 시간밖에 일하지 못했다고 제대로 먹지도 못할 정도의 적은 임금을 받는 사태도 올바르지 못하다. 이럴 때는 어떻게 하는 것이 지혜롭겠는가? 많은 사람에게 일할 기회를 주고, 생존에 필요한 돈을 지급하는 길을 선택하는 것이 정의 실현이 아니고 무엇이겠는가.

민주주의와 사유재산과 경쟁에 관한 서로 상반된 이해가 조금이라도 해결될 가능성이 보인다면, 우리가 해야 할 일은 정의의 여신의 눈에 드리워진 눈가리개를 벗겨 내는 것이다. 정의가 무엇인지 두 눈을 크게 뜨고 함께 보아야 한다.

정의가 잘 보이지 않는다면, 부정의의 모습이라도 확인해야 한다. 이것이야말로 사회 구성원으로서 인간이 해야 할 일이다. 만약 우리가 해낼 수 없다면, 로봇에게 맡기는 수밖에 없다. 그렇게 되면 인간들은 편하겠지만, 로봇의 시녀가 되는 건 당연한 일이다.

19

아닌 것을 없앤
뒤에 남는 것

─부정의의 상식

:: 복종할 줄만 알고 불복종하지 못한다면, 그는 노예다. 불복종할 줄만 알고 복종할 줄 모른다면, 그는 혁명가가 아니라 반도에 불과하다. 정의의 상식을 제대로 알려면 무엇보다 부정의의 상식을 이해할 수 있어야 한다. 이것이 인생의 상식이다.

열심히 기도하며 수행하던 선지자 모하메드가 하루는 마을 뒤쪽 야산 정상에 올랐다. 언덕 아래쪽에는 맑은 샘물이 솟고 있었는데, 마침 말을 탄 사나이가 다가와 목에 걸었던 자루를 내려놓고는 목을 축였다. 잠시 휴식을 취한 사내는 그만 자루를 잊은 채 말을 타고 가 버렸다. 조금 지나서 다른 사나이가 물을 마시러 왔다가 바닥에 놓인 자루 속에 금화가 가득한 것을 발견하고는 얼른 가져갔다.

다시 얼마간의 시간이 흐른 뒤, 이번에는 땔감을 잔뜩 짊어진 나무꾼이 샘터에 나타났다. 바로 그때 첫 번째 사내가 허겁지겁 달려와 세 번째 사내에게 자루를 보지 못했느냐고 물었다. 나무꾼은 당연히 아무것도 보지 못했다고 대답했는데, 첫 번째 사내는 그가 돈 자루를 숨겼다고 생각하여 칼로 베어 죽이고 말았다. 이 광경을 지켜보고 있던 예언자는 비통한 마음을 가눌 길 없어 알라 신을 향해 원망하듯 외쳤다.

"알라여, 남의 돈을 가져간 도둑은 멀쩡하게 사라졌는데 돈을 훔치지도 않은 무고한 자가 목숨을 잃었습니다. 세상에 이렇게 불공평한 일이 어디 있습니까! 정의는 도대체 어디로 갔단 말입니까!"

그때 구름 사이로 알라의 목소리가 들려왔다.

"어리석은 자여, 그대는 정의가 무엇인지 제대로 모르고 있도다. 이미 오래전에 첫 번째 사내의 아버지가 두 번째 사내의 아버지로부터 자루에 든 만큼의 돈을 빼앗아 간 일이 있다. 그리고 세 번째 사내의 아버지는 첫 번째 사내의 아버지를 죽였다. 두 번째 사내는 자기 아버지의 돈을 되찾은 것이고, 첫 번째 사내는 세 번째 사내에게 아버지의 복수를 한 셈이다. 결국 정의는 이루어졌도다. 그러니 그대는 우주의 법도에 대해 걱정 말고 열심히 기도하며 정진이나 하라."

샤흐라자드가 샤리아르 왕에게 478번째 밤에 들려준 이야기다. 아라비안나이트의 이 유명한 이야기를 어떻게 이해해야 할까? 등장인물들의 내력을 모르는 상태에서 눈앞에 전개된 상황만 놓고 보면 정말 불합리하고, 불공평하며, 정의롭지 못하다.

그런데 가려졌던 사정을 드러내고 보니 뭔가 조금 그럴듯해졌다. 결과적으로는 처음보다 조금 덜 불공평해진 것 같은 생각이 든다. 어쨌든 부도덕했던 상황이 알라의 설명으로 도덕적 이야기로 여겨지게 되었다.

그러나 먼 옛날의 이 우화가 전하는 의미는 이해하겠지만, 지금의 법이나 도덕의 논리로 설명하기에는 곤란하다. 설사 첫 번째 사내가 잃어버린 돈주머니가 두 번째 사내 아버지가 빼앗긴 돈 주머니라 하더라도, 형법 이론상 두 번째 사내의 행위는 절도미수에 해당한다. 첫 번째 사내가 세 번째 사내를 살해한 행위도 결코 정당화될 수 없다.

그렇지만 지금 법률문제를 따지자는 게 아니다. 두 번째 사내가 돈주머니를 가져간 행위와 첫 번째 사내가 세 번째 사내를 죽인 행위는 각각 절도와 살인에 해당하는 범죄다. 그런데 그런 위법한 범죄행위의 작용으로 과거의 부당한 행위가 약간 바로잡아졌다. 거기서 무엇을 느끼는가?

의미를 조금 더 분명히 하기 위해 무대를 현대로 옮겨 보자. 적당한 예가 하나 있는데, 스위스 작가 프리드리히 뒤렌마트가 독일어로 쓴 흥미로운 소설 《재판관과 집행관》이다.

경찰관 슈미트가 자동차 속에서 총에 맞아 사망한 채로 발견됐다. 반장 베를라하는 형사 챤츠에게 수사를 맡겼다. 처음부터 가스트만이 유력한 용의자로 떠올랐다. 하지만 세계적 사업가로 명성을 날리고 있던 가스트만은 슈미트와는 아무 관련이 없었다. 이때 치명적인 병에 걸려 시한부 인생을 살고 있던 베를라하는 적당히 거리를 두고 수사의 전개 과정을 관찰할 뿐이었다.

상황은 마치 예정되었던 것처럼 일정한 방향으로 흘러갔다. 챤츠는 가스트만 체포에 나섰다가 총격전이 벌어지는 바람에 정당방위 상태에서 가스트만을 쏘아 죽였다. 그리고 얼마 뒤 챤츠 자신도 기차에 치여 목숨을 잃고 말았다.

이런 줄거리만 놓고 본다면 어떤가? 아라비아 어느 언덕 위에서 통탄했던 예언자와 같은 심경이 되지 않을 수 없다. 세상에 그렇게 불공평하고 억울한 일이 어디 있는가? 슈미트를 살해하지도 않은 가스트만은 무고하게 총에 맞아 죽고, 직무에 충실했던 챤츠마저 뜻밖의 사고로 사망하고 말았다. 그럼에도 슈미트를 죽인 살인범은 잡히지 않았다. 도대체 정의는 어디에 있단 말인가?

그러나 진실을 더 많이 알고 있는 베를라하는 우리와는 다르다. 40년 전, 터키의 보스포러스 해협 부근 술집에서 베를라하는 가스트만과 논쟁을 벌였다. 베를라하는 세상에 완전범죄는 존재하지 않는다고 믿었다. 아무리 치밀하게 계획하더라도 우연이란 요소가 끼어들기 때문이라고 근거를 댔다. 하지만 가스트만은 오히려 인간의 그러한 불완전성 때문에 완전범죄가 가능하다고 주장했다.

둘은 내기를 하기에 이르렀다. 가스트만은 법이 보는 앞에서 범죄를 저지르고, 그 범죄를 증명할 수 없게 만들겠다고 장담했다. 사흘 뒤, 가스트만은 독일에서 온 사업가와 다리 위를 걷다가 슬쩍 밀어 물속에 빠뜨렸다.

가스트만은 얼른 뛰어들어 독일인을 구하려 애쓰는 척했고, 그 사업가는 익사했다. 가스트만이 주도면밀하게 살인 대상으로 고른 독일인은 사업의 부도로 곤란한 지경에 놓여 있었다. 법정에 선 가스트만은 결국 무죄를 선고받았다. 독일인이 비관 자살한 것으로 판단했기 때문이다. 이제 베를라하는 알라를 대신하여 어리둥절해 하는 독자들에게 이렇게 외친다.

"어리석은 인간들이여, 진실을 어찌 알겠는가. 가스트만은 아주 오래전 터키에서 독일인을 죽인 죄의 대가를 받았다네. 그리고 슈미트를 살해한 범인은 바로 챤츠였어. 그런대로 정의가 이루어진 셈이지."

베를라하는 수십 년 동안 자신의 목표를 잊지 않았다. 그는 안타깝게도 가스트만이 저지른 범죄를 증명하지는 못했지만 가스트만이 하지 않은 짓을 증명하여 벌을 받게 하기로 마음먹은 것이다.

베를라하는 교묘하게 챤츠를 이용했다. 질투 어린 경쟁심에서 슈미트를 죽인 챤츠는 자신에게 돌아올 살인 혐의에서 멀어지기 위해서라도 가스트만을 범죄자로 몰아가야 했다. 베를라하는 자신의 목표를 챤츠의 목표로 슬쩍 바꾸어 버렸던 것이다. 그리하여 챤츠의 잘못된 행위를 도구로 삼아 가스트만의 과거 살인 행위를 처벌했고, 챤츠 역시 우연한 사고로 벌을 받았다. 부정의를 통해 정의를 실현한 결과가 되었다.

원하는 것을 찾기 어려울 때는 방법을 뒤집어 원하지 않는 것을 없애 가는 식으로 해결책을 모색할 수 있다. 아닌 것을 하나씩 하나씩 제거해 나가다 보면, 어느새 맞는 것이 드러나고 만다는 소거법이다. 일상의 경험에서 이런 경우는 꽤 많다. 어떤 형태나 성질을 적극적으로 말하기는 어려워도, 그것이 아닌 것을 가려내기는 상대적으로 쉽다.

옛날 중국에 모기 눈알을 넣어 끓인 국이 있었다. 서양의 수프처럼 맑은 국물 안에 모기 눈알을 넣은 요리인데, 특별한 맛이나 효능보다는 혀끝에 살짝 스치는 까칠한 감촉 때문에 권세가들이나 호사가들의 별미로 각광을 받았다.

문제는 모기 눈알이었다. 모기 눈알은 워낙 작아 모기로부터 직접 추출해 내는 일이 시간도 많이 걸릴 뿐만 아니라 거의 불가능했다. 그래서 눈을 동굴 속으로 돌렸다. 박쥐들이 모기를 잔뜩 잡아먹는데, 눈알은 소화가 되지 않는다. 박쥐 똥에서 소화되지 않은 채 남은 것은 모기 눈알뿐이라는 말이다. 동굴 속에서 박쥐 똥을 모아 물에 조금씩 씻는다. 그러면 박쥐 똥은 물에 녹아 점점 없어지고, 아주 작은 알갱이만 남게 된다.

관념과 이론의 세계에서도 동일한 방법론이 가끔 쓰인다. 행정법학 교과서 첫머리에서는 대개 행정의 개념이 무엇인가를 다룬다. 가장 유명한 학설의 하나는 공제설인데, 국가 작용 중에서 입법과 사법을 제외한 나머지가 행정이라는 주장이다.

예술에서도 비슷한 경우를 쉽게 찾을 수 있다. 설치미술을 어떻게 정의할 수 있을까. 미술에서 회화나 조각으로 환원되지 않는 부분, 전통적인 장르로 묶을 수 없는 분야를 뭉뚱그린 것이라는 설명은 그럴싸하다.

그렇다면 한 가지 방법이 생긴 셈이다. 우리가 원하는 데에서도 정의가 보이지 않는다면, 혹은 정의가 도대체 무엇인지 알 수 없다면, 선다형 문제에서 정답이 아닌 것부터 하나씩 지워 나가듯 부정의를 없애면 된다.

부정의를 없앴다는 것은 두 가지의 의미를 지닌다. 부정의가 줄어들면 상대적으로 정의가 점점 더 부각될 것이다. 그리고 부정의로운 상태를 정의로운 상태로 바꾸어 놓는다. 부정의의 제거 그 자체로 의미가 있는 이유는, 부정의가 소멸한 자리가 빈 공간으로 남는 게 아니라 정의로운 상태로 바뀌기 때문이다.

예를 들면 이렇다. 내 소유의 물건을 타인이 훔쳐 갔다. 부당하게도 나에게 지금 그 물건이 결여되어 있는 상태와 도둑에게 그 물건이 가 있는 상태는 모두 부정의다. 만약 도둑이 지니고 있는 물건을 내게로 다시 가져온다면, 그때 부정의가 소멸되면서 정의로운 상태로 바뀐다.

절도범을 체포하여 재판 절차에 넘기는 일도 마찬가지다. 그 범인이 행한 절도죄에 적절한 형벌을 가하자 절도범이 너무나 이상적이게도 양심의 가책을 느끼고 새사람이 되기로 결심했다고 하자. 그때 절도범의 내면에 형성돼 있던 반사회적 기질이 형벌의 효과로 사라지고 정상인의 평정심을 되찾게 된다. 역시 부정의한 반사회적 성향이 정의로운 정상성으로 바뀌었다.

부정의를 제거하는 일에도 몇 가지 방식이 있다. 부정의가 저절로 소멸되기를 기다릴 수도 있겠지만, 그 경우는 기대하기도 어려울 뿐만 아니라 우리 관심의 대상이 아니다. 적극적으로 부정의를 없애야 한다. 부정의를 없애려면 수단이나 도구가 필요한 것도 당연하다. 무엇으로 부정의를 없앨 수 있는가? 묘하게도 부정의를 없애는 도구로 대개 부정의가 사용된다. 부정의를 없애는 과정은 강제적 힘에 의할 수밖에 없는데, 강제적 수단은 그 자체로 부정의의 속성을 지닌다.

도둑으로부터 내 물건을 다시 찾아오는 행위의 외양은 도둑이 물건을 훔쳐 가는 행위와 동일하다. 다만 같은 두 행위를 두고 하나는 권리의 회복, 다른 하나는 소유권 침해라는 상반된 평가를 한다. 절도범에게 징역형을 선고하는 자체도 부정의다. 징역형은 사람의 신체의 자유를 제한하는 행위이기 때문이다. 같은 행위도 개인이 하면 보복이 되고, 국가권력이 하면 형벌이 된다.

바위를 깨뜨리려면 폭약이나 다이아몬드가 필요하듯이, 부정의를 없애는 데도 그보다 더 강한 부정의가 동원되어야 한다. 부정의가 부정의를 만나 파괴된 다음 정의의 상태를 회복한다. 이게 바로 변증법이 아니고 무엇이겠는가.

《바가바드기타》는 산스크리트어로 쓰인 고대 인도의 대서사시 〈마하바라타〉의 일부분으로, 인도인들에게는 '천상의 노래'라고 불리는 성전이다. 간디와 함께 인도의 성자로 추앙받은 비노바 바베 역시 간디와 함께 비폭력 저항운동을 하다 감옥에 갇혔다. 감옥 안에서 바베는 일요일마다 수감자들을 모아 놓고 《바가바드기타》를 강의했다. 때로는 교도관의 가족들까지 바베의 강의를 듣기 위해 한 자리를 차지하기도 했다.

강좌가 열리는 동안 '신의 손'이란 별명을 가진 한 수감자가 바베의 말을 한마디도 놓치지 않고 속기록으로 남겼다. 그 기록은 바베의 교열을 거쳐 교도소 안에서 출간되었고, 수감자들은 노동의 대가로 받은 돈으로 그 책을 한 권씩 사서 읽었다. 거기에 나오는 이야기 하나를 읽어 본다.

재판관 한 사람이 있었다. 그는 수많은 범죄자들에게 사형을 선고하여 교수대로 보낸 경력이 있었다. 그런데 어느 날 자신의 아들이 살인 혐의로 붙잡혀 왔다. 명백한 유죄였고, 사형선고는 불가피했다. 하지만 머뭇거릴 수밖에 없었다. 고심 끝에 재판관은 이렇게 논리를 폈다.

　"사형이란 가장 비인도적인 형벌입니다. 인간은 그러한 형벌을 내릴 자격이 없습니다. 모든 개선의 희망을 파괴하는 짓이기 때문입니다. 살인을 저지른 사람은 제정신이 아닐 때 흥분 속에서 그렇게 한 것입니다. 그 광기가 그에게서 떠난 지금, 그를 냉정하고 침착하게 교수대로 끌고 가서 죽이는 일은 인도적인 사회에서는 치욕입니다. 그것은 큰 범죄입니다."

　여기까지만 인용하고, 우리의 판단을 덧붙여 보자. 재판관의 판단과 행동은 과거와 달랐다. 그 이유는 오직 심판의 대상이 자기 아들이었기 때문이다. 재판관은 아들을 위하는 불공정한 마음 때문에 다른 논리로 다른 결론에 이르렀다.

　불공정한 마음도 부정의의 한 형태다. 사형 제도를 반대하는 사람들에게 사형은 역시 부정의다. 하지만 불공정한 마음이 계기가 되어 인도적인 올바른 지점에 도달했다. 가혹한 사형선고를 회피하는 일은 잘못된 것이 아니다. 부정의를 통해 정의를 실현하는 데는 이런 방식도 있다.

　그런데 부정의가 어떤 기준에 따라 적법한 처벌이 되기도 하고 불법한 보복이 되기도 하는가? 여기에 관련하여 일찌감치 아우구스티누스가 화두와 같은 질문을 대답 대신 던진 바 있다. 바로 국가와 강도단의 차이점이 무엇이냐, 하는 것이었다. 그는 이렇게 말했다.

"정의가 없다면 국가가 대규모의 강도단과 다를 게 뭐 있겠는가?"

눈에 잘 띄지도 않는 정의의 비중은 이토록 크다. 아우구스티누스의 한마디는 우리의 기분을 잠시 고양시켜 주기는 하지만, 명쾌한 결론이 되지는 못한다. 정의가 궁극적인 목적이 되고 정의 실현을 위해 진지한 노력을 행한다면, 그 국가는 분명 강도단과 구별이 될 것이다.

하지만 개인이 행한 부정의를 통해서도 정의가 실현된다면, 그 부정의는 왜 허용되지 않는가? 아우구스티누스의 말에서는 그 대답을 찾을 수 없다. 아라비아의 선지자가 목격한 첫 번째 사내의 살인과 두 번째 사내의 절도 행위도 정의 실현에 기여했다. 챤츠가 가스트만을 저격한 행위와 기차 사고 역시 마찬가지다. 목표는 동일하게 정의 실현이라 하더라도, 허용되는 부정의와 금지되는 부정의가 따로 있다. 그 구분은 오직 법에 의해 가능하다. 현실에서는 마치 정의보다 법이 먼저인 것 같은 착각을 불러일으키기도 한다.

국가의 형벌권은 정의 때문이라기보다 법으로 허용돼 있기 때문에 정당하다. 결국 법이 국가를 강도단이 되는 걸 막아 주는 셈이다. 어쩌면 법이 정의를 대행하는 것인지도 모르겠다. 반면에 개인이 행사하는 부정의는 법으로 금지되어 있다. 그것이 아무리 정의를 향해 있다 하더라도.

개인적인 정의 실현, 현실적으로 바꾸어 말하면 개인적 법 집행이 법으로 금지되는 이유는 무엇일까? 쉽게 설명하자면, 아무래도 질서 유지의 목적에서 비롯한다고 하겠다. 형벌권을 개개인이 취향에 따라 행사하게 하는 것보다 국가가 도맡아 운용하면 훨씬 예측 가능하고 안정적인 제도로 유지할 수 있다고 믿기 때문이다.

조금 어렵지만, 철학적으로 풀이하는 방법도 있다. 인간의 분개와 적개심은 자연스런 감정의 하나다. 인간의 역사가 밝은 빛만이 아니라 때로는 어둠을 통해 움직이듯이, 분개와 적개심은 정의의 기초 또는 동력이 되기도 한다. 일반적으로 부정적 감정에 속하는 분개와 적개심에서 바로 부정의의 수단이 나타나는 것이다.

그런데 인간의 분개심이 그대로 수단화되면 야만성이 드러날 우려가 있다. 일부 지역에서 강간을 당하거나 간음을 당한 누이를 가족의 명예를 훼손했다는 이유로 오빠가 직접 살해하는 경우가 그 예다. 아무리 독특한 환경과 문화를 배경으로 깔고 있다 하더라도 이해하거나 용납할 수 없는 폭력이다. 물론 그 경우에는 살해 행위라는 부정의를 통해 정의를 실현한 것도 아니다.

어쨌든 인간의 분개심에서 나온 부정의의 행동은 정의 실현을 목적으로 삼기도 해야 하지만, 그 자체가 야만성으로부터 벗어날 수 있어야 한다. 개인의 감정에서 출발한 행위가 야만성을 탈피하기 위해서는 그 폭력성을 이성으로 조정할 필요가 있다.

그때 사용할 이성은 감정을 다스릴 수 있는 이성, 모두에게 통용될 수 있는 공적인 이성이어야 한다. 가능한 객관적 이성이어야 한다는 말인데, 제삼자적 관점이라고 해도 좋다. 시카고대학의 마사 누스바움은 그 이성을 '사리에 밝은 관찰자'라고 했다. 그리하여 개인의 복수심을 이성으로 걸러 낸 것이 바로 사회적 복수 제도로서 법이 만든 형벌 체계라는 결론이다.

그런 논리 때문만은 아닐 테지만, 사람들은 자주 '법대로'를 외친다. 정의도 반드시 법을 통해 실현해야 바람직한 것으로 확신하고 있다. 부정의를 통해 정의를 실현할지라도, 법으로 허용된 부정의만 사용해야 한다고 주장한다. 야만성을 벗어나려는 철학적 몸부림 때문이 아니라, 아마도 대체로 법이 그렇게 지시하고 있기 때문일 것이다. 그래야 질서가 지켜진다고 알고 있으니까.

그런데 법만으로는, 법만 제대로 지킨다고 정의가 실현되는 것은 아니다. 그 사실은 우리가 이미 경험으로 알고 있다. 때로는 법을 어김으로써 정의 실현이 가능해지는 경우도 있다. 법을 어기는 행위도 결국 부정의의 한 형태인데, 아마도 정의 실현을 목적으로 한 부정의 중에서 가장 중요한 부분이 아닐까 한다. 바로 불복종이다.

한 번 더 개인의 분개심에 대해 살펴보자. 자신도 모르는 사이에 끓어오르는 분개심은 제어하기 힘든 부정적 감정임에는 틀림없지만, 부정의에 대한 분노인 것은 분명하다. 그렇기 때문에 대개 정의를 지향하고 있다.

로버트 솔로몬이 실감나게 묘사하고 있는 분개심의 한 형태를 보자. 부당한 침해로부터 자신을 지켜야겠다는 결의, 도저히 견딜 수 없는 옳지 못한 간섭이나 모욕에 대한 저항감이 "거의 창자에서 나온다고 할 수 있는 느낌"에 이를 때의 분개심은 뭔가 결정적 역할을 할 수 있다. 진지한 분개심은 스스로 정의를 실현하려는 의지로 나타날 수 있다. 법 제도의 작동을 기다릴 수 없거나, 아예 법 자체가 잘못되었다고 확신할 때는 더욱 그러하다. 그 공적 분개심의 열정으로 일어나는 행동 양식의 하나가 불복종이다.

불복종은 의도적으로 법을 위반하면서 항의하는 행동이다. 의도적으로 위법행위를 감행한다는 것은 처벌까지 감수한다는 의미다. 양심의 요청에 따라 선택한 법 위반 행위는 우선 실정법에 어긋나기 때문에 그 자체가 부정의다.

하지만 양심의 행동가가 선택한 부정의가 목표로 하고 있는 대상 역시 잘못된 법으로서의 부정의다. 두 부정의 중 어느 쪽이 더 옳은지 아직은 잘 알 수 없다. 만약 불복종하기로 결심한 양심적 행동가의 판단이 옳다면 실정법을 위반하는 행위는 형식적 부정의가 될 것이고, 정의의 관념에 맞지 않는 법은 실질적 부정의가 될 것이다. 하나의 부정의가 다른 하나의 부정의와 부딪쳐 정의를 만들어 낸다. 불복종은 그런 희망을 품고 있다.

에리히 프롬은《불복종에 관하여》라는 에세이에서 불복종의 효시로 안티고네를 들고 있다. 왕이 된 크레온은 반역을 음모했다는 이유로 안티고네의 오빠 폴류네이케스의 시신을 매장하지 못하게 명령했다. 안티고네는 고민에 빠졌다. 오빠의 시신을 거두는 일이 인간의 도리라고 생각했고, 크레온의 엄명이 부당하게 여겨졌다. 비인간적인 법률에 복종하면 도덕률에 불복종하게 되고, 도덕률에 복종하면 법률에 불복종하게 되었다. 그 딜레마에서 안티고네는 현실의 법인 왕의 명령을 어기기로 했다.

소포클레스의 〈안티고네〉가 무대에서 상연된 때가 기원전 5세기이니 인류의 불복종 역사는 오래된 셈이다. 하지만 실존 인물에 더 무게를 두는 습성 때문인지, 사람들은 불복종을 이야기할 때 거의 예외 없이 헨리 데이비드 소로로부터 시작한다.

미국 콩코드 부근의 월든 호숫가 숲 속에 오두막을 짓고 산 지 1년이 지난 1846년 7월, 소로는 수선 맡긴 구두를 찾으러 나섰다가 세관원에게 체포되었다. 무려 6년 동안 주민세를 내지 않았다는 이유 때문이었다.

그는 미국 정부가 노예제도를 유지하면서 멕시코와 전쟁을 벌여 영토를 확장하려는 정책에 대한 항의 표시로 세금 납부를 거부했다. 소로는 유치장에 들어가 하룻밤만 지내고 나왔다. 다음 날 친척이 밀린 세금을 내주었기 때문이다. 그것이 전부였고, 이렇다 할 사건은 없었다. 단 하룻밤의 감옥 체험은 소로에게 정부에 대한 명확한 태도를 갖게 했다. 얼마 뒤 그 체험을 토대로 강연을 했고, 원고로 다듬어《미학》이라는 잡지에 '시민 정부에 대한 저항'이란 제목으로 실었다. 그 짧은 글은 소로가 죽고 난 뒤 '시민불복종'이라는 제목으로 바뀌어 전파되었다.

소로의 감옥 체험 자체는 별것 아니고, 오히려 소로 이전에 있었던 종교인들의 조직적 세금 거부 운동이 시민불복종 형태에 더 가깝다. 그럼에도 불구하고 소로의 깊고 열정적인 사유에서 솟아나온 글은 대단한 상징성을 띠게 되었다. 그 글을 감옥에서 간디가 읽었기 때문이기도 하다. 간디의 비폭력 저항운동은 그 이전부터 시작된 것이지만, 소로의 글을 읽고 영향을 받은 것도 분명하다. 소로는 이렇게 썼다.

시민은 한순간이라도 자신의 양심을 입법자에게 맡겨서는 안 된다. 법에 대한 존경심보다는 먼저 정의에 대한 존경심을 기르는 태도가 바람직하다. 법이 사람들을 조금이라도 더 정의롭게 만든 적은 없다. 오히려 법에 대한 존경심의 강요 때문에 선량한 사람들조차 불의의 하수인이 되고 만다.

옳지 못한 법이 있을 경우 고치려고 노력하면서 그 법이 개정될 때까지 법을 지킬 것인가, 아니면 즉시 그 법을 어길 것인가. 시민불복종은 후자를 선택한 결과다. 간디의 불복종 행동 중 하나만 되새겨 본다.

1930년 영국 정부는 재정난을 해소하기 위하여 소금법을 제정했다. 인도인들은 소금을 직접 제조해선 안 되고, 영국 정부가 독점 판매하는 소금을 비싼 값에 사 먹어야 한다는 내용이었다.

간디는 항의 행렬의 선두에 서서 322킬로미터를 걸어 바닷가에 도착한 다음, 천일염 한 줌을 입 속에 털어 넣었다. 용기를 얻은 인도인들은 법을 무시한 채 소금을 만들었고, 불법 소금 제조는 무려 6만 명이 체포될 때까지 계속되었다. 결국 영국 정부는 소금법을 폐지했다.

가장 전형적인 시민불복종 운동은 마틴 루터 킹이 보여 주었다. 킹역시 소로의 글을 읽고 감명을 받은 터였다. 1955년 12월 앨라배마의 몽고메리에 살던 흑인 여성 로사 파크스가 법정에서 유죄 판결을 받았다. 버스 안에서 백인에게 자리를 양보하지 않아 당시 시 조례를 위반했다는 이유였다.

킹 목사를 중심으로 흑인들이 모였다. 그리고 다음 날부터 버스 안타기 운동을 시작했다. 운동은 급속도로 확산되어 시내버스는 백인 서너 명만 태우고 덜컹거리며 다녔다. 경찰은 온갖 구실을 붙여 킹 목사를 비롯한 흑인들을 체포했다. 다른 흑인들은 자진하여 체포당하겠다고 나섰다. 그들을 감옥에 가두면 더 많은 사람들이 경찰서 앞에 줄을 섰다. 실로 숭고함마저 느껴지는 집단적 비폭력 저항운동이었다.

인간이 사는 곳이라면 어디든 비슷하듯이, 우리에게도 불복종의 역사가 있다. 3·1 운동은 그때 유효했던 일제 식민지법에 위반하는 행동이었지만, 지금 불법성을 말하는 이는 아무도 없다. 4·19 역시 이승만 정권이 볼 때는 위법한 폭도들의 행진에 불과했다. 하지만 집권자들의 눈에 부정의로 비친 의분의 행동은 정권을 무너뜨리고 혁명으로 성공했다. 1987년의 6·10 민주항쟁을 이제 와서 집회 및 시위에 관한 법률을 위반한 행위였다고 말할 사람은 없다.

2000년에 제16대 국회의원 선거를 앞두고 1,054개의 시민단체가 연대하여 자격이 없고 무능력한 정치인을 몰아낸다는 목표로 낙천 낙선 운동을 전개했다. 정쟁만 되풀이하는 정치에 대해 염증을 느끼고 있던 시민들로부터 큰 호응을 얻었으며, 국내외적으로 대단한 사회적 반향을 일으켰다. 하지만 일부 행위가 선거법에 위반된다고 하여, 운동을 이끌었던 일곱 명은 유죄 판결을 받았다. 처벌을 받았다는 점에서 오히려 시민불복종의 기본 유형에 가장 가까운 운동이었다고 평가할 수 있다.

그렇다면 2008년 여름을 달구었던 촛불 집회는 어떠한가? 원한에 사무친 듯, 혹은 낙담하여 자신의 희망과 불만이 담긴 피켓을 목에 걸고 법원이나 검찰청 앞에서 종일 1인 시위를 벌이는 시민은?

한쪽에서는 법전을 흔들며 준법정신을 외치고, 다른 쪽에서는 끊임없이 법을 어긴다. 법은 당연히 지켜야 한다. 그것은 원칙이다. 하지만 원칙이기 때문에 지켜지지 않을 때도 있는 법이다. 만약 누군가 의도적으로 법을 어긴다면 그 법 위반 행위에 관심을 가져야 한다. 그것도 비밀리에 하는 게 아니라 처벌을 감수하고 공개적으로 위법행위를 저지를 때는 그 사정을 헤아리려고 노력해야 한다. 나아가 법을 어기는 목적이 개인의 이익이 아니라 공공의 이익일 때, 다수의 사람들이 같은 목소리를 낼 때에도 단순한 법 위반 행위로 여겨서는 곤란할 수 있다. 항상 그런 것은 아니지만, 법을 지키는 만큼 법을 어기는 행위도 중요할 때가 있다.

민주주의가 반드시 다수결의 원칙을 의미하지는 않는다. 다수의 의견이라 하더라도 소수 의견을 존중하고 설득하는 절차를 거치지 않으면 다수의 결정은 성공하기 힘들다. 무엇인가에 대한 대중의 분노가 터져 주말 도심 거리를 메울 때, 그리하여 차량이 막히고 한쪽 구석에서 불미스런 일이 생기기라도 하면, 그 집회는 위법한 것이며 폭력 시위에 불과한 것인가? 그것만이 유일하고 정당한 평가라고 단정해서는 안 된다.

또 교통 정체와 무질서하게 더럽혀진 길거리를 정리하는 데 손실되는 비용이 수천 억 원에 달한다는 언론의 호들갑스런 보도는 어떤가? 이런 혼란은 우리의 불안정한 정치 상황이자 불가피한 문화 수준의 지표일 수 있다. 기발한 계산법에 의한 자극적 수치의 손실액은 우리가 치러야 할 민주주의의 비용이라고 한번쯤 반성할 줄도 알아야 한다.

지금은 정당한 불복종으로 평가받는 간디나 킹의 운동과 오늘날 광화문의 촛불 집회 사이에는 어떤 근본적인 차이가 있을까? 식민 통치를 즐기고 흑백 차별을 불가피한 현실로 받아들이던 제국주의적이고 전근대적인 정부들이 바라보던 당시의 상황이나, 법치주의만 내세우며 정치적 반대 행동을 좌경 폭도로 모는 현재의 정부 사이에 그다지 큰 차이가 느껴지지 않는다.

법에 정면으로 대항하는 행위가 항상 옳고 장려되어야 한다는 억측의 주장을 하자는 건 아니다. 다수에 의한 불복종의 생리와 의미를 모른 척해서는 안 된다는 경계심을 서로 놓치지 말자는 말이다. 인류의 역사는 명령에 불복종하는 순간에 변화해 왔기 때문이다. 프롬의 글에서 한 줄만 더 옮겨 보자.

인간이 복종할 줄만 알고 불복종하지 못한다면, 그는 노예다. 반면에 불복종할 줄만 알고 복종할 줄 모른다면, 그는 혁명가가 아니라 반도에 불과하다.

정의의 상식을 제대로 알려면, 무엇보다 부정의의 상식을 올바르게 이해할 수 있어야 한다. 이것이 인생의 상식이다.

20

상식을 뒤엎을 줄
아는 상식

—우연의 상식

:: 기존의 상식을 바꾸어 새로운 상식을 창조하고 싶은 욕망은 매력적이지만, 새로운 상식을 만들어 내는 일은 언제나 기존의 상식을 전제로 한다. 내일의 상식을 창조하기 위해서는 오늘의 상식을 명확히 알아야 한다. 그것이 상식이다.

2002년 10월 9일 저녁이었다. 일본 교토 우즈야마 촬영소 부근의 시마즈 제작소라는 작은 회사, 연한 청색 작업복에 운동화를 신은 사내는 잠시 생각에 잠겼다.

당시 그의 직책은 분석계측사업부 라이프사이언스연구소 개발팀 주임이었다. 1959년 돼지띠 8월생으로, 43세의 중년이었다. 그렇다고 그날 퇴근 무렵 그의 고민이 그리 대단한 것은 아니었다. 아내가 친척 장례식에 가고 없어 저녁식사를 어떻게 해결할 것인가 때문에 한동안 망설였을 뿐이다.

그는 일본 도야마에서 태어나 도야마 중부고교를 마치고, 센다이의 도호쿠대학 전기공학과에 입학했다. 학교에 제출할 서류에 호적등본이 들어 있어 비로소 자신이 양부모 슬하에서 자란 사실을 알게 되었다. 생모는 출산한 지 한 달도 채 되지 않아 사망했다고 들었다. 뒤늦게 안 출생의 비밀 탓이었을까, 대학에서 한 해 유급하고 말았다. 5년 만에 졸업하면서 대학원을 포기한 것도 양부모에게 더 이상 폐를 끼치고 싶지 않아서였다.

하지만 취직도 쉽지는 않았다. 소니 입사시험의 첫 관문은 통과했으나, 면접에서 떨어지고 말았다. 전기와 화학에 관한 지극히 상식적인 질문에 제대로 대답하지 못한 탓이었다. 그래서 들어간 곳이 시마즈 제작소라는, 의료기기 같은 각종 기계를 제작하는 중소기업이었다.

이것이 소설의 도입부라면 특별할 것도 없이 그 다음 이야기의 전개를 기다리면 된다. 그렇지 않고 논픽션이라면, 다소 어리둥절할 수도 있다. 학력이나 경력에 대단한 점이라곤 찾아볼 수 없으므로, 도통 화젯거리가 될 것 같아 보이지 않기 때문이다. 그의 저녁식사 장소나 메뉴가 다른 사람의 관심을 끌 리 없다.

바로 그 순간 그는 전화를 한 통 받았다. 축하 전화였다. 전화는 아주 먼 곳에서 걸려온 것이었는데, 아마 상대방은 영어로 말했던 모양이다. 그해 노벨 화학상 수상자로 결정되었다는 소식이었다. 그의 이름은 다나카 고이치였다. 다나카는 처음에 노벨상과 비슷한 다른 상이 있는 모양이라고 생각했다. 그는 전기공학과 출신이었고, 화학 분야에는 전문지식이 없었다. 학자는 물론 일본화학회 회원도 아니었고, 논문 게재 실적도 없었다.

당사자가 그 정도였으니 다른 사람들은 말할 나위가 없었다. 바로 전해 노벨 화학상을 받았고 일본화학회 회장으로 있던 노요리 료지는 "도대체 다나카가 누구냐"고 물었다. 전화를 받고 한두 시간이 지났을 즈음, 다나카는 옷도 갈아입지 못한 채 기자회견을 했다.

다나카의 수상은 생체 고분자의 질량 분석을 위한 매트릭스 지원 레이저 이온화법의 개발 덕분이었다. 보통 사람들은 무슨 말인지 이해할 수 없을 것이다. 조금 다르게 '레이저 이온화 비행 시간형 질량 분석법'이라고 바꿔 봐도 마찬가지다.

업적의 제목만으로 설명하면 이렇다. 질량 분석이란 질량의 측정이다. 레이저 이온화는 레이저 광선을 쏘아 전기를 띠게 한다는 말이다. 따라서 고분자에 레이저를 쏘아 전기를 띠게 한 다음 그것이 날아가는 거리와 속도를 알아내어 질량을 측정하는 방법이란 의미일 것이다.

원소나 분자는 질량이 있다. 하지만 원소는 너무 가벼워 우리가 사용하는 밀리그램으로 표시하더라도 소수점 아래 여러 자리를 차지해 사용하기가 불편하다. 그래서 원소끼리 상대치로 질량을 표시하는 방식을 만들었고, 그것을 러시아의 드미트리 멘델레예프가 원소주기율표로 잘 정리해 놓았다. 분자의 질량은 그 분자를 구성하는 원소들의 질량을 주기율표에서 찾아 더하면 알 수 있다. 수소의 원자량은 대략 1이라고 알아 두면 된다.

생명체의 가장 중요한 요소는 단백질이라 할 수 있다. 단백질은 아미노산이 끈 모양으로 길게 배열된 것이다. 아미노산이 두 개 결합한 형태를 펩티드, 세 개 결합한 형태를 트리펩티드라 하는데, 더 많은 아미노산이 결합하면 폴리펩티드라 한다. 단백질이 바로 폴리펩티드다.

단백질은 수많은 분자로 이루어진 형태여서 고분자라고 한다. 고분자는 그 질량이 보통 1만에서 30만 정도이다.

어떤 단백질의 질량을 정확히 측정할 수 있으면, 그 단백질의 종류를 알 수 있다. 단백질의 형태나 종류를 안다는 것은 특별한 의미를 지니고 있다. 피 한 방울 속에 들어 있는 단백질의 질량으로 특정 아미노산 배열의 차이를 발견할 수 있고, 그에 따라 건강 상태를 확인하는 것이다.

그러므로 고분자 단백질의 질량을 측정하는 방법은 매우 중요하다. 아무리 고분자라 하더라도, 우리의 기준에서는 너무 가벼우므로 어떤 저울로도 질량을 측정할 수 없다. 그래서 고분자를 날아가게 한 다음 그 속도로 질량을 측정할 수 있다고 착안했다. 가벼우면 빠르게, 무거우면 느리게 날아갈 것이므로.

단백질 분자를 날아가게 하는 방법은 의외로 쉽다. 레이저를 쏘면 고분자는 양전기를 띠게 되는데, 바로 그 현상을 이온화라 한다. 양전하의 고분자를 끌어당길 수 있도록 검출기에는 음전기를 장치한다. 그러면 단백질 분자가 날아가서 검출기에 부딪히며 전자가 발생하게 된다.

검출기는 그 전자를 포착하여 단백질이 도착한 시간을 확인하게 되고, 거리와 시간으로 질량을 계산한다. 이런 방식은 이미 1980년에 반도체나 금속 표면에 레이저를 쏘아 이온화에 성공한 사례가 있었기에 쉽게 고안할 수 있었다.

하지만 가장 어려운 문제는 고분자를 향해 레이저를 쏘는 데 있었다. 레이저는 1960년에 발견한 인공의 빛으로, 미국의 물리학자 고든 굴드가 이름을 붙였다. 레이저는 에너지 밀도가 높은 강력한 광선이라

열에 약한 단백질 분자에 닿기만 하면 분자가 파괴되었다.

단백질 분자를 손상하지 않고 이온화하는 기술이 필요했다. 단백질 분자에 완충제를 섞는 방법이 제기됐다. 완충제가 레이저의 열 효과를 완화하여 고분자를 이온화하되 다치게 하지 않는다는 것이었다. 매트릭스는 바로 완충 역할을 할 보조제를 말하는데, 가장 적정한 수준의 완충제를 찾는 게 최대의 목표가 됐다.

시마즈 제작소는 그 완충제를 개발하여 단백질 고분자의 질량을 측정하는 기계를 제작하고 싶었다. 입사한 지 얼마 되지 않은 다나카를 포함해 다섯 명으로 연구팀을 조직하여 3년의 시한을 부여했다. 팀원 중 이도 유카타는 비틀거리며 느린 속도로 날아오는 고분자를 인식할 수 있는 검출기 제작을 맡았고, 다나카는 여러 시료를 섞어 완충 효과를 실험하기 시작했다.

말이 실험이지 간단하지 않았다. 어떤 시료를 어떻게 섞어야 효과가 있는지 유력한 데이터가 있는 것도 아니었다. 우선 몇 가지 기초지식을 토대로 일정한 계획에 따라 시료를 섞어 가며 잘 관찰할 수밖에 없었다. 시료는 섞는 비율에 따라서 효과가 달랐고, 실험 조건이 조금만 틀려도 결과에 차이가 있었다.

다나카는 실험에 몰두했다. 아침에 출근하면 밤 늦게까지 분석 장치 앞에 앉아 있었다. 훗날 동료 연구원 한 사람은 이렇게 말했다.

"보통 사람으로서는 도저히 흉내도 못 낼 끈기였어요. 아주 특이한 분위기의 연구 태도였다고 생각해요."

그렇게 2년 가까운 세월을 보내고 있었다. 어느 날 다나카는 실험에 사용할 보조제로 코발트 분말과 액체 글리세린을 잘못 섞고 말았다. 실험 계획에 전혀 없던 어이없는 실수였다. 열에 강할 것이라 믿고 코발트를 사용해 보았지만 오히려 열을 많이 흡수해서 단백질 분자를 파괴한 결과를 이미 확인한 뒤였다.

상식적으로라면, 코발트와 글리세린 혼합물을 버리고 원래 계획대로 실험을 진행했어야 했다. 그런데 다나카는 그렇게 하지 않았다. 다른 연구자들이 알면 비웃을지 모를 행동이었지만, 그대로 두고 관찰해 보기로 마음먹었다. 이런 우연한 배합에서는 어떤 결과가 나타날까? 이런 생각, 좋게 말하면 호기심이고 나쁘게 말하면 장난기의 발동이었다.

그래프를 살펴 판독하는 작업도 쉽게 되는 일이 아니었다. 집중하여 반복적으로 자세히 관찰하지 않으면 중요한 변화를 읽어 낼 수 없었다. 실수로 잘못 만든 시료라면 측정도 건성으로 할 수 있었을 텐데, 다나카는 그렇지 않았다.

집요하게 그래프를 쳐다보았다. 그리고 미세한 파장을 발견했다. 혹시나 하여 동료들에게 보이고 계속 의견을 물었다. 다른 연구자들은 결과와 무관한 노이즈 현상이라고 판단했지만, 다나카는 며칠 동안 더 밀어붙였다. 다나카의 직감이 옳았다. 조금도 파괴하지 않고 단백질 분자를 분리하여 이온화하는 데 성공한 것이다.

다나카의 새로운 발견이 노벨상의 업적이 되기까지에는 또 다른 이야기들이 있다. 검출기가 반응한 그래프에서 미세한 파동을 발견한 다나카는 꼬박 일주일 동안 반복하여 관찰했고, 마침내 확신을 가지게 되었다. 1985년 2월이었다.

일단 단백질을 이온화하여 질량을 측정하는 기술 개발에 성공했으나, 실용화하기 위해서는 정밀도를 높여야 했다. 꾸준한 노력 끝에 1년 뒤에는 세계에서 아무도 도달하지 못한 질량 분석 수준을 이루어 냈다.

노벨상 같은 최고 권위의 상을 받으려면 학술적 가치를 인정받아야 한다. 하지만 다나카는 노벨상은 상상조차 해본 일이 없었다. 뿐만 아니라 그는 학자도 아니었고, 화학 전문가도 아니었으며, 학술지에 논문을 게재한 경험도 없었다.

아무리 뛰어난 기술 개발이라 하더라도, 시마즈 제작소로서도 회사 수익에 직결되지 않는 개발 기술의 논문화는 전혀 관심 밖의 일이었다. 혹시 다나카가 논문에 욕심을 냈다 하더라도 실현은 쉽지 않았을 것이다. 학술지에 논문으로 발표하면 기술이 공개되기 때문이다.

회사로서는 가급적 비밀에 부치고 서둘러 특허출원을 하는 게 급선무였다. 특허를 얻은 다음 기계를 제작해 판매하는 것이 기업의 상식인 것이다. 다나카도 당연히 업계의 상식에 따랐고, 회사는 일본 국내 특허만 출원했다.

다시 1년이 흘러 1987년 5월, 교토의 공예섬유대학에서 열린 토론회에서 다나카는 연구 성과를 처음으로 발표했다. 반응은 그저 그랬다. 그리고 그해 10월, 다카라즈카에서 일본과 중국이 연합으로 질량분석 토론회를 개최했다. 그 자리에 미국 존스홉킨스대학 교수 로버트 코터가 참석했는데, 단백질처럼 질량이 큰 분자를 계측하는 일은 거의 불가능하다는 의견을 발표했다.

다나카는 한참 망설였다. 그러다가 마침내 용기를 얻어 코터에게 다가가 서툰 영어로 말을 붙였다. 그리고 자신이 준비한 데이터를 보여주었다. 그 결과는 코터를 깜짝 놀라게 했다. 코터는 다나카의 설명을 듣고, 데이터를 복사하고, 기념 촬영까지 했다. 그리고 미국으로 돌아가 다나카의 연구 업적을 소개하는 논문을 발표하고 책까지 냈다. 다나카의 공적이 미국과 유럽의 전문가들에게 널리 알려지는 결정적 계기가 되었다.

오사카대학의 마츠오 다케키요는 다나카에게 논문을 쓰라고 강력히 권유했다. 마츠오 교수는 다나카의 기술 개발 연구를 지도했는데, 그 결과를 매우 높이 평가하고 있었다. 다나카는 서둘러 논문을 준비하기 시작했다.

그런 와중에 놀라운 일이 벌어지고 말았다. 다나카의 논문이 학술지에 게재되기 전에 같은 내용의 논문이 먼저 발표된 것이다. 독일 뮌헨대학의 프란츠 힐렌캄프와 프랑크푸르트대학의 미하엘 카라스 두 사람도 동일한 기술 개발에 성공한 것이다.

그런데 독일의 두 학자는 지극히 양심적이었다. 그들은 논문에서 같은 기술을 일본의 다나카가 먼저 발견했다는 사실을 밝혔다. 코터의 논문이나 저서를 통해 그 기술에 관심을 갖게 되었고, 기술을 발전시켜 응용하기 위해 학술적으로 접근한 것이었다.

다나카에게는 결과적으로 여러 행운이 겹쳤다고 할 수 있었다. 시마즈 제작소가 일본 국내 특허만 출원했지 해외에는 어느 나라에도 출원하지 않았다. 만약 국제적으로 특허출원을 했다면 다른 나라의 학자들이 연구 대상으로 삼으려 하지 않았을 것이다. 다행히 다나카의 연구 결과만 알려진 상태였기 때문에 다른 우수한 학자들이 개량된 기술 개발을 위한 논문을 발표했고, 따라서 그 분야가 국제적으로 크게 관심의 대상이 될 수 있었다.

실제로 다나카에 의해 개발되고 시마즈 제작소가 만든 기계는 가격이 엄청나게 비쌌고 정밀도가 낮았다. 게다가 전문가가 아니면 다룰 수도 없었다. 그러다 보니 영업 실적은 참담하기 그지없었다. 일본 국내에선 전혀 팔리지 않았고, 오직 미국 병원에 한 대가 수출됐다. 단백질 질량 분석의 실용적 기술은 힐렌캄프와 카라스, 그리고 뒤를 이은 다른 연구 개발의 힘을 입어 완성되었다.

스웨덴 한림원은 2002년 노벨 화학상 수상자로 세 사람을 발표했다. 미국의 존 펜은 다나카와 같은 공로로, 스위스의 쿠르트 뷔트리히는 핵자기공명분광법 개발로 공동 수상의 영예를 안았다. 상금의 절반은 뷔트리히가 받았고, 나머지는 다나카와 펜이 반씩 나누어 가졌다.

수상자가 발표되자, 일부에서 이의를 제기했다. 덴마크 오덴세대학의 피터 로엡스트로프는 다나카가 개발한 질량 분석 기술은 그 상태로는 실용성이 없다고 주장하고 나섰다. 노벨상은 그 기술을 제대로 발전시켜 완성한 사람들에게 주어야 한다고 흥분했다. 진짜 기술로 완성한 사람들이란 힐렌캄프와 카라스를 지칭한 것이었다. 실제로 카라스도 거침없이 불만을 표시했다.

"이번 노벨상은 부정한 선정의 결과다. 상은 힐렌캄프와 내가 받아야 한다. 노벨상 위원회의 판단을 이해할 수 없다."

유럽 화학자들은 노벨상 위원회의 결정을 비상식적이라고 생각했다. 다나카에게 상을 주더라도 힐렌캄프와 카라스도 공동 수상자로 선정했어야 한다는 말도 나왔다.

선정위원회는 정말로 올바른 판단을 하지 못한 것일까? 위원회는 상금과 맞먹는 비용을 조사에 들였다. 그리고 단백질 질량 분석 기술의 핵심에 해당하는 부분을 최초로 발견한 사람은 다나카라는 사실을 확인했고, 그를 수상자로 결정한 것이다. 매우 상식적이고 정당한 결론이었다는 의견도 많았다.

다나카의 성공은 우연일까, 아니면 필연일까? 다나카가 그 실험에서 놀라운 발견을 하게 된 원인을 경위에 따라 요약하면 다음과 같다. 첫째, 착각하여 시료를 잘못 섞었다. 둘째, 실수로 배합한 시료를 버리기 아까워 그냥 실험을 강행했다. 셋째, 계획에 없던 실험이었지만 가볍게 여기지 않고 꾸준히 관찰했다.

실수는 우연일 것이다. 하지만 그 뒤의 선택과 행동은 필연을 향하고 있다. 어쩌면 매사가 그렇듯이, 우연과 필연은 서로 맞물려 있는지도 모른다. 필연의 근원을 따라 거슬러 오르면 출발점 어딘가에는 우연성이 유일한 근거가 되는 경우가 많다.

우연한 사건이 그대로 소멸하지 않고 일정한 방향으로 지속된다면, 그 도달점 부근에서 필연성이 확인되곤 한다. 우리는 습관처럼 필연을 선호하지만, 필연의 결과를 만들어 내는 에너지는 우연에서 나온다.

우연을 놓치지 않고 발견하는 일도 중요하지만, 우연을 버리지 않고 필연의 결과로 이끌어 가기 위해서는 결단이 필요하다. 그 행동이 결단에 가까운 것은, 보통 사람이라면 우연에 큰 의미를 부여하지 않기 때문이다.

특별한 것을 원하지 않는 사람은 평범하게 살아가기를 원한다. 평범한 삶은 고귀한 것이지만, 안정적이고 정태적이다. 계획했던 일이나 예상할 수 있는 결과가 이어져야 그런 삶이 보장된다. 다른 말로 표현하면, 상식을 벗어날 일이 없는 삶이다.

우연은 예기하지 않았던 현상이나 결과가 나타나는 것을 말한다. 우연은 적어도 일시적이나마 평화와 질서를 깨뜨리므로 상식에 어긋난다. 하지만 우연으로 인하여 우리의 가슴은 두근거리기 시작하고, 거기서 일상의 공포가 제거되면 설렘으로 바뀐다. 삶에 활력을 불어넣고 인생을 역동적으로 만드는 것은 바로 우연이다. 실제로 우연이 완전히 배제된 삶은 거의 죽음을 의미한다.

다나카가 코발트와 글리세린을 잘못 섞는 실수를 저지른 다음에 보여준 행동은 어떤가? 상식적인 사람이라면 얼른 시료를 버리고 원래 계획대로 실험을 진행했을 것이다.

그런데 다나카는 누구나 예상할 수 있는 상식적 방법을 뒤엎어 버렸다. 자신의 잘못을 앞에 두고 즉시 교정하려 들지 않고, 만약 이 상태라면 어떤 결과가 나올까, 라는 호기심을 발동했다. 그런 행동은 기존의 지식이나 관행에 의해 굳은 편견이나 고정관념을 벗어날 때 가능하다.

어쩌면 다나카가 잘못 배합한 시료로 끈질기게 실험을 계속할 수 있었던 것은 화학에 대한 전문지식이 없었기 때문일 수도 있다. 그가 화학 전문가였다면, 상식에 얽매여 그 울타리를 깨부수기가 무척 어려웠을 테니까. 다나카는 이렇게 말했다.

"저의 전공이 화학과는 아무 관계도 없는 분야였기 때문에, 상식적으로 도저히 무리라고 여겨지는 일에 대해서도 기존의 사고에 얽매이지 않고 전혀 새로운 발상으로 연구할 수 있었습니다. 성과물에 연연하지 않고 연구를 계속할 수 있는 직장에 다녔던 것도 커다란 행운이었지요."

흔히 창조적 성과를 이루어 내려면 발상을 전환해야 한다는 말을 한다. 사고의 전환이든 발상의 전환이든, 창조적 행위는 다른 사람들이 생각하지 않는 것을 생각하고, 가지 않은 길을 가고, 관심을 갖지 않는 것에 집중함으로써 가능해진다. 다나카는 자기 자신을 이렇게 평했다.

"저는 보통 사람들과 조금 다른 생각을 하는 것 같습니다. 그래서 괴짜라는 말을 듣기도 합니다."

박민규는 기발한 상상력의 발동으로 종전에 볼 수 없었던 문체와 형식의 소설을 써서 많은 갈채를 받았다. 박민규가 세 번째 장편《핑퐁》을 내고, 그 기념으로 신촌에서 언더밴드 세 팀과 조인트 리사이틀을 감행했다. 공연을 시작하기 전에 그는 팬들에게 인사하며 이런 말을 했다.

"저는 중고등학교 시절 칠판만 쳐다보면 졸렸습니다. 그래서 할 수 없이 늘 창밖을 바라보며 온갖 생각에 잠겼죠. 그러면서 상상하는 연습을 많이 한 것이 소설을 쓰는 데 도움이 된 것 같습니다."

영어 단어에 '세렌디피티(serendipity)'라는 게 있다. 새롭고 귀한 것을 우연한 기회에 발견해 내는 능력을 뜻한다. 이 말을 처음 만들어 사용한 사람은 18세기 영국 작가 호레이스 월폴로 알려져 있다.

월폴은 대표작 《오트란토의 성》 외에 《세렌딥의 세 왕자》라는 동화를 썼다. 세렌딥은 'serendib', 또는 'serendip'으로 쓰는데, 스리랑카의 옛 이름이다. 어원은 사자들이 사는 섬이란 의미의 산스크리트어인데, 아랍인들이 인도 사람들과 교역할 때 들어와 변형된 말이다.

주인공 세 왕자가 왕국을 떠나 환상적인 모험 여행을 하면서 겪는 일들이 동화의 주된 내용이다. 그런데 왕자들은 보통 사람들이 아무것도 아닌 것으로 여기고 거들떠보지도 않을 우연하고 사소한 현상을 잘 포착하여, 신기하게도 자신들에게 주어진 문제를 해결한다. 바로 세렌딥의 왕자들이 가진 그런 능력을 세린디피티라고 명명한 것이다.

물론 《세렌딥의 세 왕자》는 월폴의 상상력이 만들어 낸 창작 동화가 아니다. 오래전부터 전해 오던 페르시아의 이야기를 정리한 것이다.

세렌디피티는 평범한 사람들이 모두 지니고 있는 능력이 아니다. 우연한 기회에 마주친 것에서 새로운 실마리를 찾아내는 능력이기 때문이다.

따라서 일상의 상식에 얽매어 있는, 마음이 평화롭고 안정된 느긋한 사람들은 좀처럼 발휘할 수 없는 능력이다. 늘 상식을 뒤집어 보는 버릇을 가진 사람이 우연도 자주 만날 수 있는 법이다. 그리고 그 우연에서 새로운 결과로 향하는 길을 찾아낸다.

상상력이 창조적 행위의 동력이 된다는 명제는 모두가 당연한 것으로 받아들이는 듯하다. 창조적 결과란 기존에 흔하게 널려 있던 것과는 다른 것이라는 관념이 강하게 배어 있는 데다, 새로운 것을 만들어 내려면 아이디어가 필요하고, 기상천외의 아이디어는 자유로운 상상에서 나온다고 믿기 때문이다. 엉뚱한 것일수록 새로운 것이 될 가능성이 높다. 단, 그것이 널리 받아들여질 경우에 한하여.

새롭고 엉뚱하고 기발한 생각은 기존의 생각, 즉 상식을 뒤엎어야 가능하다. 상식을 넘어선 새로운 생각이나 그 생각의 결과가 다른 사람에게도 받아들여지면, 그것은 새로운 상식이 된다. 상식은 이렇게 순식간에 바뀔 수도 있다.

그런 면에서 상식은, 다른 형태의 지시들, 예를 들면 법이나 도덕 같은 까다로운 규제보다는 훨씬 자유롭게 변모하는 존재이기도 하다. 상식을 뒤엎어 바꾸는 일은 신나고 즐겁다. 누구든 그런 일에 뛰어들고 싶은 충동을 느낄 때가 있다. 기존의 상식을 바꾸어 새로운 상식을 창조하고 싶은 욕망은 매력적이다. 참신한 상식이 새로이 등장할 때마다 우리 사회도 점점 달라질 것이다.

하지만 행동에 돌입하기 전에 분명히 알아 두어야 할 것이 있다. 새로운 상식을 만들어 내는 일은 기존의 상식을 전제로 한다. 내일의 상식을 창조하기 위해서는 오늘의 상식을 명확히 알아야 한다. 그것이 상식이다.

유명 인사가 된 다나카는 인기 강사로 여러 곳에 불려 다녔다. 어디선가 청중이 이런 질문을 했다.

"상식의 반대말은 무엇입니까?"

다나카가 대답했다.

"독창성입니다."

상처의 힘

초판 1쇄 발행일 ¦ 2009년 06월 20일
초판 2쇄 발행일 ¦ 2009년 07월 05일

지은이 ¦ 차병직
발행인 ¦ 이승용
발행처 ¦ (주)홍익출판사

출판등록번호 ¦ 제1-568호 ¦ 출판등록 1987년 12월 01일
주소 ¦ 서울 마포구 서교동 395-163 (121-840)
대표전화 ¦ 02) 323-0421 ¦ 팩스 02) 337-0569
이메일 ¦ editor@hongikbooks.com
홈페이지 ¦ www.hongikbooks.com

이 도서의 국립중앙도서관 출판시도서목록(CIP)은 e-CIP홈페이지
(http://www.nl.go.kr/ecip)에서 이용하실 수 있습니다.(CIP제어번호 : 2009001729)